에듀윌과 함께 시작하면,
당신도 합격할 수 있습니다!

대학 진학 후 진로를 고민하다 1년 만에
서울시 행정직 9급, 7급에 모두 합격한 대학생

직장생활과 병행하며 7개월간 공부해
국가공무원 세무직에 당당히 합격한 51세 직장인까지

누구나 합격할 수 있습니다.
시작하겠다는 '다짐' 하나면 충분합니다.

마지막 페이지를 덮으면,

**에듀윌과 함께
공무원 합격이 시작됩니다.**

공무원 1위

70개월 베스트셀러 1위
에듀윌 공무원 교재

기초부터 확실하게 기본 이론

기본서
국어 독해

기본서
국어 문법

기본서
영어 독해(생활영어·어휘 포함)

기본서
영어 문법

기본서
한국사

기본서
행정법총론

기본서
행정학

다양한 출제 유형 대비 문제집

단원별 기출&예상 문제집
국어

단원별 기출&예상 문제집
한국사

단원별 기출&예상 문제집
행정학

단원별 기출&예상 문제집
행정법총론

* YES24 수험서 자격증 공무원 베스트셀러 1위 (2017년 3월, 2018년 4월~6월, 8월, 2019년 4월, 6월~12월, 2020년 1월~12월, 2021년 1월~12월, 2022년 1월~12월, 2023년 1월~12월, 2024년 1월~7월, 9월~10월 월별 베스트, 매월 1위 교재는 다름)
* YES24 국내도서 해당분야 월별, 주별 베스트 기준

에듀윌 공무원

출제경향 파악 기출문제집

9급공무원 기출문제집
영어

9급공무원 기출문제집
한국사

9급공무원 기출문제집
행정학

9급공무원 기출문제집
행정법총론

7급공무원 시험 대비 PSAT 교재

민간경력자
PSAT 기출문제집

7급공무원
PSAT 기출문제집

영어 집중 영단어 교재

영어 빈출 VOCA

실전 대비 모의고사

기출 품은 모의고사
국어

더 많은
공무원 교재

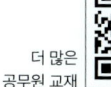

* 교재 이미지는 변경될 수 있습니다.

공무원 1위

1초 합격예측
모바일 성적분석표

1초 안에 '클릭' 한 번으로 성적을 확인하실 수 있습니다!

STEP 1

- 교재의 QR 코드를 모바일로 스캔 후 에듀윌 회원 로그인
- QR 코드 하단의 바로가기 주소로도 접속 가능

STEP 2

- 회차 확인 후 '응시하기' 클릭
- 모바일 OMR에 답안 입력
- 문제풀이 시간까지 측정 가능

STEP 3
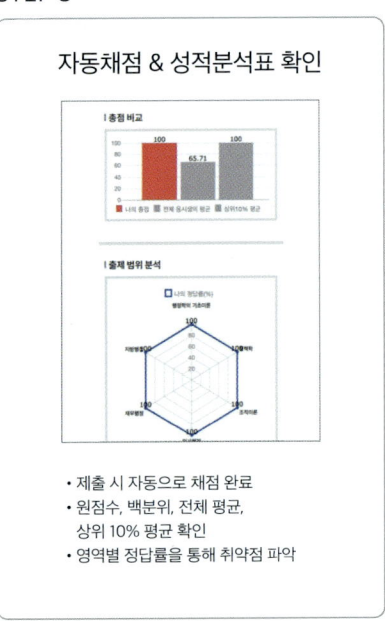
- 제출 시 자동으로 채점 완료
- 원점수, 백분위, 전체 평균, 상위 10% 평균 확인
- 영역별 정답률을 통해 취약점 파악

※ 본 서비스는 에듀윌 공무원 교재(연도별, 회차별 문항이 수록된 교재)를 구입하는 분에게 제공됨.

에듀윌 공무원

공무원,
에듀윌을 선택해야 하는 이유

합격자 수 수직 상승
2,100%

명품 강의 만족도
99%

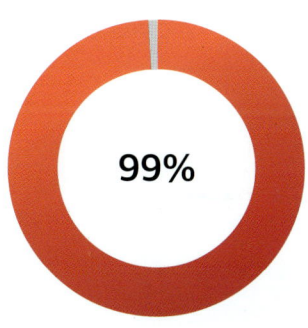

공무원

베스트셀러 1위
70개월 (5년 10개월)

5년 연속 공무원 교육
1위

* 2017/2022 에듀윌 공무원 과정 최종 환급자 수 기준   * 9급공무원 대표 교수진 2023년 7월 ~ 2024년 4월 강의 만족도 평균 (배영표, 헤더진, 한유진, 이광호, 김용철)
* YES24 수험서 자격증 공무원 베스트셀러 1위 (2017년 3월, 2018년 4월~6월, 8월, 2019년 4월, 6월~12월, 2020년 1월~12월, 2021년 1월~12월, 2022년 1월~12월, 2023년 1월~12월, 2024년 1월~7월, 9월~10월 월별 베스트, 매월 1위 교재는 다름)
* 2023, 2022, 2021 대한민국 브랜드만족도 7·9급공무원 교육 1위 (한경비즈니스) / 2020, 2019 한국브랜드만족지수 7·9급공무원 교육 1위 (주간동아, G밸리뉴스)

eduwill

공무원 1위

1위 에듀윌만의
체계적인 합격 커리큘럼

원하는 시간과 장소에서, 1:1 관리까지 한번에
온라인 강의

① 독한 교수진의 1:1 학습관리
② 과목별 테마특강, 기출문제 해설강의 무료 제공
③ 초보 수험생 필수 기초강의와 합격필독서 무료 제공

쉽고 빠른 합격의 첫걸음 **합격필독서 무료** 신청

최고의 학습 환경과 빈틈 없는 학습 관리
직영 학원

① 현장 강의와 온라인 강의를 한번에
② 확실한 합격관리 시스템, 아케르
③ 완벽 몰입이 가능한 프리미엄 학습 공간

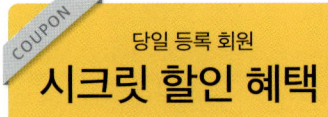

합격전략 설명회 신청 시 **당일 등록 수강 할인권** 제공

친구 추천 이벤트

" **친구 추천**하고 한 달 만에
920만원 받았어요 "

친구 1명 추천할 때마다 현금 10만원 제공
추천 참여 횟수 무제한 반복 가능

※ *a*o*h**** 회원의 2021년 2월 실제 리워드 금액 기준
※ 해당 이벤트는 예고 없이 변경되거나 종료될 수 있습니다.

친구 추천 이벤트
바로가기

* 2023 대한민국 브랜드만족도 7·9급공무원 교육 1위 (한경비즈니스)

에듀윌이 너를 지지할게
ENERGY

시작하는 방법은
말을 멈추고
즉시 행동하는 것이다.

– 월트 디즈니(Walt Disney)

설문조사에 참여하고 스타벅스 아메리카노를 받아가세요!

에듀윌 9급공무원 기본서 영어를 선택한 이유는 무엇인가요?
소중한 의견을 주신 여러분들에게 더욱더 완성도 있는 교재로 보답하겠습니다.

- **참여 방법** QR코드 스캔 ▶ 설문조사 참여(1분만 투자하세요!)
- **이벤트 기간** 2025년 6월 26일 ~ 2026년 5월 31일
- **추첨 방법** 매월 1명 추첨 후 당첨자 개별 연락
- **경품** 스타벅스 아메리카노(tall size)

2026
에듀윌 9급공무원 기본서

영어 문법

저자의 말

변화에 대한 정확한 대응

삶은 다양한 세계의 복합체이며, 시험은 그 세계를 통과하는 관문입니다. 변화는 그 관문 앞에 놓인 길의 형태를 바꾸어 놓습니다. 과거에는 단어나 문법 하나를 외우는 것으로 통과할 수 있었던 길이, 이제는 문장의 숲 전체를 꿰뚫는 눈을 요구합니다. 나무 한 그루가 아닌, 숲의 결을 읽어내는 지혜가 필요한 시점입니다.

공무원 영어 출제경향은 25년부터 바뀌었습니다. 상급어휘 하나로 문제를 해결하던 시대는 저물고, 문맥 속에서 어휘를 읽고 해석하는 능력이 중요해졌습니다. 더 이상 단어는 외우는 것이 아니라 '맥락 속에서 살아 숨 쉬는 것'이 되었습니다.

문법 역시 깊이를 요구합니다. 단순히 표면의 규칙을 암기하는 것이 아니라, 동사의 특성부터 준동사와 절의 원리, 비교와 도치처럼 문장 구조를 움직이는 핵심 원리들이 시험의 중심으로 떠올랐습니다. 줄어든 분량 속에 담긴, 핵심 원리의 응용의 세계를 연습해야 합니다. 우리는 외우는 문법이 아니라, 살아 움직이는 문법을 다뤄야 할 때입니다.

독해는 두 갈래 길을 걷습니다. 하나는 이메일, 행사 안내문, 시설 안내문, 공공기관 게시글 등 실용문을 정확히 꿰뚫어보는 눈, 다른 하나는 글의 논리와 흐름을 파악하는 독해의 촉입니다. 실용문은 구조와 어휘의 반복 속에서 통달을, 논리 추론 독해는 문장을 잇는 생각의 실타래를 풀 수 있는 능력을 요구합니다. 그 속에서 우리는 비로소 지문의 겉이 아닌 속을 읽어내는 훈련을 하게 됩니다.

수험생을 위한 실전형 교재

이 책은 수험생의 시간과 체력을 아끼는 데 집중한 책입니다. 공부는 많이 한다고 능사가 아닙니다. 시험에 나오는 것만, 실전에 필요한 것만 담는 것이 진짜 수험서의 역할입니다.

문법은 지엽적인 요소를 과감히 덜어내고, 실제 출제되는 54개 테마로 정리했습니다. 각 테마는 출제빈도와 중요도를 시각적으로 구분하여 학습의 효율을 높였고, 테마별 확인 문제와 단원별 연습문제를 통해 이론 → 적용 → 점검까지 한 번에 이어지도록 구성했습니다.

이 교재는 학문을 위한 책이 아닙니다. 합격을 위한 책입니다. 오직 수험생만을 생각하며 만들었습니다. 시험이 바뀌면, 교재도 바뀌어야 합니다. 이 교재가 시험이라는 파도 위에서 수험생이 흔들리지 않도록 단단한 돛이 되어줄 것입니다.

끝으로 이 책이 세상에 나올 수 있도록 아낌없는 지원과 정성을 기울여주신 에듀윌 출판팀께 깊은 감사를 전합니다.

2025년 6월 교무실에서

3J English 장종재

에듀윌 기본서의
전략적 구성

1 초심자도 문법을 쉽게 학습할 수 있도록, 기초 문법부터 시작합니다

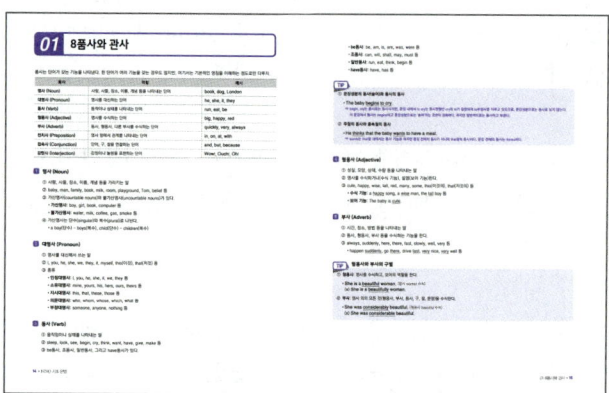

INTRO 기초 문법
영어 초심자를 위해 영어 학습 시 꼭 알아야 할 기초 문법을 수록하였습니다.

2 문법 유형을 중요도에 따라 전략적으로 학습할 수 있습니다

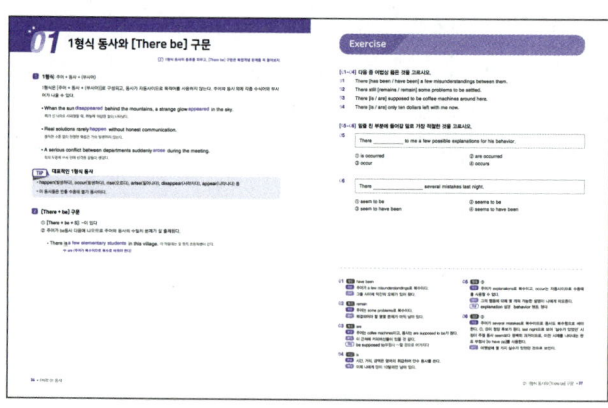

문법 이론
문법 문제가 출제되는 포인트를 파트와 테마별로 세분화하여 문법 이론을 수록했습니다. 테마별로 중요도를 표시하여 전략적 선택 학습이 가능하도록 구성했습니다.

3 풍부한 문제와 상세한 해설로 확실하게 학습할 수 있습니다

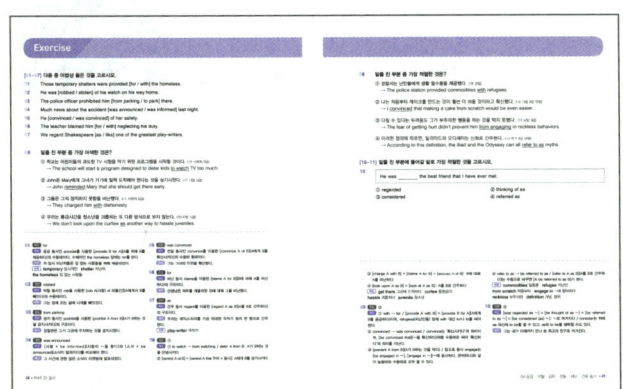

Exercise
테마별 문법 학습이 끝난 후에는 연습 문제를 풀어 보며 배운 내용을 확인하고 복습하도록 했습니다. 또한 상세한 해설을 수록하여 독학이 가능하도록 했습니다.

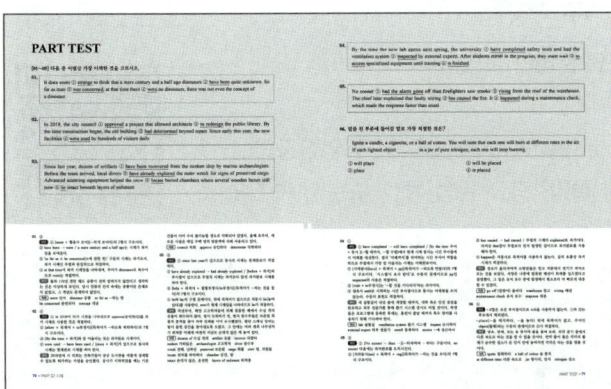

PART TEST
파트 학습이 끝난 후에는 파트별 유형 통합 문제인 PART TEST를 풀어 보며 시험에 대비할 수 있도록 구성했습니다.

에듀윌 기본서의
추가 혜택

1 최신기출 해설특강

2025 국가직 9급, 2025 지방직 9급 시험 해설특강으로 최신 경향을 파악하세요.

수강 경로 에듀윌 도서몰(book.eduwill.net) 접속 → 동영상강의실 → 공무원 → [최신기출 해설특강] 9급공무원 영어 또는 우측 QR코드를 통해 바로 접속

2 영어 중요 문법 무료 특강

시험 전 반드시 알고 가야 할 중요 문법만 모았습니다.

수강 경로 에듀윌 도서몰(book.eduwill.net) 접속 → 동영상강의실 → 공무원 → [공무원 영어 테마 특강] 중요 문법 특강 또는 우측 QR코드를 통해 바로 접속

이 책의 차례

| INTRO 기초 문법 | 14 |

PART 01 동사

01 1형식 동사와 [There be] 구문 36
02 2형식 동사와 형용사 보어 38
03 혼동하기 쉬운 자동사와 타동사 41
04 공급 · 박탈 · 금지 · 전달 · 비난 · 간주 동사 45
05 4형식 구조와 [It takes] 구문 51
06 5형식 구조와 [동사 + 목적어 + 준동사] 구문 53
07 기타 조심동사 60
PART TEST 65

PART 02 시제

08 동사의 시제와 시간부사어 70
09 시간 · 조건 부사절과 미래 시제 74
10 진행형 불가동사와 시제 관용표현 76
PART TEST 78

PART 03 조동사

11 조동사의 기본 의미와 관용어구 82
12 [조동사 + have pp] 86
13 should 88
14 need 92
PART TEST 94

PART 04 가정법

15 가정법의 기본과 도치 98
16 가정법 특수구문 102
PART TEST 104

PART 05 수동태

17 수동태의 기본과 [It is said that] 구문 108
18 [be pp + 명사] 구문과 [be pp + to부정사] 구문 111
19 수동태 불가 동사와 관용표현 114
PART TEST 119

PART 06 to부정사와 동명사

20 to부정사와 동명사의 해석 124
21 to부정사와 동명사의 구별 130
22 to부정사와 동명사의 주어, 능동과 수동, 시제 137
PART TEST 142

PART 07 분사

23 명사를 수식하는 분사 146
24 보어로 사용되는 분사 150
25 감정 동사의 분사 사용 152
PART TEST 154

이책의 차례

PART 08 분사구문

26 분사구문의 형태와 특성 … 158
27 [with + 명사 + 분사] 구문 … 164
PART TEST … 166

PART 09 접속사

28 등위접속사 … 170
29 that절과 what절 … 174
30 if절과 whether절 … 177
31 부사절과 as 구문 … 179
PART TEST … 186

PART 10 관계사

32 관계사의 종류와 형성원리 … 192
33 which와 where의 구별 … 196
34 관계사의 계속적 용법 … 200
35 who와 whoever … 202
36 관계사의 생략 … 206
PART TEST … 209

PART 11 의문사

37 의문사와 간접 의문문 … 214
PART TEST … 217

PART 12 수량사와 명사

38 수량사와 가산명사, 불가산명사 … 220
39 hundred, 복합수량사, [of 추상명사], [the 형용사] … 223
PART TEST … 226

PART 13 대명사

40 it의 용법 (가주어, 가목적어, 강조구문) … 230
41 인칭대명사, 재귀대명사 … 233
42 other, another … 235
43 부정대명사의 수 … 238
PART TEST … 242

PART 14 수의 일치

44 [A and B]와 [A or B]의 수 … 246
45 [A of B]의 수 … 248
46 긴 수식어 · 명사구 · 관계사절의 수 일치 … 252
PART TEST … 256

PART 15 형용사와 부사

47 형용사와 부사의 구별	260
48 주의해야 할 형용사와 부사	264
PART TEST	266

PART 16 비교구문

49 비교급의 형태	270
50 원급, 비교급, 최상급 비교구문	274
51 비교대상의 일치, 최상 의미 표현	278
52 비교급 특수표현과 관용표현	281
PART TEST	284

PART 17 도치구문과 부정표현

53 도치 필수 구문	288
54 긴 주어 도치와 부분 부정	292
PART TEST	295

INTRO

기초 문법

01 8품사와 관사
02 구와 절
03 문장 성분
04 문장의 형식
05 동사의 종류와 문장의 종류
06 동사와 준동사의 모습과 해석

01 8품사와 관사

품사는 단어가 갖는 기능을 나타낸다. 한 단어가 여러 기능을 갖는 경우도 많지만, 여기서는 기본적인 명칭을 이해하는 정도로만 알아두자.

품사	역할	예시
명사 (Noun)	사람, 사물, 장소, 이름, 개념 등을 나타내는 단어	book, dog, London
대명사 (Pronoun)	명사를 대신하는 단어	he, she, it, they
동사 (Verb)	동작이나 상태를 나타내는 단어	run, eat, be
형용사 (Adjective)	명사를 수식하는 단어	big, happy, red
부사 (Adverb)	동사, 형용사, 다른 부사를 수식하는 단어	quickly, very, always
전치사 (Preposition)	명사 앞에서 관계를 나타내는 단어	in, on, at, with
접속사 (Conjunction)	단어, 구, 절을 연결하는 단어	and, but, because
감탄사 (Interjection)	감정이나 놀람을 표현하는 단어	Wow!, Ouch!, Oh!

1 명사 (Noun)

① 사람, 사물, 장소, 이름, 개념 등을 가리키는 말
② baby, man, family, book, milk, room, playground, Tom, belief 등
③ 가산명사(countable nouns)와 불가산명사(uncountable nouns)가 있다.
  - **가산명사**: boy, girl, book, computer 등
  - **불가산명사**: water, milk, coffee, gas, smoke 등
④ 가산명사는 단수(singular)와 복수(plural)로 나뉜다.
  - a boy(단수) – boys(복수), child(단수) – children(복수)

2 대명사 (Pronoun)

① 명사를 대신해서 쓰는 말
② I, you, he, she, we, they, it, myself, this(이것), that(저것) 등
③ 종류
  - **인칭대명사**: I, you, he, she, it, we, they 등
  - **소유대명사**: mine, yours, his, hers, ours, theirs 등
  - **지시대명사**: this, that, these, those 등
  - **의문대명사**: who, whom, whose, which, what 등
  - **부정대명사**: someone, anyone, nothing 등

3 동사 (Verb)

① 움직임이나 상태를 나타내는 말
② sleep, look, see, begin, cry, think, want, have, give, make 등
③ be동사, 조동사, 일반동사, 그리고 have동사가 있다.

- **be동사**: be, am, is, are, was, were 등
- **조동사**: can, will, shall, may, must 등
- **일반동사**: run, eat, think, begin 등
- **have동사**: have, has 등

① 문장성분의 동사(술어)와 품사의 동사

- The baby begins to cry.
  ➡ begin, cry는 품사로는 동사이지만, 문장 내에서 to cry는 동사원형인 cry와 to가 결합하여 to부정사를 이루고 있으므로, 문장성분으로는 동사로 보지 않는다. 이 문장에서 동사는 begins이고 문장성분으로는 '술어'라는 표현이 정확하다. 하지만 일반적으로는 동사라고 부른다.

② 주절의 동사와 종속절의 동사

- He thinks that the baby wants to have a meal.
  ➡ wants는 that절 내에서는 동사 기능을 하지만 문장 전체의 동사가 아니라 that절의 동사이다. 문장 전체의 동사는 thinks이다.

4 형용사 (Adjective)

① 성질, 모양, 상태, 수량 등을 나타내는 말
② 명사를 수식하거나(수식 기능), 설명(보어 기능)한다.
③ cute, happy, wise, tall, red, many, some, this(이것의), that(저것의) 등
   - **수식 기능**: a happy song, a wise man, the tall boy 등
   - **보어 기능**: The baby is cute.

5 부사 (Adverb)

① 시간, 장소, 방법 등을 나타내는 말
② 동사, 형용사, 부사 등을 수식하는 기능을 한다.
③ always, suddenly, here, there, fast, slowly, well, very 등
   - happen suddenly, go there, drive fast, very nice, very well 등

TIP 형용사와 부사의 구별

① **형용사**: 명사를 수식하고, 보어의 역할을 한다.
- She is a beautiful woman. (명사 woman 수식)
  (x) She is a beautifully woman.

② **부사**: 명사 외의 모든 것(형용사, 부사, 동사, 구, 절, 문장)을 수식한다.
- She was considerably beautiful. (형용사 beautiful 수식)
  (x) She was considerable beautiful.

6 전치사 (Preposition)

① 명사, 대명사 앞에서 다른 말과 관계를 지어주는 말 ➡ 전명구를 만든다.
② in, on, at, to, from, with, without, through 등
   • <u>in</u> the house, <u>on</u> the desk, <u>to</u> him, <u>with</u> her 등

7 접속사 (Conjunction)

① 단어, 구, 문장을 연결하거나, 문장을 만들어주는 말
② and, but, or, when, while, if, though, that(~라는 것) 등
③ **등위접속사**: and, but, or, so 등 ➡ 같은 문장 성분이나 문장을 연결하여 병치구조를 만든다.

   • She likes <u>apples</u> and <u>oranges</u>. 그녀는 사과와 오렌지를 좋아한다.

   • <u>She likes apples</u>, and <u>Tom likes pears</u>. 그녀는 사과를 좋아하고, Tom은 배를 좋아한다.

④ **종속접속사**: because, although, if 등 ➡ 절을 만든다.

   • She stayed home (<u>because</u> she was sick). 그녀는 아팠기 때문에 집에 있었다.

   • He thinks (<u>that</u> the baby wants to have a meal). 그는 그 아이가 밥을 먹길 원한다고 생각한다.

⑤ **상관접속사**: both ~ and, either ~ or 등

   • <u>Both</u> Tom <u>and</u> Jerry are funny. Tom과 Jerry는 둘 다 재미있다.

> **TIP** 전치사와 접속사의 구별
>
> ① **전치사**: 명사 앞에 위치하여, '전명구'를 형성한다.
> ② **접속사**: 문장 앞에 위치하여, '절'을 형성한다. (등위접속사 and, but, or는 별도)
>
> • The man came here <u>from</u> the place. 그 남자는 그곳에서 여기로 왔다.
>   전치사
>
> (x) The man came here <u>when</u> the place.
>   접속사
>
> • <u>In spite of</u> his poverty, he is happy. 그는 가난에도 불구하고 행복하다.
>   전치사
>
> <u>Though</u> he is poor, he is happy. 그는 가난하지만 행복하다.
>   접속사
>
> • The man <u>in the room</u> was reading some books. 그 방 안의 남자는 책을 몇 권 읽고 있었다.
>   전명구
>
> The man <u>whom she met yesterday</u> may call her today. 그녀가 어제 만났던 남자가 오늘 그녀에게 전화를 할 수도 있다.
>   whom절

8 감탄사 (Interjection)

① 기쁨, 슬픔, 놀람 등의 감정을 나타내는 말
② Oh, Wow, Ouch, alas, hurrah 등

- <u>Ouch</u>! You are hurting me. 아야! 당신이 나를 아프게 하고 있어요.

9 관사 (Article)

① 명사 앞에 사용되며, 부정관사(a, an)와 정관사(the)가 있다.
- <u>a</u> baby, <u>the</u> baby, <u>a</u> man 등
② **a와 the의 구별**: a는 복수명사나 불가산명사 앞에 사용하지 못하지만 the는 상관없다.
- 'a man'은 '한 남자, 어떤 남자'로 해석하고 'the man'은 '그 남자'로 해석한다.
- a books에서 a는 단수의 개념이므로 복수명사 앞에 쓰지 못함
- a water에서 a는 '하나'의 개념을 가지고 있어 불가산명사 앞에 쓰지 못함
- (o) the book, the books, the water
③ 관사는 명사덩어리(명사구)의 출발점을 말한다. 아래 문장에서 명사구에 밑줄을 그어보자.

- A very ugly dog was running to the prettily smiling girl with her very cute cat.
  ➡ <u>A very ugly dog</u>(매우 추악한 개) + was running(달려오고 있다) + to(에게) + <u>the prettily smiling girl</u>(예쁘게 웃는 소녀) + with(함께, 가지고 있는) + <u>her very cute cat</u>(그녀의 매우 귀여운 고양이)

02 구와 절

> 구와 절은 단어의 집합으로 하나의 의미 덩어리가 되며, 구문 분석의 기본이 된다. 먼저 모양에 따른 원리를 이해하고 해석해보자.

단어가 두 개 이상 모여서 하나의 품사처럼 쓰일 때, [주어 + 동사]로 이루어져 있으면 '절(clause)'이라 하고, [주어 + 동사]를 포함하지 않으면 '구(phrase)'라 한다.

품사 (한 단어로 구성)	구(2단어 이상으로 구성되며, 동사가 없음)	절(2단어 이상으로 구성되며, 동사가 있음)
명사	명사구	명사절
	관부형명 동명사구 to부정사구	that절과 what절 if절과 whether절 의문사절 (간접의문문) whoever절 (복합관계사절)
동사	동사구	-
	조동사 + 동사 수동태와 시제변화 구동사(숙어)	-
형용사	형용사구	형용사절
	전명구 분사구 to부정사구	관계사절 (관계대명사절과 관계부사절) that절 (관계사 that절)
부사	부사구	부사절
	전명구 분사구문 to부정사구	when절, while절, if절, though절 since절, before절 등 (이유, 시간, 조건, 양보, 양태)

1 명사구

① 명사처럼 문장에서 주어, 목적어, 보어 역할을 하는 구
② **관부형명**: [관사 + (부사) + (형용사) + 명사]

- **A very cute baby** begins to cry loudly. 매우 귀여운 아이가 / 시작한다 / 크게 우는 것을.
  주어 역할

③ **동명사구**

- They avoided **meeting her again**. 그들은 / 피했다 / 그녀를 다시 만나는 것을.
  목적어 역할

④ **to부정사구**

- The group's purpose is **to help poor people**. 그 단체의 목적은 / 이다 / 가난한 사람들을 돕는 것.
  보어 역할

2 동사구

① 문장에서 동사 역할을 하는 구

② 조동사 + 동사

- Jane can play the piano without a score. Jane은 / 연주할 수 있다 / 피아노를 / 악보 없이.

③ 수동태와 시제 변화

- The book was written by a very famous author. 그 책은 / 쓰여졌다 / 매우 유명한 작가에 의해.
  수동태의 과거 시제

- She has studied English since she was ten. 그녀는 / 공부해왔다 / 영어를 / 열 살 때 이후로.
  현재완료 시제

④ 구동사의 사용

- The teacher handed out the test paper to his students. 선생님은 나눠주셨다 / 시험지를 / 학생들에게.
  hand out: ~을 나눠주다

- The game was supposed to be held at 7:00. But they called it off because of the rain.
  call off: ~을 취소하다
  게임은 / 개최될 예정이었다 / 7시에. 그러나 / 그들은 / 취소했다 / 비 때문에.

3 형용사구

① 명사를 수식하며 명사의 상태, 성질, 수량을 설명하는 구로, 보어 역할도 할 수 있다.

② 전명구: [전치사 + 명사]

- The book on the desk is mine. 그 책은 / 책상 위의 / 내 것이다.
  book을 수식

③ 분사구

- Some students learning English often get tired of it. 몇몇 학생들은 / 영어를 배우는 / 자주 질리게 된다 / 영어에.
  students를 수식

- Wheeled carts pulled by horses could transport more goods to market more quickly.
  carts를 수식
  바퀴가 달린 수레는 / 말에 의해 끌려지는 / 보다 많은 물건을 수송할 수 있었다 / 시장에 / 보다 빠르게.

④ to부정사구

- Jane has much homework to have done with. Jane은 많은 숙제를 가지고 있다 / 끝마쳐야 할.
  homework를 수식

4 부사구

① 문장에서 동사, 형용사, 부사, 문장 전체를 수식하는 구로, 주로 의미를 보충한다.

② **전명구**: [전치사 + 명사]

- Put the book <u>on the desk</u>. 책을 갖다 두어라 / 책상 위에.
  put을 수식

③ **분사구문**

- <u>Receiving much money</u>, they could leave the factory without complaint.
  문장 수식
  많은 돈을 받았기에 / 그들은 떠날 수 있었다 / 그 공장을 / 불평 없이.

- <u>Injured in the game</u>, the player was taken to the nearby hospital.
  문장 수식
  경기에서 부상당했기에 / 그 선수는 / 수송되었다 / 근처의 병원으로.

④ **to부정사구**

- The president stood on the platform <u>to make a speech</u>.
  stood 수식
  회장은 섰다 / 단상 위에 / 연설을 하기 위해서.

- This book is easy <u>to understand</u>. 이 책은 쉽다 / 이해하기에.
  easy 수식

5 명사절

① 문장에서 주어, 목적어, 보어 역할을 하는 절이다.

② **that절과 what절**

- <<u>That</u> your team needs a new leader> is obvious. (주어 역할)
  당신의 팀이 새로운 리더를 필요로 한다는 것은 / 명확하다.

- <<u>What</u> your team needs in this situation> may be a new leader. (주어 역할)
  당신의 팀이 이러한 상황에서 필요로 하는 것은 / 새로운 리더일지도 모른다.

③ **if절과 whether절**

- I don't know <<u>if</u> he will attend the meeting>. (know의 목적어 역할)
  나는 모른다 / 그가 회의에 참석할지 안 할지를.

- <<u>Whether</u> he will come or not> depends on his success. (주어 역할)
  그가 올지 안 올지는 / 달려 있다 / 그의 성공에.

④ 의문사절 (간접의문문)

- Nobody knows <who he is>. (knows의 목적어 역할)
  아무도 모른다 / 그가 누구인지를.

- I'm not interested in <when he will quit his job>. (전치사 in의 목적어 역할)
  나는 흥미가 없다 / 그가 언제 그의 일을 그만 둘 것인가에 대해.

⑤ whoever절 (복합관계사절)

- You can give this item to <whomever you want>. (전치사 to의 목적어 역할)
  당신은 이 물건을 줄 수 있다 / 당신이 원하는 누구에게든지.

6 형용사절

① 명사를 수식하는 절이다.
② 관계사절 (관계대명사절과 관계부사절)

- Tom is a man (who dislikes the entertainment program). (man 수식)
  Tom은 사람이다 / 오락 프로그램을 싫어하는.

- The question (which she asked us) made us embarrassed. (question 수식)
  그 질문은 / 그녀가 우리에게 물어본 / 만들었다 / 우리를 당황하도록.

- The house (where he was born) remained as it was. (house 수식)
  그 집은 / 그가 태어났던 / 남아 있었다 / 그 모습 그대로.

③ that절 (관계사 that절)

- The team (that he is working for) is sure to win the game. (team 수식)
  그 팀은 / 그가 일하고 있는 / 확실히 경기에서 이길 것이다.

- All (that glitters) is not gold. (all 수식)
  모든 것이 / 반짝이는 / 금은 아니다.

7 부사절

① 동사, 형용사, 부사, 문장을 수식하는 절로, 부사절은 종속접속사를 사용하므로 종속접속사절이다.
② **이유부사절**: because(~하기 때문에), since(~하기 때문에), as(~하기 때문에) 등

- She left (because she was tired). 그녀는 떠났다 / 그녀가 피곤했기 때문에.

③ **시간부사절**: when(~할 때), before(~하기 전에), after(~한 후에), until(~할 때까지), since(~한 이래로) 등

- I will wait (until you come back). 나는 기다릴 것이다 / 당신이 돌아올 때까지.

④ **조건부사절**: if(~한다면), unless(~하지 않는다면) 등

- (If it gets too cold), a turtle digs a hole deep into the mud at the bottom of a pond.
  날씨가 매우 추워지면 / 거북이는 구멍을 판다 / 진흙 속으로 깊게 / 연못의 바닥의.

⑤ **양보부사절**: although(~이지만), though(~이지만), even if(비록 ~일지라도) 등

- (Though it was dark), he didn't turn on the light. 비록 어두웠지만 / 그는 불을 켜지 않았다.

⑥ **양태부사절**: as(~하듯이, ~하는 대로), as if(마치 ~인 것처럼) 등

- He spoke (as though he had been there before). 그는 말했다 / 그가 마치 전에 그곳에 있었던 것처럼.

03 문장 성분

문장 성분은 구문 분석에 가장 기본이 되는 부분이다. 문장의 형식과 함께 명칭을 부르는 원리를 알아보자.

1 개념

문장 성분은 단어의 집합이 문장 내에서 '어떤 기능'을 하고 있는지에 따라 구별한다. 따라서 해석과 문장구조에 대한 기본적인 이해가 필요하다. 이와 달리, '전명구', 'to부정사구', '동명사구', '분사구', 'that절', 'what절', 'who절', 'if절' 등의 표현은 단어들이 결합된 모습에 따라 구별하는 것이다. 이 문장 성분과 구와 절의 구별이 끊어 읽기의 기본이 되며, 영어를 학습하는 기간 내내 연습하고 단련시켜야 한다.

문장 성분	역할	예문
주어 (S)	행동이나 상태의 주체	She is happy. 그녀는 기쁘다.
동사 (V)	주어의 동작이나 상태	He runs fast. 그는 빨리 달린다.
목적어 (O)	행동의 객체나 대상물	She reads a book. 그녀는 책 한 권을 읽는다.
보어 (C)	주어나 목적어를 보충 설명	He became a doctor. 그는 의사가 되었다.
형용사 수식어 (수)	명사를 수식	The book on the desk is expensive. 책상 위의 책은 비싸다.
부사 수식어 (부)	명사 외에 모든 것을 수식하거나 뜻을 보충 설명	She speaks very clearly. 그녀는 매우 명확하게 말한다.

2 주어 (Subject)

① 동사 앞의 명사로, 문장 내에서 행위의 주체가 되는 부분이다.
② 주로 '~은(는), ~이(가)'로 해석된다.
③ 명사, 대명사, 명사구, 명사절이 주어 역할을 한다.
④ 예문

- **She** is a doctor. 그녀는 의사이다. (대명사 주어)

- **The big brown dog** is barking. 그 큰 갈색 개가 짖고 있다. (명사구 주어)

- **What he said** is true. 그가 말한 것은 사실이다. (명사절 주어)

3 동사 (Verb)

① 문장에서 동작이나 상태를 나타내며 주로 '~하다', '~이다'로 해석된다.
② 문장 성분으로는 '술어'라는 표현이 정확하지만, 이 교재에서는 '동사'라고 표현하겠다.

③ 예문

- She <u>runs</u> every morning. 그녀는 매일 아침 <u>달린다</u>. (동작 동사)
- He <u>is</u> happy. 그는 행복<u>하다</u>. (상태 동사)
- She <u>has finished</u> her homework. 그녀는 숙제를 <u>끝마쳤다</u>. (완료형 동사)

4 목적어 (Object)

① 동사 다음의 명사 부분이며, 문장 내에서 행위(동사)의 대상물(객체)이 된다.
② 주로 '~을(를)'로 해석되지만, 우리말과는 다르게 '~에게, ~에 대하여, ~로 하여금' 등 다양하게 해석된다. 우리말의 목적어 개념과 혼동하지 말아야 한다.
③ 예문

- She bought <u>a book</u>. 그녀는 <u>책을</u> 샀다. (동사의 목적어, '~을'로 해석)
- Tom married <u>a rich woman</u>. Tom은 <u>부유한 여성과</u> 결혼했다. (동사의 목적어, '~와'로 해석)
- I don't know <u>what she wants</u>. 나는 <u>그녀가 원하는 것을</u> 알 수 없다. (동사의 목적어, what절이 목적어)

5 보어 (Complement)

① 보어는 주어나 목적어를 보충 설명하는 말이다. 주어의 신분이나 상태를 설명하는 말을 '주격보어', 목적어의 신분이나 상태를 설명하는 말을 '목적격보어'라 한다.
② 예문

- She looks <u>kind</u>. 그녀는 친절해 보인다. (주어의 상태를 설명: 주격보어)
- I made them <u>public officials</u>. 나는 그들을 공무원으로 만들었다. (목적어의 신분을 설명: 목적격보어)

6 수식어 (Modifier)

① 문장에서 의미를 구체적으로 만들기 위해 수식하는 부분이다.
② 문장 내에서 주어, 동사, 목적어, 보어 이외의 모든 말을 수식어로 보면 된다.
③ **형용사 수식어**: 명사를 수식하는데, 특히 명사를 뒤에서 수식하는 경우가 많다.
④ **부사 수식어**: 명사 이외의 모든 것을 수식하거나 의미를 보충하는 부분이다.
⑤ 예문

- The man <u>under the tree</u> fell sleep. 나무 아래의 남자가 잠들었다. (형용사 수식어: 명사 man을 수식)
- The man sat <u>under the tree</u>. 그 남자는 나무 아래 앉았다. (부사 수식어: 동사 sat을 수식)

04 문장의 형식

영어 문장은 크게 5가지 종류로 나눌 수 있고, 이를 문장의 5형식이라고 한다. 우리말과 다른 영어의 '배열 방식'과 '해석의 원리'이다. 간단한 문장으로 기본 틀을 이해하자.

1 **1형식**: [주어 + 동사 ~] '주어'가 '동사'하다

목적어 없이도 완전한 의미를 전달하는 문장이다. 이 문장에 사용되는 동사를 '완전자동사'라고 한다. 주어와 동사 외에 수식어나 부사어가 붙어서 길어질 수도 있다.

- Many white birds / are flying / (in the blue sky).
  주어　　　　　　동사　　　　　(부사어)
  많은 하얀 새들 / 날고 있다 / (푸른 하늘에서). ➡ 많은 하얀 새들이 푸른 하늘에서 날고 있다.

- Birds / (on the tree) / sing / (merrily).
  주어　　(수식어)　　동사　　(부사어)
  새들 / (나무 위의) / 노래한다 / (즐겁게). ➡ 나무 위의 새들이 즐겁게 노래한다.

2 **2형식**: [주어 + 동사 + 주격보어] '주어'는 '주격보어'이다 / '주어'는 '주격보어'한 상태이다

① 주격보어는 명사나 형용사가 주어의 신분이나 상태를 나타내는 역할을 한다. 여기에 사용되는 동사를 '불완전 자동사'라고 한다.
② **주격보어가 명사인 경우**: '주어'는 '주격보어'이다 ➡ 주어의 신분을 설명

- The boy / (in the class) / is / a student.
  주어　　　(수식어)　　동사　주격보어
  그 소년 / (교실 안의) / 이다 / 학생. ➡ 교실 안의 그 소년은 학생이다.

③ **주격보어가 형용사인 경우**: '주어'는 '주격보어'한 상태이다 ➡ 주어의 상태를 설명

- The girl / (by the window) / looks / pretty.
  주어　　　(수식어)　　　동사　주격보어
  그 소녀 / (창문 옆의) / 보인다 / 행복한. ➡ 창문 옆의 그 소녀는 행복해 보인다.

3 **3형식**: [주어 + 동사 + 목적어] '주어'는 '목적어'를 '동사'하다

① 동사 뒤에 명사가 나와서 목적어로 기능하는 문장이다. 목적어는 '~을(를)' 이외에도 '~에게, ~와, ~에 대해' 등 다양한 방식으로 해석될 수 있다. 이런 문장 형식에 사용되는 동사를 '완전 타동사'라고 한다.
② **목적어가 '~을(를)'로 해석되는 경우**: '주어'는 '목적어'를 '동사'하다

- The tall boy / (on the bus) / found / a book / (on the seat).
  주어　　　　(수식어)　　동사　목적어　　(부사어)
  그 키 큰 소년 / (버스 안의) / 찾았다 / 책 / (의자 위에서). ➡ 버스 안의 그 키 큰 소년은 의자 위에서 책을 찾았다.

③ 목적어가 '~을(를)'로 해석되지 않는 경우: '주어'는 '목적어'(와 · 에게 · 에 대해) '동사'하다

- The handsome guy / (at last) / married / a rich woman.
  주어   (부사어)   동사   목적어

  그 잘생긴 청년 / (마침내) / 결혼했다 / 부자 여성. ➡ 마침내 그 잘생긴 청년은 부자 여성과 결혼했다.

4 **4형식**: [주어 + 동사 + 간접목적어 + 직접목적어] '주어'는 '간접목적어'에게 '직접목적어'를 '동사'하다

동사 뒤에 명사 두 개가 나와, 앞의 명사(간접목적어)는 '~에게'라고 해석하고, 뒤의 명사(직접목적어)는 '~을(를)'로 해석하는 문장 구조를 말한다. 여기에 사용되는 동사를 '수여동사'라고 부르기도 한다.

- She / gave / them / a lot of books / (for nothing).
  주어 동사   간·목   직·목   (부사어)

  그녀 / 주었다 / 그들에게 / 많은 책을 / (공짜로). ➡ 그녀는 그들에게 많은 책을 공짜로 주었다.

- An old lady / made / the poor boys / some bread.
  주어   동사   간·목   직·목

  한 노부인 / 만들었다 / 그 가난한 소년들 / 약간의 빵. ➡ 한 노부인이 그 가난한 소년들에게 약간의 빵을 만들어줬다.

5 **5형식**: [주어 + 동사 + 목적어 + 목적격보어] '주어'는 '목적어'를 '목적격보어'로 '동사'하다 / '목적격보어'한 상태로 '동사'하다 / '목적격보어'하도록 '동사'하다

① 목적격보어란, 목적어 뒤에 명사, 형용사, 준동사가 나와서 목적어의 신분, 상태, 행위를 나타내는 것이다. 이런 문장 구조를 5형식이라 하며, 여기에 사용되는 동사를 '불완전 타동사'라고 한다.

② 목적격보어가 명사인 경우: '주어'는 '목적어'를 '목적격보어'로 '동사'하다 ➡ 목적어의 신분을 설명

- The people / (in the hall) / elected / Tom / new chairman.
  주어   (수식어)   동사   목적어 목적격보어

  그 사람들 / (강당 안의) / 선출했다 / Tom / 새로운 의장으로. ➡ 강당 안의 사람들은 Tom을 새로운 의장으로 선출했다.

③ 목적격보어가 형용사인 경우: '주어'는 '목적어'를 '목적격보어'한 상태로 '동사'하다 ➡ 목적어의 상태를 설명

- Some food / (on the table) / made / Tom / happy.
  주어   (수식어)   동사   목적어 목적격보어

  약간의 음식 / (탁자 위의) / 만들었다 / Tom / 행복한. ➡ 탁자 위의 약간의 음식은 Tom을 행복하게 만들었다.

④ 목적격보어가 준동사(to부정사, 원형부정사, -ing, pp)인 경우: '주어'는 '목적어'가 '목적격보어'하도록 '동사'하다 ➡ 목적어의 행위를 설명

- The boy / asked / the man / (in the room) / to go out promptly.
  주어   동사   목적어   (수식어)   목적격보어

  그 소년 / 요청했다 / 그 남자 / (방 안의) / 즉시 나오도록. ➡ 그 소년은 방 안의 남자가 즉시 나올 것을 요청했다.

05 동사의 종류와 문장의 종류

부정문이나 의문문을 만들 때 be동사, 조동사, 일반동사라는 표현을 많이 쓴다. 문장이 변화할 때, 이 동사에게 발생하는 문법 현상을 이해하자.

1 be동사

① be, am, is, are, was, were 등으로 '~이다, ~에 있다'의 의미로 쓰인다.
② [be -ing](~하는 중이다: 진행형), [be pp](~당하다: 수동태)에 사용되기도 한다.
③ 3인칭 단수 현재형에서는 is를 사용한다.

2 조동사

① can, will, shall, may, must 등으로 동사의 뜻을 보조한다.
② [조동사 + 동사원형]의 형태를 취한다.
③ 3인칭 단수 현재형에서도 변화가 없다.

3 일반동사

① run, eat, think, begin 등으로, 동사 중에서 가장 많은 비율을 차지한다.
② 부정문이나 의문문을 만들 때는 do, does, did를 사용한다.
③ 3인칭 단수 현재형에서는 동사에 -s, -es를 붙인다.

4 have 동사

① have는 일반동사로 쓰는 경우와 완료형으로 쓰는 경우로 나눌 수 있다.
② **일반동사로 쓰는 경우**: 부정문이나 의문문을 만들 때 do, does, did를 사용한다.

- They have a lot of food. 그들은 많은 음식을 가지고 있다.
  → They do not have a lot of food. 그들은 많은 음식을 가지고 있지 않다.
     = don't have

- She had a nice car. 그녀는 멋진 차를 가지고 있었다.
  → Did she have a nice car? 그녀는 멋진 차를 가지고 있었니?

③ **완료형으로 쓰는 경우**: 부정문이나 의문문을 만들 때 have를 그대로 사용한다.

- They have lived in Seoul. 그들은 서울에서 살아 오고 있다.
  → They have not lived in Seoul. 그들은 서울에서 살아 오고 있지 않다.
     = haven't lived

- She had known the fact before that night. 그녀는 그날 밤 전에 그 사실을 알고 있었다.
  → She had not known the fact before that night. 그녀는 그날 밤 전에 그 사실을 알고 있지 않았다.
     = hadn't known

④ 3인칭 단수 현재형에서는 has를 사용한다.

- She has a car. 그녀는 차를 가지고 있다.
- She has lived in Busan. 그녀는 부산에서 살아 오고 있다.

5 긍정문

가장 기본적인 문장이다. 이때 사용되는 동사를 be동사, 조동사, 일반동사의 종류로 나눌 수 있다.

- He is busy. 그는 바쁘다.
  be동사

- She can come back. 그녀는 돌아올 수 있다.
  조동사 +동사원형

- They like your present. 그들은 네 선물을 좋아한다.
  일반동사

- She has visited London. 그녀는 런던을 방문한 적이 있다.
  완료형

6 부정문

① 동사가 be동사인 경우

- He is not busy. 그는 바쁘지 않다.
  [주어 + be not + ~]

② 동사가 조동사인 경우

- She cannot come back. 그녀는 돌아올 수 없다.
  [주어 + 조동사 not 동사원형 ~]

③ 동사가 일반동사인 경우

- They do not like your present. 그들은 네 선물을 좋아하지 않는다.
  [주어 + do not 동사원형 ~]
  ➡ 주어가 3인칭이면 [주어 + does not 동사원형 ~], 과거 시제이면 [주어 + did not 동사원형 ~]

④ 동사가 완료형인 경우

- She has not visited London. 그녀는 런던에 가 본 적이 없다.
  [주어 + has/have not pp ~]

7 의문문

의문사가 없는 경우에는 [동사 + 주어 ~?]의 어순으로 사용한다.

① **be동사나 조동사가 있는 경우**: [Be + 주어 + ~?]

- He is busy now. ➡ Is he busy now? 그는 지금 바쁘니?

② **조동사가 있는 경우**: [조동사 + 주어 + 동사원형 ~?]

- You can help me. ➡ Can you help me? 당신은 나를 도와줄 수 있나요?

③ **일반동사가 있는 경우**: [Do/ Does/ Did + 주어 + 동사원형 ~?]

- He likes to play the piano. ➡ Does he like to play the piano? 그는 피아노 치는 것을 좋아하나요?

④ **완료형이 있는 경우**: [Have/ Has + 주어 + pp ~?]

- They have lived in Seoul. ➡ Have they lived in Seoul? 그들은 서울에서 살았나요?

⑤ **의문사가 있는 경우**: [의문사 + 도치 ~?]

- When are you free? 당신은 언제 한가한가요?
- Where will you go? 당신은 어디로 갈 건가요?
- When did you call? 당신은 언제 전화했나요?
- Why has he waited so long? 그는 왜 그렇게 오래 기다렸죠?

8 명령문

① '~해라'라는 어투로 [동사원형 ~]의 형태를 취한다.

- Speak more slowly. 더 느리게 말해라.

② [Be + 형용사 ~]의 형태도 있다.

- Be kind to others. 다른 사람들에게 친절해라.

③ 부정명령문은 [Don't + 동사원형]의 형태를 쓴다. 강한 부정은 don't 대신 never를 쓰기도 한다.

- Don't make a noise here. 여기에서 소란을 피우지 말아라.
- Don't be late for school. 학교에 지각하지 말아라.

9 감탄문

① what이나 how로 시작해서 느낌표(!)로 끝난다.

② what 감탄문

- What a pretty girl she is! 그녀는 정말 예쁜 소녀이구나!
  ➡ [What + a + 형용사 + 명사 + 주어 + 동사!]
  = What a pretty girl!
  ➡ 주어 동사는 생략하기도 한다.

③ how 감탄문

- How strong a man he is! 그는 참 강한 남자이구나!
  ➡ [How + 형용사 + a + 명사 + 주어 + 동사!]
  = How strong he is!
  = How strong!

06 동사와 준동사의 모습과 해석

문법의 핵심은 '형태-해석-상황(시제, 능동과 수동)'이 올바른지를 파악하는 것이다. 동사와 준동사의 기본 형태와 그 형태가 의미하는 해석, 시제 및 태에 대한 개념을 잡는 것이 매우 중요하다.

1 시제의 모습과 해석

현재형, 과거형, 미래형, 현재완료, 과거완료, 현재진행, 과거진행, 현재완료진행만 주의해서 해석하자. 현재완료는 '~해왔다' 이외에도, '~해본 적 있다', '~해냈다', '~해버렸다'의 의미도 있으나, 여기서는 가장 일반적인 경우만 언급한다. 미래형, 미래완료형, 미래진행형, 미래완료진행형은 실질적으로 구별의 실익이 없다.

구분	과거	현재	미래
모습	과거형	동사원형 (3인칭 단수: -s, -es)	will 동사원형
해석	~했다	~한다	~할 것이다
예시	He wrote a letter. 그는 편지를 썼다.	He writes a letter. 그는 편지를 쓴다.	He will write a letter. 그는 편지를 쓸 것이다.

구분	과거완료	현재완료	미래완료
모습	had pp	have pp (3인칭 단수: has pp)	will have pp
해석	~했었다	~해왔다	계속 ~할 것이다
예시	He had written a letter. 그는 편지를 썼었다.	He has written a letter. 그는 편지를 써왔다.	He will have written a letter. 그는 편지를 쓰게 될 것이다.

구분	과거진행	현재진행	미래진행
모습	was -ing (2인칭, 복수: were -ing)	is -ing (인칭에 따라: am -ing, are -ing)	will be -ing
해석	~하고 있었다	~하는 중이다	~하는 중일 것이다
예시	He was writing a letter. 그는 편지를 쓰고 있었다.	He is writing a letter. 그는 편지를 쓰는 중이다.	He will be writing a letter. 그는 편지를 쓰는 중일 것이다.

구분	과거완료진행	현재완료진행	미래완료진행
모습	had been -ing	have been -ing (3인칭 단수: has been -ing)	will have been -ing
해석	~하고 있었던 중이었다	~해오는 중이다	계속 ~하는 중일 것이다
예시	He had been writing a letter. 그는 편지를 써오던 중이었다.	He has been writing a letter. 그는 편지를 써오는 중이다.	He will have been writing a letter. 그는 편지를 계속 쓰고 있을 것이다.

2 수동태의 모습과 해석

pp는 past participle(과거분사)의 약자로, '과거 시제'와 관련이 있는 것은 아니다. 단순히 동사의 형태 중 하나이며, 문법의 표기법에 따라 다양한 의미를 지닌다. 영어를 배운다는 것은 이 pp를 결국 어떻게 해석하는가를 알아내는 과정이다.

구분	모습	해석
현재수동	be pp (인칭에 따라: am, are, is)	~당한다
	He writes a letter. ➡ A letter is written by him. 　　쓴다　　　　➡　　　쓰여진다	
과거수동	was(were) pp (2인칭이나 복수: were pp)	~당했다
	He wrote a letter. ➡ A letter was written by him. 　　썼다　　　　➡　　　쓰여졌다	
현재진행수동	be being pp (인칭에 따라: am, are, is)	~당하는 중이다
	He is writing a letter. ➡ A letter is being written by him. 　　쓰는 중이다　　➡　　　쓰여지는 중이다	
현재완료수동	have been pp (3인칭: has been pp)	~당해 오는 중이다
	He has written a letter. ➡ A letter has been written by him. 　　써왔다　　　　➡　　　쓰여져 왔다	

3 to부정사, 동명사, 분사구문의 모습과 해석

준동사도 능동과 수동, 시점에 대한 표현이 있다. 아래의 표는 시제를 포함해서 능동/수동의 구별을 도식화한 것이다. 출제빈도가 높으므로 반드시 이해해야 한다.

① to부정사의 시점

구분	해석과 예문
주어 + 동사 … (to부정사 ~)	~하는 것(처럼) / 능동 / 주절과 동일 시점 He seems to write a letter. 그는 (현재) 보인다 + (현재) 편지를 쓰는 것으로.
주어 + 동사 … (to be pp ~)	~당하는 것(처럼) / 수동 / 주절과 동일 시점 A letter seems to be written by him. 편지가 (현재) 보인다 + (현재) 그에 의해 쓰이는 것으로.
주어 + 동사 … (to have pp ~)	~했던 것(처럼) / 능동 / 주절보다 앞선 시점 He seems to have written a letter last night. 그는 (현재) 보인다 + (지난밤에) 편지를 썼던 것으로.
주어 + 동사 … (to have been pp ~)	~당했던 것(처럼) / 수동 / 주절보다 앞선 시점 A letter seems to have been written by him last night. 편지가 (현재) 보인다 + (지난밤에) 그에 의해 쓰였던 것으로.

② 동명사의 시점

구분	해석과 예문
주어 + 동사 … (-ing ~)	~하는 것(처럼) / 능동 / 주절과 동일 시점 He is capable of making a program. 그는 할 수 있다 (현재) + 프로그램 만드는 것을.
주어 + 동사 … (being pp ~)	~당하는 것(처럼) / 수동 / 주절과 동일 시점 He is aware of being promoted to the manager. 그는 알고 있다 (현재) + 관리자로 승진되는 것을.
주어 + 동사 … (having pp ~)	~했던 것(처럼) / 능동 / 주절보다 앞선 시점 He is aware of having made a few mistakes before. 그는 알고 있다 (현재) + 전에 몇몇 실수를 했던 것을.
주어 + 동사 … (having been pp ~)	~당했던 것(처럼) / 수동 / 주절보다 앞선 시점 He is ashamed of having been beaten by his opponent before. 그는 부끄러워한다 (현재) + 전에 상대방에게 패배를 당했던 것을.

③ 분사구문의 시점

구분	해석과 예문
(~ing ~), 주어 + 동사 ~.	~하면서, ~하기에 / 능동 / 주절과 동일 시점 Standing on the hill, the house commands a fine view. 언덕 위에 있기에 (동일 시점) + 그 집은 좋은 경치를 내려다본다. (현재)
(Being pp ~), 주어 + 동사 ~. (Being 생략 가능)	~당해서 / 수동 / 주절과 동일 시점 (Being) surrounded by sea, the island attracts many tourists. 바다로 둘러싸여 있기에 (동일 시점) + 그 섬은 많은 관광객을 매료시킨다. (현재)
(Having pp ~), 주어 + 동사 ~.	~했기에 / 능동 / 주절보다 앞선 시점 Having won the last game, he is given a medal. 지난 경기에서 이겼기에 (앞선 시점) + 그는 메달을 받는다. (현재)
(Having been pp ~), 주어 + 동사 ~. (Having been 생략 가능)	~당했기에 / 수동 / 주절보다 앞선 시점 (Having been) scolded yesterday, he goes to school early today. 어제 야단을 맞았기에 (앞선 시점) + 그는 오늘 학교에 일찍 간다. (현재)

PART

01

동사

01 1형식 동사와 [There be] 구문
02 2형식 동사와 형용사 보어
03 혼동하기 쉬운 자동사와 타동사
04 공급·박탈·금지·전달·비난·간주 동사
05 4형식 구조와 [It takes] 구문
06 5형식 구조와 [동사 + 목적어 + 준동사] 구문
07 기타 조심동사

PART TEST

01 1형식 동사와 [There be] 구문

📖 1형식 동사의 종류를 외우고, [There be] 구문은 복합개념 문제를 꼭 풀어보자.

1 1형식: 주어 + 동사 + (부사어)

1형식은 [주어 + 동사 + (부사어)]로 구성되고, 동사가 자동사이므로 목적어를 사용하지 않는다. 주어와 동사 외에 각종 수식어와 부사어가 나올 수 있다.

- When the sun disappeared behind the mountains, a strange glow appeared in the sky.
  해가 산 너머로 사라졌을 때, 하늘에 이상한 빛이 나타났다.

- Real solutions rarely happen without honest communication.
  정직한 소통 없이 진정한 해법은 거의 발생하지 않는다.

- A serious conflict between departments suddenly arose during the meeting.
  회의 도중에 부서 간에 심각한 갈등이 생겼다.

> **TIP** 대표적인 1형식 동사
> - happen(발생하다), occur(발생하다), rise(오르다), arise(일어나다), disappear(사라지다), appear(나타나다) 등
> - 이 동사들은 빈출 수동태 불가 동사이다.

2 [There + be] 구문

① [There + be + S]: ~이 있다
② 주어가 be동사 다음에 나오므로 주어와 동사의 수일치 문제가 잘 출제된다.

- There is a few elementary students in this village. 이 마을에는 몇 명의 초등학생이 있다.
   are (주어가 복수이므로 복수로 바꿔야 한다)

Exercise

[01~04] 다음 중 어법상 옳은 것을 고르시오.

01 There [has been / have been] a few misunderstandings between them.

02 There still [remains / remain] some problems to be settled.

03 There [is / are] supposed to be coffee machines around here.

04 There [is / are] only ten dollars left with me now.

[05~06] 밑줄 친 부분에 들어갈 말로 가장 적절한 것을 고르시오.

05

There _____ to me a few possible explanations for his behavior.

① is occurred   ② are occurred
③ occur   ④ occurs

06

There _____ several mistakes last night.

① seem to be   ② seems to be
③ seem to have been   ④ seems to have been

---

01 정답 have been
해설 주어가 a few misunderstandings로 복수이다.
해석 그들 사이에 약간의 오해가 있어 왔다.

02 정답 remain
해설 주어는 some problems로 복수이다.
해석 해결되어야 할 몇몇 문제가 아직 남아 있다.

03 정답 are
해설 주어는 coffee machines이고, 동사는 are supposed to be가 된다.
해석 이 근처에 커피머신들이 있을 것 같다.
어휘 be supposed to부정사 ~할 것으로 여겨지다

04 정답 is
해설 시간, 거리, 금액은 덩어리 취급하여 단수 동사를 쓴다.
해석 이제 나에게 단지 10달러만 남아 있다.

05 정답 ③
해설 주어가 explanations로 복수이고, occur는 자동사이므로 수동태를 사용할 수 없다.
해석 그의 행동에 대해 몇 개의 가능한 설명이 나에게 떠오른다.
어휘 explanation 설명   behavior 행동, 행태

06 정답 ③
해설 주어가 several mistakes로 복수이므로 동사도 복수형으로 써야 한다. ①, ③이 정답 후보가 된다. last night으로 보아 '실수가 있었던' 시점이 주절 동사 seem보다 명백히 과거이므로, 이전 시제를 나타내는 완료 부정사 [to have pp]를 사용한다.
해석 어젯밤에 몇 가지 실수가 있었던 것으로 보인다.

02 2형식 동사와 형용사 보어

📖 보어 자리에 나오는 형용사와 부사를 구별하는 것이 핵심이다.

1 2형식: [주어 + 동사 + 보어]

주격보어는 '~이다'로 해석하며, 동사 다음에 명사나 형용사가 나와서 주어의 신분(명사), 주어의 상태(형용사)를 설명한다. 이처럼 명사 계열(명사, 명사구, 명사절), 형용사 계열(형용사, 분사, to부정사 등)이 보어가 될 수 있으며, 부사는 보어가 될 수 없다.

- He is a public official. 그는 공무원이다. (명사구)

- You look happy. 너는 행복해 보인다. (형용사)
  ➡ (x) happily

- My dream is to become a doctor. 내 꿈은 의사가 되는 것이다. (to부정사)

- The reason I hate him is that he is too indolent. 내가 그를 싫어하는 이유는 그가 너무 게으르다는 것이다. (명사절)

2 대표 동사

① '~이다'로 해석되는 2형식 동사 뒤에는 형용사가 나와서 주어의 상태를 설명한다.

> - be, become
> - 5감동사: look, sound, smell, taste, feel
> - 상태동사: remain(~한 상태로 있다)
> - 판단동사: seem, appear(~로 보이다), prove, turn out(~로 판명되다)

- The food smells bad. 그 음식은 고약한 냄새가 난다.
  ➡ (x) badly

② '~하다'로 해석되는 동사 뒤에는 부사가 나와서 동사를 수식한다.

- I think differently. 나는 다르게 생각한다.
  ➡ (x) different

TIP 1형식, 2형식 문장에서 모두 사용되는 appear, be, remain

- The ship appeared suddenly. (appear + 부사: 1형식) 그 배는 갑자기 나타났다.

  The ship appeared (to be) strong. (appear + (to be) 형용사: 2형식) 그 배는 튼튼해 보였다.

- He was in Seoul. (be + 장소: 1형식) 그는 서울에 있었다.

  He was smart. (be + 형용사: 2형식) 그는 똑똑했다.

- She remains in the house. (remain + 장소: 1형식) 그녀는 집에 남아 있다.

  She remains faithful. (remain + 형용사: 2형식) 그녀는 여전히 믿을 만하다.

3 주격보어로 쓰이는 형용사와 동사를 수식하는 부사 구별 시 유의사항

① 수식하는 말을 먼저 확인하여 정확한 연결 관계를 파악해야 한다.

- (o) play well / (x) play good ➡ 동사 play 다음에는 동사를 수식하는 부사 well이 적절

- (x) play well games / (o) play good games ➡ games를 수식하는 형용사 good이 적절

② '-ly'로 끝나는 형용사는 부사로 착각하기 쉽다.
- friendly(친절한), lovely(어여쁜), lively(생기발랄한), likely(~할 것 같은), cowardly(비겁한), orderly(질서 정연한), costly(값비싼), deadly(치명적인), timely(시기 적절한), manly(남성스러운) 등

  (o) look friendly(친절해 보이다): friendly는 형용사이므로 맞는 표현
  (o) be likely to(~할 것 같다): likely가 형용사이므로 맞는 표현
  (x) be certainly to(확실히 ~할 것이다): certainly는 부사이므로 틀린 표현

③ '~하다 + 형용사 보어'의 형태는 다음과 같다.
- **상태의 변화**: go bad(썩다), grow old(늙다), turn red(빨개지다), get angry(화내다), come true(실현되다) 등
- **상태의 지속**: keep fine(좋은 상태를 유지하다), hold good(유효하다), stay healthy(건강한 상태이다), stay fresh(신선한 상태이다) 등

Exercise

[01~06] 다음 중 어법상 옳은 것을 고르시오.

01 What he says may sound [contradictory / contradictorily].

02 The ship [disappeared / was disappeared] over the horizon.

03 This type of medicine works very [good / well].

04 That theory proved [complete / completely] false.

05 I can't understand the reason why all the food in the refrigerator went [bad / badly].

06 If you try harder, your dreams will come [true / truly] someday.

07 **다음 중 어법상 가장 어색한 것은?**

> What seemed like a minor injury proved ① fatal within hours. The symptoms were initially vague but became ② increasing severe. His skin turned pale, and his voice grew ③ weak. The air around him felt ④ heavy with worry. The situation was no longer manageable, and the once calm atmosphere became chaotic.

---

01 정답 contradictory
해설 sound는 5감동사로서 뒤에 형용사 contradictory가 온다.
해석 그가 말하는 것은 모순적으로 들릴지도 모른다.
어휘 **contradictory** 모순적인

02 정답 disappeared
해설 disappear는 수동태 불가 동사이므로 'be pp'의 형태로 사용하지 않는다.
해석 그 배는 수평선 너머로 사라졌다.
어휘 **horizon** 수평선

03 정답 well
해설 ['하다' 동사 + 부사]의 구조이므로 동사 works를 수식할 부사가 나와야 한다.
해석 이런 종류의 약은 효과가 매우 좋다.

04 정답 completely
해설 prove의 보어는 형용사 false이며, 이 형용사를 수식하기 위해서는 부사 completely가 와야 한다.
해석 저 이론은 완전히 거짓으로 판명되었다.

05 정답 bad
해설 '~하다 + 형용사 보어'의 형태로, 여기서 go는 become의 의미를 지니고 있다.
해석 나는 냉장고의 모든 음식이 상한 이유를 이해할 수 없다.
어휘 **refrigerator** 냉장고

06 정답 true
해설 '~하다 + 형용사 보어'의 형태이다.
해석 당신이 더 열심히 노력한다면, 당신의 꿈은 언젠가 이루어질 것이다.

07 정답 ②
해설 ① prove + 형용사 보어: ~라고 판명되다
② increasing → increasingly / became의 보어는 형용사 severe이며, 이 형용사를 수식하기 위해서는 부사 increasingly가 와야 한다.
③ grow + 형용사 보어: ~하게 되다
④ feel + 형용사 보어: ~하게 느껴지다
해석 처음에는 사소해 보였던 부상이 몇 시간 안에 치명적인 것으로 판명되었다. 증상은 처음에는 애매했지만 점점 심해졌다. 그의 피부는 창백해졌고, 목소리는 점점 약해졌다. 그를 둘러싼 주변 공기는 걱정으로 무거워졌다. 상황은 더 이상 감당할 수 없었고, 한때 차분했던 분위기는 혼란스러워졌다.
어휘 **minor** 작은 **symptom** 증상 **vague** 애매한 **severe** 심각한 **pale** 창백한 **no longer** 더 이상 ~이 아니다 **once** 한때 **atmosphere** 분위기, 대기

03 혼동하기 쉬운 자동사와 타동사

이번에 공부하는 동사들은 단일 문제로 출제되기보다는 다른 개념과 결합하여 출제된다. 한국어와 다른 속성이 있으므로 암기가 필요하다.

1 타동사로 혼동하기 쉬운 자동사

다음에 나오는 동사들은 [자동사 + 전치사 + 목적어]의 형태를 취한다. 예를 들어 wait은 wait him으로 사용하지 않고, wait for him으로 사용한다.

- wait for him 그를 기다리다 (= await him)
    cf. wait on him 그를 시중 들다 (= serve him)

- enter into the business 사업을 시작하다
    cf. enter the room 방에 들어가다

- graduate from the school 학교를 졸업하다

- object to the plan 계획을 반대하다

- operate on the patient 환자를 수술하다
    cf. operate the machine 기계를 작동시키다

- account for the project 계획을 설명하다

- interfere with him 그를 방해하다 (= interrupt him)

- complain of[about] the plan 계획에 대해 불평하다

2 자동사로 혼동하기 쉬운 타동사

다음에 나오는 동사들은 목적어가 '~에게'로 해석되는 경우가 많아 전치사를 사용해야 할 것처럼 보이지만, 전치사 없이 바로 목적어를 취한다는 것에 주의해야 한다.

- greet him 그에게 인사하다
    ➡ (x) greet to him

- obey him 그에게 복종하다 (= comply with him)

- marry him 그와 결혼하다

- mention the accident 그 사건에 대해 언급하다 (= speak of the accident)

- discuss the theory 이론에 대해 토론하다 (= talk about the theory)

- attend the party 파티에 참석하다
    cf. attend on the patient 환자를 돌보다 attend to the subject 과목에 집중하다

- approach the camp 캠프에 접근하다

- **answer** the question 질문에 답하다 (= reply to the question)

- **reach** the shore 해변에 도착하다 (= arrive at the shore, get to the shore)

- **resemble** his father 그의 아버지를 닮다 (= take after his father)

- **enter** the room 방에 들어가다

- **phone** me 나에게 전화를 하다 (= call me)

Exercise

[01~08] 다음 중 어법상 옳은 것을 고르시오.

01 The police officer [approached / approached to] the suspected murderer. 〈18 경찰〉

02 All the local farmers [objected / objected to] the new airport.

03 He [obeyed / obeyed with] his parents all the time when he was young. 〈12 사복직 9급〉

04 I [resemble / resemble with] my mother in appearance.

05 We [discussed / discussed about] what to wear to the party. 〈11 경북 교행〉

06 Many children are [entering / entering into] the gymnasium.

07 He [entered / entered into] business with his brother.

08 Small animals [inhabited / inhabited in] the woods.

---

01 정답 approached
해설 approach(~에 접근하다)는 타동사이므로 목적어 앞에 전치사를 사용하지 않는다.
해석 경찰관이 살인 용의자에게 접근했다.
어휘 **the suspected murderer** 살인 용의자

02 정답 objected to
해설 object(반대하다)는 자동사이므로 뒤에 전치사가 있어야 대상어와 연결될 수 있다.
해석 모든 지역 농부들이 새로운 공항에 반대했다.

03 정답 obeyed
해설 obey(~에 순응하다)는 타동사이므로 목적어 앞에 전치사를 사용하지 않는다.
해석 그는 어렸을 때 항상 부모님의 말씀에 순응했다.

04 정답 resemble
해설 resemble(~와 닮다)은 타동사이므로 목적어 앞에 전치사를 사용하지 않는다.
해석 나의 외모는 어머니를 닮았다.
어휘 **appearance** 외모, 용모

05 정답 discussed
해설 discuss(~에 대해 토론하다)는 타동사이므로 목적어 앞에 전치사를 사용하지 않는다.
해석 우리는 파티에 무엇을 입고 갈 것인지 의논했다.

06 정답 entering
해설 enter(~에 들어가다)는 타동사이므로 목적어 앞에 전치사를 사용하지 않는다.
해석 많은 아이들이 체육관으로 들어가고 있다.
어휘 **gymnasium** 체육관

07 정답 entered into
해설 enter가 '~을 시작하다'라는 의미로 사용될 때는 enter into로 써야 하며, 전치사가 있어야 대상어와 연결될 수 있다.
해석 그는 그의 형과 사업을 시작했다.

08 정답 inhabited
해설 inhabit(~에서 살다)는 타동사이므로 목적어 앞에 전치사를 사용하지 않는다.
해석 작은 동물들이 숲속에 살았다.
어휘 **woods** 숲

Exercise

09 다음 중 어법상 가장 어색한 것은?

> Although she had already ① graduate from college, she continued ② to wait for the right job offer. Some friends ③ objected to her idealism, urging her to be more practical. But she calmly ④ approached every interview with hope, believing that patience would eventually bring her closer to her true calling.

10 밑줄 친 부분에 들어갈 말로 가장 적절한 것은?

> _____, I will have arrived at Seoul.

① By the time this letter will reach you
② By the time this letter reaches you
③ By the time this letter will reach at you
④ By the time this letter reaches to you

---

09 정답 ①

해설 ① graduate from → graduated from / graduate from(~을 졸업하다)은 바르게 쓰였지만, 동사의 시제가 과거완료로 'had pp'이므로 graduate를 pp로 써야 한다.
② wait for: ~을 기다리다 / continue는 뒤에 to부정사, 동명사 모두를 목적어로 사용할 수 있다.
③ object to: ~에 반대하다
④ approach: ~에 접근하다

해석 그녀는 이미 대학을 졸업했지만, 여전히 적합한 일자리 제안을 기다리고 있었다. 몇몇 친구들은 그녀의 이상주의에 반대하며 좀 더 현실적으로 행동하라고 재촉했다. 그러나 그녀는 모든 면접에 희망을 갖고 차분히 접근했으며, 인내가 결국에는 그녀를 자신의 진정한 직업에 더 가깝게 데려다 줄 것으로 믿었다.

어휘 job offer 일자리 제안 idealism 이상주의 urge 재촉하다 patience 인내심 calling 소명, 직업

10 정답 ②

해설 [by the time + 주어 + 동사](~할 때까지)는 시간부사절로서 현재가 미래를 대신하므로 will을 쓰지 않는다. reach는 타동사이므로 목적어 앞에 전치사를 쓰지 않는다.

해석 이 편지가 당신에게 도착할 때쯤 나는 서울에 도착할 것이다.

공급 · 박탈 · 금지 · 전달 · 비난 · 간주 동사

📖 다음에 나오는 동사들 역시 단일 문제로 출제되기 보다는 다른 개념과 결합하여 출제되므로 암기가 필요하며 전치사와 함께 정확하게 해석하는 것이 필요하다.

1 [공급 동사 + A + with + B]: A에게 B를 제공하다

provide	supply	present	equip	endow	furnish	replenish
공급하다	공급하다	제공하다	설비하다	부여하다	제공하다	다시 채우다

① [공급 동사+A+with+B] = [공급 동사+B+for+A]

- He provided us with food. 그는 우리에게 식량을 공급했다.
  = He provided food for us.

② 수동태로 전환되면 해석에 주의해야 한다.

- The poor were provided with food and clothing. 가난한 사람들은 식량과 옷을 공급받았다.
- A number of toys were provided for the children. 많은 장난감이 아이들에게 제공되었다.

2 [박탈 동사 + A + of + B]: A에게서 B를 박탈하다

rob	deprive	cure	clear	relieve	rid
빼앗다	박탈하다	치료하다	치우다	덜어주다	제거하다

① [박탈 동사+A+of+B]의 형태로 사용된다.

- rob him of his money 그에게서 돈을 빼앗다 (= steal his money from him)
- deprive him of his right 그에게서 그의 권리를 박탈하다
- relieve you of your burden 당신에게서 짐을 덜어주다
- clear the land of the trees 그 땅에서 나무를 치우다[벌목하다]

② 수동태 형태가 더 많이 사용된다.

- be robbed of ~: ~을 빼앗기다
- be deprived of ~: ~을 박탈당하다
- be rid of ~: ~을 제거하다 (= get rid of ~)

3 [금지 동사 + A + from + B]: A가 B하는 것을 금지하다

hinder	inhibit	prevent	prohibit	stop	keep	deter	dissuade	restrain
방해하다	억제하다	예방하다	금지하다	중단시키다	거리를 유지하다	단념시키다	만류하다	억제하다

[금지 동사 + A + from + B]의 from B의 자리에 to부정사를 사용하면 안 된다.

- **hinder** him **from** smoking 그에게 금연을 시키다
    ➡ (x) hinder him to smoke

- **dissuade** him **from** majoring in English 그에게 영어를 전공하지 말라고 설득하다

4 [전달 동사 + A + of + B]: A에게 B를 전달하다

inform	remind	convince	notify	warn	assure
전달하다	상기시키다	확신시키다	통지하다	경고하다	확신시키다

① [전달동사 + A + of + B]의 형태로 사용된다.

- **inform** him **of** the news 그에게 뉴스를 알리다

- **remind** me **of** my school days 나에게 나의 학창시절을 상기시키다

- **convince** me **of** his innocence 나에게 그의 결백을 확신시키다

② of 대신 that절을 사용하는 경우도 있다.

- **inform** him **that** the meeting was cancelled 그에게 회의가 취소되었다고 알리다

- **remind** him **that** the deadline is next Friday 그에게 마감일이 다음 주 금요일임을 상기시키다

- **convince** me **that** he is innocent 나에게 그가 결백하다고 확신시키다

③ 전달 동사는 수동태가 더 많이 사용되는데, 해석에 주의해야 한다.

- [be informed of ~] = [be informed that 주어 + 동사]: ~에 대해 알림을 당하다 ➡ ~을 듣다

- [be reminded of ~] = [be reminded that 주어 + 동사]: ~에 대해 상기 시킴을 당하다 ➡ ~을 기억하다

- [be convinced of ~] = [be convinced that 주어 + 동사]: ~에 대해 확신 시킴을 당하다 ➡ ~을 확신하다

5 [비난/감사 동사 + A + for + B]: B에 대해 A에게 비난/감사하다

blame	criticize	scold	thank	praise	reward
비난하다	비판하다	꾸짖다	감사하다	칭찬하다	보상하다

- blame the team for the project's failure 프로젝트의 실패에 대해 그 팀을 비난하다
- scold them for being late 지각한 것에 대해 그들을 꾸짖다 (for 다음에 동명사구도 가능하다)
- thank you for your advice 조언에 대해 너에게 감사하다
- praise him for his performance 그의 성과[성적]에 대해 그를 칭찬하다

6 [간주 동사 + A + as + B]: A를 B로 간주하다

regard	refer to	think of	look upon	see
간주하다	언급하다	생각하다	보다	보다
view	identify	acknowledge	describe	
보다	확인하다	인정하다	묘사하다	

5형식이므로 목적격보어에 해당하는 B의 자리에는 명사나 형용사가 나온다.

- regard him as a genius 그를 천재라고 간주하다
- regard punctuality as essential for employees 시간 엄수를 직원들에게 필수적인 것으로 간주하다
- refer to Seoul as the heart of Korea 서울을 한국의 심장이라고 언급하다
- view the new policy as beneficial to the environment 새로운 정책이 환경에 이로운 것으로 보다

> **TIP** [consider A as B]: A를 B라고 여기다
>
> 동사 consider 역시 간주 동사로 사용될 때가 있는데, 다른 간주 동사들과 달리, as 대신 to be를 사용하거나 as를 생략할 수 있다는 점이 잘 출제된다. 특히 수동태의 형태에 주의하자.
>
> - We consider him as our master. ➡ (수동태) He is considered as our master.
> = We consider him to be our master. ➡ (수동태) He is considered to be our master.
> = We consider him our master. ➡ (수동태) He is considered our master.

Exercise

[01~07] 다음 중 어법상 옳은 것을 고르시오.

01 Those temporary shelters were provided [for / with] the homeless.

02 He was [robbed / stolen] of his watch on his way home.

03 The police officer prohibited him [from parking / to park] there.

04 Much news about the accident [was announced / was informed] last night.

05 He [convinced / was convinced] of her safety.

06 The teacher blamed him [for / with] neglecting his duty.

07 We regard Shakespeare [as / like] one of the greatest play-writers.

08 밑줄 친 부분 중 가장 어색한 것은?

① 학교는 어린이들의 과도한 TV 시청을 막기 위한 프로그램을 시작할 것이다. 〈15 사복직 9급〉
→ The school will start a program designed to deter kids <u>to watch</u> TV too much.

② John은 Mary에게 그녀가 거기에 일찍 도착해야 한다는 것을 상기시켰다. 〈17 서울 9급〉
→ John <u>reminded</u> Mary that she should get there early.

③ 그들은 그의 정직하지 못함을 비난했다. 〈11 사복직 9급〉
→ They charged him <u>with</u> dishonesty.

④ 우리는 통금시간을 청소년을 괴롭히는 또 다른 방식으로 보지 않는다. 〈09 지방 9급〉
→ We don't look upon the curfew <u>as</u> another way to hassle juveniles.

---

01 정답 for
해설 공급 동사인 provide를 사용한 [provide B for A](A를 위해 B를 제공하다)의 수동태이다. 수혜자인 the homeless 앞에는 for를 쓴다.
해석 저 임시 피난처들은 집 없는 사람들을 위해 제공되었다.
어휘 temporary 임시적인 shelter 피난처
the homeless 집 없는 사람들

02 정답 robbed
해설 박탈 동사인 rob을 사용한 [rob A(사람) of B(물건)](A에게서 B를 빼앗다)의 수동태이다.
해석 그는 집에 오는 길에 시계를 빼앗겼다.

03 정답 from parking
해설 금지 동사인 prohibit을 사용한 [prohibit A from B](A가 B하는 것을 금지시키다)의 구조이다.
해석 경찰관은 그가 그곳에 주차하는 것을 금지시켰다.

04 정답 was announced
해설 [사람 + be informed](사람이 ~을 듣다)와 [소식 + be announced](소식이 알려지다)를 비교해야 한다.
해석 그 사건에 관한 많은 소식이 어젯밤에 발표되었다.

05 정답 was convinced
해설 전달 동사인 convince를 이용한 [convince A of B](A에게 B를 확신시키다)의 수동태 형태이다.
해석 그는 그녀의 안전을 확신했다.

06 정답 for
해설 비난 동사 blame을 이용한 [blame A for B](B에 대해 A를 비난하다)의 구조이다.
해석 선생님은 의무를 게을리한 것에 대해 그를 비난했다.

07 정답 as
해설 간주 동사 regard를 이용한 [regard A as B](A를 B로 간주하다)의 구조이다.
해석 우리는 셰익스피어를 가장 위대한 극작가 중의 한 명으로 간주한다.
어휘 play-writer 극작가

08 정답 ①
해설 ① to watch → from watching / deter A from B: A가 B하는 것을 단념시키다
② [remind A of B] = [remind A that 주어 + 동사]: A에게 B를 상기시키다

09 밑줄 친 부분 중 가장 적절한 것은?

① 경찰서는 난민들에게 생활 필수품을 제공했다. 〈18 경찰〉
→ The police station provided commodities with refugees.

② 나는 처음부터 케이크를 만드는 것이 훨씬 더 쉬울 것이라고 확신했다. 〈18 서울 9급 변형〉
→ I convinced that making a cake from scratch would be even easier.

③ 다칠 수 있다는 두려움도 그가 부주의한 행동을 하는 것을 막지 못했다. 〈17 지방 9급〉
→ The fear of getting hurt didn't prevent him from engaging in reckless behaviors.

④ 이러한 정의에 따르면, 일리아드와 오디세이는 신화로 간주된다. 〈19 국가 9급 변형〉
→ According to this definition, the Iliad and the Odyssey can all refer to as myths.

[10~11] 밑줄 친 부분에 들어갈 말로 가장 적절한 것을 고르시오.

10

He was _____ the best friend that I have ever met.

① regarded
② thinking of as
③ considered
④ referred as

---

③ [charge A with B] = [blame A for B] = [accuse A of B]: B에 대해 A를 비난하다
④ [look upon A as B] = [look at A as B]: A를 B로 간주하다
[어휘] get there 그곳에 도착하다 curfew 통행금지
hassle 괴롭히다 juvenile 청소년

09 정답 ③
[해설] ① with → for / [provide A with B] = [provide B for A](A에게 B를 공급하다)이며, refugees(피난민들) 앞에 with 대신 for나 to를 써야 한다.
② convinced → was convinced / convince는 '확신시키다'의 의미이며, [be convinced that](~을 확신하다)처럼 수동태로 써야 '확신하다'의 의미를 지닌다.
③ [prevent A from B](A가 B하는 것을 막다) / 참고로 동사 engage는 [be engaged in ~], [engage in ~](~에 종사하다, 관여하다)와 같이 능동태와 수동태로 모두 쓸 수 있다.

④ refer to as → be referred to as / [refer to A as B](A를 B로 간주하다)는 수동으로 바꾸면 [A be referred to as B]가 된다.
[어휘] commodities 일용품 refugee 피난민
from scratch 처음부터 engage in ~에 참여하다
reckless 부주의한 definition 개념, 정의

10 정답 ③
[해설] [was regarded as ~] = [be thought of as ~] = [be referred to as ~] = [be considered (as)]: ~로 여겨지다 / consider는 뒤에 as 대신에 to be를 쓸 수 있고, as와 to be를 생략할 수도 있다.
[해석] 그는 내가 이제까지 만나 본 최고의 친구로 여겨진다.

Exercise

11

I _____ that unhappy businessmen can increase their happiness more by walking six miles every day.

① convince
③ am convinced

② have convinced
④ am convinced of

12 다음 중 어법상 가장 어색한 것은?

In emergency situations, those who ① <u>are supplied with</u> basic resources tend to recover faster than those who ② <u>are deprived of</u> them. Stressful memories often inhibit resilience ③ <u>from happening</u>, and make people hesitant to act. Survivors frequently ④ <u>are reminded that</u> the moment they lost everything, especially when facing similar weather or sounds.

---

11 정답 ③

해설 [be convinced of + 명사] = [be convinced that 주어 + 동사] (~을 확신하다)이다. 빈칸 뒤에 that절이 있으므로 전치사 of는 쓸 수 없다.

해석 나는 행복하지 않은 사업가는 매일 6마일씩 걸음으로써 행복을 증가시킬 수 있다고 확신한다.

12 정답 ④

해설 ① [be supplied with ~]: ~을 공급받다
② [be deprived of ~]: ~을 박탈당하다
③ [inhibit A from B]: A가 B하는 것을 억제하다
④ are reminded that → are reminded of / 뒤에 명사인 the moment가 나오고 절이 나오지 않으므로 전치사 of를 써야 한다. 참고로 they lost everything은 the moment를 수식하는 절이다.

해석 긴급 상황에서, 기본적 자원이 공급된 사람들은 그것을 박탈당한 사람들보다 더 빨리 회복하는 경향이 있다. 스트레스를 주는 기억은 종종 회복력이 발생하는 것을 억제하여 사람들이 행동하는 것을 주저하게 만든다. 생존자들은 모든 것을 잃은 순간을 자주 떠올리게 되며, 특히 비슷한 날씨나 소리를 마주할 때 그렇다.

어휘 basic resource 기본 자원 resilience 회복력 hesitant 주저하는

05 4형식 구조와 [It takes] 구문

> 4형식 동사 자체는 문법 출제 빈도가 낮다. 하지만 다양한 구문을 이해하려면 4형식 구조에 대한 기본적인 이해가 필요하다. 특히 [It takes] 구문은 사용빈도가 높으니 암기하자.

1 [주어 + 동사 + N1 + N2]의 형태

① 4형식 문장이란, 동사 뒤에 명사가 두 개가 나와 N1은 '~에게'로, N2는 '~를'로 해석하는 경우를 말한다.
② N1 → 간접목적어 (I.O), N2 → 직접목적어 (D.O)

- She / told / me / an interesting story. 그녀는 / 이야기했다 / 나에게 / 재미있는 이야기를
- She / brought / me / some coffee. 그녀는 / 가져다주었다 / 나에게 / 약간의 커피를
- She / got / me / some bread. 그녀는 / 구해주었다 / 나에게 / 약간의 빵을
- This coupon / will save / us / some money. 이 쿠폰은 / 덜어줄 것이다 / 우리에게서 / 약간의 돈을

2 4형식으로 사용 불가한 동사

다음에 나오는 동사들은 4형식 문형으로 사용할 수 없다. 즉, '~에게'를 표현할 때는 반드시 [to + 대상]으로 사용해야 한다는 것이다.

- announce the news to him 그에게 소식을 알리다
- introduce myself to you 당신에게 제 자신을 소개하다
- suggest to us that we should go there 우리에게 우리가 거기에 가야 한다고 제안하다
- say to him that she would come back 그에게 그녀가 돌아올 것이라고 말하다
- explain to us the theory 우리에게 그 이론을 설명하다
  ➡ (x) cf. explain us the theory

3 [It takes 시간/돈 ~] ~하는 데 시간이나 비용이 들다

아래의 구문은 가주어 it을 활용한 구문으로 자주 쓰이는 표현이다. 문장 구조를 이해하고, 3형식으로 변형된 형태를 알아 둘 필요가 있다.

① "나는 밥 먹는 데 20분이 걸린다"를 영작하면 아래의 문장으로 쓸 수 있다.

It + takes	+ me	+ 20 minutes	+ to have a meal.
가주어	간접목적어	직접목적어	진주어

② [It(밥 먹는 것은) + takes(취한다, 가져간다) + me(나에게서) + 20 minutes(20분을)]의 형태로 4형식으로 만들 수 있다.

It takes 20 minutes for me to have a meal. 나는 밥 먹는 데 20분이 걸린다.
가주어   진주어

③ [It(밥 먹는 것은) + takes(취한다, 가져간다) + 20분을 (20minutes)]의 형태로 이 문장은 3형식이다. for me는 to부정사의 의미상 주어이다.

Exercise

01 다음 중 옳은 문장을 2개 고르시오.
① Please show me your paper.
② He announced us the latest news.
③ She suggested him a good idea.
④ The man provided the poor much food.
⑤ He robbed the boy some money.
⑥ The boy asked him a lot of questions.
⑦ She informed us much news.

02 다음 중 어법상 가장 어색한 것은?

> The trainer brought ① the athletes new strategies to improve their coordination. She carefully explained ② to them the reasoning behind each move. Though it took them time ③ adapting to the routines, she consistently suggested ④ to them that persistence would lead to visible results in performance.

---

01 정답 ①, ⑥
해설 ①, ⑥의 동사는 4형식의 구조로 쓸 수 있으나, 나머지는 불가하다.
② announced us → announced to us / announce는 4형식 불가 동사
③ suggested him → suggested to him / suggest는 4형식 불가 동사
④ provided the poor much food → provided the poor with much food / [provide A with B]: A에게 B를 공급하다
⑤ robbed the boy some money → robbed the boy of some money / [rob A of B]: A에게서 B를 빼앗다
⑦ informed us much news → informed us of much news / [inform A of B]: A에게 B를 알리다
해석 ① 나에게 당신의 서류를 보여주세요.
② 그는 우리에게 최근 소식을 알렸다.
③ 그녀는 그에게 좋은 생각을 제안했다.
④ 그 남자는 가난한 사람들에게 많은 음식을 공급했다.
⑤ 그는 소년에게서 약간의 돈을 빼앗았다.
⑥ 그 소년은 그에게 많은 질문을 했다.
⑦ 그녀는 우리에게 많은 소식을 알려주었다.

02 정답 ③
해설 ① [bring A B](A에게 B를 가져오다)로 4형식 구조이다.
② explain은 4형식 불가 동사로 '~에게'를 표현할 때는 'to + 대상'을 쓴다.
③ adapting → to adapt / 가주어 it 다음에 오는 진주어 자리에는 보통 that절이나 to부정사구를 사용해야 한다.
④ suggest는 4형식 불가 동사로 '~에게'를 표현할 때는 'to + 대상'을 쓴다.
해석 그 트레이너는 협응력을 높이기 위해 새로운 전략들을 선수들에게 가져다주었다. 그녀는 각각의 동작에 담긴 논리를 그들에게 신중하게 설명해 주었다. 그 루틴에 적응하는 데 시간이 걸렸지만, 그녀는 끈기가 경기력의 눈에 띄는 결과로 이어질 것이라고 계속해서 그들에게 암시했다.
어휘 coordination 협동, 조화 reasoning 논리, 추론 adapt to ~에 적응하다 consistently 한결같이 persistence 끈기

06 5형식 구조와 [동사 + 목적어 + 준동사] 구문

> 영어에서 가장 자주 사용되는 문장 구조 중 하나로, 특히 [동사 + 목적어 + 준동사] 형태는 정확한 해석과 자주 쓰이는 구문 표현을 암기하는 것이 중요하다. 사역동사, 지각동사, help의 특성과 함께, [have + 목적어 + pp] 구문의 용법도 충분히 연습해야 한다.

1 5형식: 주어 + 동사 + 목적어 + 목적격보어

목적어 뒤에서 목적어의 신분, 상태, 행위 등을 나타내는 명사(신분), 형용사(상태), 준동사(행위) 등을 목적격보어라 한다.

- He made her a public official. 그는 / 만들었다 / 그녀를 / 공무원으로. (신분)
  ➡ 목적격보어가 명사: '목적어를 ~로 V하다'로 해석

- He made her very happy. 그는 / 만들었다 / 그녀를 / 행복한 상태로. (상태)
  ➡ 목적격보어가 형용사: '목적어를 ~한 상태로 V하다'로 해석

- He asked her to study English more. 그는 / 요청했다 / 그녀에게 / 영어를 좀 더 공부하라고. (행위)
  ➡ 목적격보어가 준동사: '목적어가 ~할 것을 V하다'로 해석

2 주어 + 동사 + 목적어 + 준동사(to부정사, 원형부정사, -ing, pp)

- expect him to attend the meeting 기대하다 / 그가 / 파티에 참석할 것을(참석하도록)

- keep the machine running overnight 유지시키다 / 그 기계를 / 밤새 작동하는 상태로

- leave the road damaged for days 내버려두다 / 도로를 / 며칠간 훼손된 상태로

- find the policy to be effective 파악하다 / 그 정책이 / 효과적이라고

3 동사 + 목적어 + to부정사

① 구조

> [동사 + 목적어 + to부정사]: 목적어가 ~하도록 V하다, 목적어가 ~할 것을 V하다
>
> [동사 + 목적어 + pp]: 목적어가 ~되도록 V하다, 목적어가 ~될 것을 V하다

- He asked them to push his car. 그는 / 요청했다 / 그들이 / 그의 차를 밀어주도록. (them과 to push는 능동 관계)

- He asked his car pushed by them. 그는 / 요청했다 / 그의 차가 / 밀려지도록 / 그들에 의해. (his car와 pushed는 수동 관계)

② 대표적인 동사

- **시킴, 부탁**: get(시키다), ask(부탁하다), allow(허락하다) 등
- **권장, 유발**: enable(가능하게 하다), encourage(격려하다), cause(유발시키다), lead(유도하다) 등
- **바람, 기대**: want(원하다), like(좋아하다), expect(기대하다), wish(바라다) 등
- **충고, 명령**: advise(충고하다), order(명령하다), require(요구하다), tell(말하다) 등
- **강요, 강제**: force(강제하다), compel(강요하다), oblige(강제하다) 등

4 사역동사 + 목적어 + 원형부정사

① 구조

> [사역동사 + 목적어 + 원형부정사]: 목적어가 ~하도록 V하다, 목적어가 ~할 것을 V하다
> [사역동사 + 목적어 + pp]: 목적어가 ~되도록 V하다, 목적어가 ~될 것을 V하다

- She had the porter carry her bags. 그녀는 / 시켰다 / 짐꾼이 / 그녀의 가방을 운반하도록. (porter와 carry는 능동 관계)

- She had her bags carried by the porter. 그녀는 / 시켰다 / 그녀의 가방이 / 운반되도록 / 짐꾼에 의해. (bag과 carried는 수동 관계)

② 사역동사: make(만들다), have(시키다, 당하다), let(허락하다) 등

5 지각동사 + 목적어 + 원형부정사

① 구조

> [지각동사 + 목적어 + 원형부정사]: 목적어가 ~한 것을 V하다
> [지각동사 + 목적어 + -ing]: 목적어가 ~하는 것을 V하다 (진행적 의미를 강조)
> [지각동사 + 목적어 + pp]: 목적어가 ~되는 것을 V하다

- I saw him paint[painting] the house.
  나는 / 봤다 / 그가 / 집을 칠한[칠하는] 것을. (him과 paint는 능동 관계, 원형부정사 자리에 -ing가 오면 진행적 의미를 더한다.)

- I saw the house painted by him. 나는 / 봤다 / 그 집이 / 그에 의해 페인트칠되는 것을. (house와 paint는 수동 관계)

② 지각동사: see(보다), hear(듣다), watch(지켜보다), notice(목격하다, 인식하다) 등

6 동사 + 목적어 + to부정사/원형부정사

help(돕다), bid(말하다)는 to부정사와 원형부정사를 모두 취할 수 있다.

- He helped her to push the car. 그는 그녀가 차를 미는 것을 도와주었다. (5형식) = He helped her push the car.

- He helped to push her car. 그는 그녀의 차를 미는 데 도움을 주었다. (3형식) = He helped push her car.

7 시키거나 당한 일을 표현하는 [have[get] + 목적어 + pp]

① '그는 차를 수리하고 싶다'라는 문장을 영어로는 두 가지로 표현할 수 있다.

- He wanted to repair his car. 그는 자신의 차를 수리하고 싶어 했다. (자신이 직접 수리)

- He wanted to have his car repaired. 그는 자신의 차를 수리 받기를 원했다. (남이 수리)

② [목적어 + pp]가 유리한 일이면 have나 get을 '시키다'로, 불리한 일이면 '당하다'로 해석한다.

- I had my picture taken. 나는 내 사진이 찍히도록 시켰다. (➡ 사진을 찍었다)

- I had my license suspended because of drunken driving. 나는 음주운전으로 운전면허가 정지되는 것을 당했다. (➡ 정지당했다)

Exercise

[01~11] 다음 중 어법상 옳은 것을 고르시오.

01 I watched my mom and dad [to play / playing / played] tennis.
02 My parents make me [keep / to keep] a diary.
03 My father got my sister [bring / to bring / brought] a newspaper.
04 The old woman asked me [close / to close / closed] the window.
05 I heard my name [call / called] in the crowd.
06 Will you help me [do / done] my homework?
07 He had his child [take care of / taken care of] the puppies.
08 He had his child [take care of / taken care of] by baby-sitter.
09 He had his purse [steal / stolen].
10 Can you make yourself [understand / understood] in English?
11 Don't let it [do / done / be done].

---

01 정답 playing
해설 [지각동사 + 목적어 + 원형부정사/-ing/pp] / mom and dad와 play는 능동 관계
해석 나는 / 봤다 / 엄마와 아빠가 / 테니스를 치는 것을.

02 정답 keep
해설 [사역동사 + 목적어 + 원형부정사/pp] / me와 keep은 능동 관계
해석 내 부모님은 / 만든다 / 내가 / 일기를 쓰도록.

03 정답 to bring
해설 [동사 + 목적어 + to부정사/pp] / sister와 bring은 능동 관계
해석 내 아버지는 / 시켰다 / 내 누이에게 / 신문을 가져오라고.

04 정답 to close
해설 [동사 + 목적어 + to부정사/pp] / me와 close는 능동 관계
해석 그 노파는 / 부탁했다 / 내가 / 창문을 닫을 것을.

05 정답 called
해설 [지각동사 + 목적어 + 원형부정사/-ing/pp] / name과 call은 수동 관계
해석 나는 / 들었다 / 내 이름이 / 불려지는 것을 / 군중 속에서.

06 정답 do
해설 [동사 + 목적어 + to부정사/원형부정사]
해석 당신은 / 도와줄 건가요 / 내가 / 숙제하는 것을?

07 정답 take care of
해설 [사역동사 + 목적어 + 원형부정사/pp] / child와 take care of는 능동 관계
해석 그는 / 시켰다 / 그의 아이가 / 그 강아지들을 돌볼 것을.

08 정답 taken care of
해설 [사역동사 + 목적어 + 원형부정사/pp] / child와 take care of는 수동 관계
해석 그는 / 시켰다 / 그의 아이가 / 유모에 의해 돌보아지도록.

09 정답 stolen
해설 [사역동사 + 목적어 + 원형부정사/pp] / purse와 steal은 수동 관계 / [사역동사 + 목적어 + pp]에서 불리한 일이 나오면 사역동사는 '당하다'의 의미로 해석한다.
해석 그는 / 당했다 / 그의 지갑이 / 도난 당하는 것을.

10 정답 understood
해설 [사역동사 + 목적어 + 원형부정사/pp] / understand의 목적어가 없고, yourself과 understand는 수동 관계 / 'make oneself understood'는 '자기 자신을 이해시키다'로 해석한다.
해석 당신은 / 만들 수 있나요 / 당신 자신이 / 이해되도록 / 영어로. (당신은 영어로 의사소통을 할 수 있나요?)

11 정답 be done
해설 사역동사 let은 5형식 구조에서 [let + 목적어 + pp]를 사용하지 않고, [let + 목적어 + be pp]로 사용
해석 내버려두지 말아라 / 그것이 / 실행되도록.

Exercise

12 다음 밑줄 친 부분 중 가장 어색한 것은?

① 내 차를 계속 두고 수리하려고 해요. 〈16 기상청〉
→ I am going to keep my car and get it <u>repaired</u>.

② John은 실수를 통해 학습함으로써 위대해졌다. 〈12 사복직 9급〉
→ John became great by allowing himself <u>learn</u> from mistakes.

③ 나는 나이를 먹어가면서 클래식 음악을 즐긴다는 것을 알게 된다. 〈19 경찰〉
→ I find myself <u>enjoying</u> classical music as I get older.

④ 새로운 언어 학습 앱은 사용자가 자연스럽게 말하기 연습을 할 수 있도록 해준다.
→ The new language learning app enables users <u>to practice</u> speaking naturally.

13 다음 밑줄 친 부분 중 가장 적절한 것은?

① 애들 옷 입히고 잠자리 좀 봐 줄래요? 〈21 경찰〉
→ After you've got the children <u>dress</u>, can you make the beds?

② 내가 출근할 때 한 가족이 위층에 이사 오는 것을 보았다. 〈21 지방 9급〉
→ As I went out for work, I saw a family <u>moved</u> in upstairs.

③ 나는 제임스 교수님이 그의 실험실에서 어제 밤에 작업하시는 것을 보았다. 〈21 지역인재〉
→ I saw Professor James <u>to work</u> in his laboratory last night.

④ 경찰 당국은 자신의 이웃을 공격했기 때문에 그 여성을 체포하도록 했다. 〈21 지방 9급〉
→ The police authorities had the woman <u>arrested</u> for attacking her neighbor.

---

12 정답 ②

해설 ① [get + 목적어 + pp]. it(차)과 repair의 관계는 수동이므로 pp인 repaired를 쓴다.
② learn → to learn / [allow + 목적어 + to부정사]: 목적어가 ~하는 것을 허용하다
③ [find + 목적어 + -ing]: 목적어가 ~한 상태라는 것을 알게 되다 / myself와 enjoy는 능동의 관계이므로 분사 -ing가 목적격보어로 기능한다.
④ [enable + 목적어 + to부정사]: 목적어가 ~하는 것을 가능하게 만들다 / users와 practice는 능동의 관계이다.

13 정답 ④

해설 ① dress → dressed / '옷을 입다(be dressed)'를 '옷을 입히다'로 하려면 [get + 목적어 + pp]의 5형식 구조로 써야 한다.
② moved → move 또는 moving / [지각동사(see) + 목적어 + 목적격보어]에서 목적어와 목적격보어는 '가족이 이사하다'는 의미로 능동의 관계이다. 따라서 목적격보어로 동사원형이나 -ing을 사용해야 한다.
③ to work → work / [지각동사(see) + 목적어 + 원형부정사/-ing](목적어가 ~하는 것을 보다)의 5형식 구조가 되어야 한다.
④ [have + 목적어 + pp] / 목적어(woman)와 arrest(체포하다)의 관계는 수동이 적절하므로 arrested를 사용했다.

14 밑줄 친 부분 중 가장 어색한 것은?

① Johns 씨는 딸에게 방을 청소하라고 시켰다. 〈14 기상청〉
   → Mrs. Johns made the room cleaned by her daughter.

② 어제 눈이 많이 와서 많은 사람들이 길에서 미끄러졌다. 〈12 국가 9급〉
   → We had much snow yesterday, which caused lots of people to slip on the road.

③ 쌀과 옥수수는 편리한 수확 목적을 위해 종자가 부착되도록 변형되어 왔다. 〈19 법원 변형〉
   → Rice and corns have been modified to keep their seeds attaching for the purpose of convenient harvesting.

④ 나는 트럭이 가까이 다가오는 것을 보고 겁에 질렸다. 〈12 국가 9급〉
   → I got scared when I saw the truck closing up on me.

15 밑줄 친 부분 중 가장 적절한 것은?

① 경비원은 자리에 이미 앉아 있는 사람들에게 자리를 포기하도록 만들었다.
   → The guard made those already seated to give up their seats.

② David는 그의 쥔 손을 느슨하게 했고 그가 가도록 해주었다. 〈21 지역인재〉
   → David loosened his grip and let him to go.

③ 네가 내는 소음 때문에 내 집중력을 잃게 하지 말아라. 〈21 지방 9급〉
   → Don't let me distracted by the noise you make.

④ 엄격한 환경 규제는 유해 오염물질이 강을 오염시키는 것을 막도록 해준다.
   → Strict environmental regulations keep harmful pollutants from contaminating rivers.

---

14 정답 ③

해설 ① [사역동사 + 목적어 + pp] 구문으로, room과 clean(청소하다)은 수동의 관계가 적절하다.
② [cause + 목적어 + to부정사](목적어가 ~하도록 유발시키다)의 5형식 구문이다.
③ attaching → attached / [keep + 목적어 + 목적격보어]5형식 구조이다. seed(씨앗)과 attach(부착하다)의 관계는 수동이 적절하므로 과거분사 attached를 사용해야 한다.
④ [지각동사(see) + 목적어 + 원형부정사/-ing]이며, 지각동사의 경우 목적격보어로 원형부정사 또는 -ing을 쓸 수 있다.

15 정답 ④

해설 ① to give up → give up / '[사역동사(make) + those(already seated) + _____ their seats]'이므로 동사원형을 써야 한다.
② to go → go / [사역동사(let) + 목적어 + 원형부정사]의 형태로 사용해야 한다.
③ distracted → be distracted / [사역동사(let) + 목적어 + be pp]로, 목적격보어를 pp가 아니라 be pp로 쓴다.
④ [keep A from B](A가 B하는 것을 막다)의 3형식 금지동사 패턴이다.

Exercise

[16~17] 밑줄 친 부분에 들어갈 말로 가장 적절한 것을 고르시오.

16

> People who work in the sun without sufficient protection get deep wrinkles that may make _____.

① them look much older
② them looked much older
③ them to look much older
④ them look very older

17

> Humus, a substance found in soil, is soft and spongy and _____ through which they absorb water and food.

① enabling plant roots to send out tiny hairs
② enables plant roots of sending out tiny hairs
③ enabling plant roots of sending out tiny hairs
④ enables plant roots to send out tiny hairs

---

16 정답 ①
해설 • [사역동사(make) + 목적어 + 원형부정사/pp] 구조이다. 목적보어에 to부정사를 사용하지 않으므로 ③은 후보에서 제외된다.
• 'look older'는 2형식 구조로 수동 개념이 아니므로 목적격보어에는 원형부정사를 사용한다. ②는 후보에서 제외된다.
• 비교급 앞에서는 very가 아닌 much를 사용하여 '훨씬'이라고 해석한다.
해석 충분한 보호 없이 태양 아래서 일하는 사람들은 그들을 더 나이 들어 보이게 만드는 깊은 주름을 갖게 된다.
어휘 **sufficient** 충분한 **protection** 보호 **wrinkle** 주름

17 정답 ④
해설 • [enable + 목적어 + to부정사](목적어가 ~하는 것을 가능케 하다)의 구조이므로 ①, ④가 정답 후보이다.
• and에 의해서 병치구조로 연결되므로 is와 대응하는 동사 enables를 쓴다. 정답은 ④이다.
해석 흙에서 발견되는 물질의 하나인 부엽토는 부드럽게 푹신하며, 식물의 뿌리로 하여금 양분을 흡수하는 작은 털을 내보낼 수 있게 해준다.
어휘 **humus** 부엽토 **substance** 물질 **spongy** 푹신한 **absorb** 흡수하다 **send out** ~을 내보내다 **tiny** 작은

[18~19] 다음 중 어법상 가장 어색한 것을 고르시오.

18

The instructor made the students ① rewrite their essays and wanted them ② to be motivated throughout the revision process. She saw them struggling to clarify their points and eventually heard their arguments ③ accepted by peers. She also advised them to avoid ④ to repeat vague ideas in future drafts.

19

The counselor encouraged the students to express their feelings openly and urged them ① to seek help when needed. She also had them ② keep a daily journal. Her comments left many students ③ hopeful and made the environment comfortable, allowing honest conversations ④ to taking place.

---

18 정답 ④

해설 ① [make + 목적어 + 원형부정사]의 5형식 구조이다.
② [want + 목적어 + to be pp]의 5형식 구조이다. them과 motivate(동기를 부여하다)는 수동의 관계이므로 to be pp를 사용한 것은 적절하다.
③ [지각동사(hear) + 목적어 + pp]이다. arguments와 accept(수용하다)는 수동의 관계이므로 pp를 사용한 것은 적절하다.
④ repeat → repeating / avoid는 to부정사가 아닌 동명사를 목적어로 취하므로 avoid repeating으로 써야 한다.

해석 그 강사는 학생들에게 에세이를 다시 쓰게 했고, 수정하는 과정에서 학생들이 동기를 부여받기를 원했다. 그녀는 그들이 자신의 요점을 명확히 하려고 애쓰는 모습을 보았고, 결국 그들의 주장들이 동료들에게 받아들여지는 것을 들었다. 그녀는 또한 그들에게 앞으로의 초안에서 모호한 생각을 반복하지 말라고 조언했다.

어휘 **motivate** 동기를 부여하다 **revision** 수정 **struggle** 애쓰다 **clarify** 명확히 하다 **eventually** 결과적으로 **peer** 동료 **vague** 애매한 **draft** 초안, 초고

19 정답 ④

해설 ① [urge + 목적어 + to부정사]의 5형식 구조이다.
② [사역동사(have) + 목적어 + 원형부정사]의 5형식 구조이다.
③ [leave + 목적어 + 형용사](목적어를 ~한 상태로 남겨 놓다)의 5형식 구조이다.
④ to taking place → to take place / [allow + 목적어 + to부정사]의 5형식 구조가 되어야 하므로 목적격보어에 to부정사를 써야 한다.

해석 상담사는 학생들이 그들의 감정을 솔직하게 표현하도록 격려했고, 필요할 때 도움을 구할 것을 촉구했다. 그녀는 또한 그들에게 매일 일기를 쓰도록 시켰다. 그녀의 말은 많은 학생들을 희망차게 만들었고, 분위기를 편안하게 만들어서 솔직한 대화가 이루어지도록 했다.

어휘 **urge** 재촉하다 **journal** 일지, 일기 **comment** 말, 논평 **take place** 발생하다

07 기타 조심동사

> 철자와 의미가 비슷하여 혼동이 되는 동사이며, 시험에서는 비슷한 단어를 비교하는 문제가 출제되니 구별하는 법을 정확히 알아두자.

1 말하다 동사

talk, speak, say, tell

① tell은 전치사 to를 쓰지 않는다는 것을 기억해야 한다.

- talk to him / speak to him / say to him / tell him

② tell은 5형식이 가능하지만, say는 불가능하다.

- He told them to clean the room. (o) 그는 그들에게 방을 청소하라고 말했다.
- He said them to clean the room. (x)

③ say는 목적어로 that절을 취할 수 있으나, tell은 그럴 수 없다.

- He said that he could come back soon. (o) 그는 자신이 곧 돌아올 수 있다고 말했다.
- He told that he could come back soon. (x)
- He told her that he could come back soon. (o) → tell은 4형식 문장에서 that절을 목적어로 취할 수 있다.

2 잘 구별해야 하는 동사들

① lie, lay

lie – lied – lied (거짓말하다: 자동사)
lie – lay – lain (눕다, 놓여 있다: 자동사)
lay – laid – laid (놓다: 타동사)

- He lied their reputation away. 그는 거짓말을 하여 그들의 평판을 떨어뜨렸다.
- He lay on the grass. 그는 잔디 위에 누웠다.
- He laid a pencil on the table. 그는 테이블 위에 연필을 놓았다.

② rise, raise

> rise – rose – risen (일어나다, 오르다: 자동사)
> raise – raised – raised (일으켜 세우다, 올리다, 키우다: 타동사)
> arise – arose – arisen (일어나다, 발생하다: 자동사)
> arouse – aroused – aroused (발생시키다, 불러일으키다: 타동사)

- The curtain rose. 막이 올랐다.

- He raised his right hand. 그는 오른손을 들었다.

- Accident arises from carelessness. 사고는 부주의에서 발생한다.

③ sit, seat, set

> sit – sat – sat (앉다: 자동사)
> seat – seated – seated (앉히다: 타동사)
> set – set – set (두다: 타동사)

- He sat on the chair. 그는 의자에 앉았다.
  = He seated himself on the chair.
  = He was seated on the chair.

④ affect, effect

> affect – affected – affected (~에 영향을 미치다: 타동사)
> effect – effected – effected (결과를 초래하다: 결과, 영향, 효과: 타동사)

- Care affects the health. 근심은 건강에 영향을 미친다. (= Care has an effect on the health.)

- This plan will effect unexpected changes. 이 계획은 예상 밖의 변화를 초래할 것이다.

⑤ wait, await

> wait – waited – waited (기다리다: 자동사)
> await – awaited – awaited (~을 기다리다: 타동사)

- Death waits for all men. 죽음은 모든 사람을 기다리고 있다.
  = Death awaits all men.

> **TIP** '영향을 끼치다'라는 의미의 동사
>
> - influence him (influence가 동사일 때는 타동사이므로 목적어 앞에 전치사를 사용하지 않는다.)
>   = have an influence on him (명사 influence 다음에는 전치사 on을 사용한다.)
> - affect him (affect가 동사일 때는 타동사이므로 목적어 앞에 전치사를 사용하지 않는다.)
>   = have an effect on him (affect는 동사이므로 관사(an) 뒤에 올 수 없다. 관사 뒤에는 명사인 effect나 impact를 사용한다.)

⑥ find, found

> find – found – found (발견하다, 알게 되다: 타동사)
> found – founded – founded (설립하다: 타동사)

• We found him waiting for a bus. 우리는 그가 버스를 기다리는 것을 알게 되었다.

• This company was founded by Jane in 2002. 이 회사는 2002년에 Jane에 의해 설립되었다.

⑦ wind, wound

> wind – wound – wound (감다: 타동사)
> wound – wounded – wounded (부상을 입히다: 타동사)

• He wound the wool into a ball. 그는 털실을 공 모양으로 감았다.

• He was wounded in the arm. 그는 팔에 부상을 당했다.

Exercise

[01~09] 다음 중 어법상 옳은 것을 고르시오.

01 Joe [lie down / lay down / laid down] under the tree and fell asleep.
02 He [lie / lied / lay / laid] secret plans to aid her enemy.
03 Korea [lay / lies] between Japan and China.
04 She [rise / rose / raise / raised] a lot of animals.
05 The value of the dollar declines as the rate of inflation [raises / rises].
06 Accident [arose / arouse] from carelessness.
07 When all students [sit / seated / were seated], the professor began his lecture.
08 Some experts [say / tell] the economy is headed for a recession.
09 The banker [said / told] his customer that there were different kinds of savings accounts.

---

01 정답 lay down
해설 목적어가 없으므로 자동사(lie: 눕다, 놓여 있다)를 쓴다. 선택지에 3인칭 단수 현재 시제 lies가 없으므로 과거 시제 lay를 쓴다.
해석 Joe는 나무 밑에 누워서 잠들었다.
어휘 fall asleep 잠들다

02 정답 laid
해설 목적어가 있으므로 타동사(lay: 놓다)를 쓴다. 선택지에는 3인칭 단수 현재 시제 lays가 없으므로 과거 시제 laid를 쓴다.
해석 그는 그녀의 적을 돕기 위해 비밀 계획을 펼쳤다.

03 정답 lies
해설 목적어가 없고, 불변의 진리이므로 자동사(lie: 눕다, 놓여 있다)의 현재 시제인 lies를 쓴다.
해석 한국은 일본과 중국 사이에 놓여 있다.

04 정답 raised
해설 목적어가 있으므로 타동사(raise: 일으켜 세우다, 올리다, 키우다)를 쓴다. 선택지에는 3인칭 단수의 현재 시제인 raises가 없으므로 과거 시제 raised를 쓴다.
해석 그녀는 많은 동물을 키웠다.

05 정답 rises
해설 목적어가 없으므로 자동사(rise: 일어나다, 오르다)를 쓴다. 3인칭 단수 현재 시제인 rises를 쓴다.
해석 물가 상승률이 오름에 따라, 달러의 가치는 하락한다.

어휘 the rate of inflation 물가 상승률

06 정답 arose
해설 목적어가 없으므로 자동사(arise: 일어나다, 발생하다)를 쓴다. 3인칭 단수 현재 시제인 arises가 없으므로 과거 시제인 arose를 쓴다.
해석 사고는 부주의함에서 발생했다.
어휘 carelessness 부주의함

07 정답 were seated
해설 목적어가 없으므로 sit이나 be seated를 쓴다. 주절의 시제가 began으로 과거이므로 과거 시제인 were seated를 쓴다.
해석 모든 학생들이 자리에 앉았을 때, 교수는 강의를 시작했다.

08 정답 say
해설 say는 that절을 목적어로 취할 수 있으나 tell은 불가하다. 이 문장에서는 that절의 that이 생략되었다.
해석 몇몇 전문가들은 경제가 후퇴하고 있다고 말한다.
어휘 be headed for ~을 향하다   recession 경기 침체

09 정답 told
해설 'say to 사람'은 'tell 사람'이다. his customer 앞에 전치사가 없으므로 tell을 사용해야 한다.
해석 그 은행원은 그의 고객에게 여러 종류의 저축 계좌가 있다고 말했다.
어휘 savings account 저축 계좌

Exercise

10 밑줄 친 부분 중 가장 적절한 것은?

① Chaera는 어제 침대에 누워 낮잠을 잤다. 〈18 경찰〉
→ Chaera <u>lay</u> down on the bed and took a nap yesterday.

② 그는 내가 일을 열심히 했기 때문에 월급을 올려 주겠다고 말했다. 〈21 국가 9급〉
→ He said he would <u>rise</u> my salary because I worked hard.

③ 몇 가지 문제가 새로운 회원들 때문에 생겼다. 〈20 국가 9급〉
→ Several problems <u>have raised</u> due to the new members.

④ BBC에 의해 제작된 자연 다큐멘터리는 플라스틱이 해양에 끼치는 영향의 정도를 보여주었다. 〈18 서울 9급 변형〉
→ A nature documentary produced by the BBC showed the extent to which plastic <u>affects on</u> the ocean.

11 다음 중 어법상 가장 어색한 것은?

After the explosion, a paramedic quickly ① <u>lay</u> a blanket over the injured man, who ② <u>lay</u> unconscious beside the rubble. Nearby, a volunteer led the children to a safe corner and asked them to ③ <u>be seated</u> quietly. As smoke rose, panic began ④ <u>to affect</u> even the calmest bystanders. Later, a witness told the reporter what she had seen.

---

10 정답 ①

해설
① 목적어가 없으므로 lie(눕다)를 사용한다. 문장의 시제가 과거이므로 lie의 과거 lay를 쓴다.
② rise → raise / rise(일어나다)는 자동사이다. 목적어가 있으므로 raise(올리다)를 사용해야 한다.
③ have raised → have been raised / raise(올리다)는 타동사이다. 뒤에 목적어가 없고, 의미상 '문제가 제기되다'가 적절하므로 수동의 형태를 써야 한다.
④ affects on → affect / affect(~에 영향을 미치다)는 타동사이므로 목적어 앞에 전치사를 쓰지 않는다.

11 정답 ①

해설
① lay → laid / 뒤에 목적어가 있으므로 타동사 lay를 사용하며, 과거 시제이므로 과거형 laid를 사용해야 한다.
② 뒤에 목적어가 없으므로 자동사 lie(눕다)를 사용하며, 과거 시제이므로 과거형 lay를 사용해야 한다.
③ '앉다'는 sit이나 be seated로 표현한다.
④ begin은 to부정사, 동명사 모두를 목적어로 사용할 수 있다. affect(~에 영향을 끼치다)는 타동사로 목적어 앞에 전치사 on을 사용하지 않는다.

해석 폭발 이후, 한 응급구조사는 부상당한 남자 위에 담요를 재빨리 덮었는데, 부상자는 잔해 옆에서 의식을 잃고 누워 있었다. 근처에서 한 자원봉사자는 아이들을 안전한 구석으로 이끌었고, 그들에게 조용히 앉아 있어 달라고 부탁했다. 연기가 피어오르면서, 공포심은 가장 침착했던 구경꾼들에게도 영향을 끼치기 시작했다. 나중에 한 목격자가 기자에게 그녀가 본 것을 말했다.

어휘 explosion 폭발 paramedic 응급구조사 blanket 담요 rubble 잔해 panic 공포 bystander 구경꾼 witness 목격자

PART TEST

[01~03] 다음 중 어법상 가장 어색한 것을 고르시오.

01.

Some residents strongly ① <u>object</u> to the construction of a factory near the park, citing environmental concerns. Although the company's promises proved ② <u>unreliable</u>, the plan continues. It takes months ③ <u>to complete</u> the approval process, and there ④ <u>remains</u> still many unresolved legal issues preventing immediate action by the developers.

02.

The journalist ① <u>was deprived of</u> his credentials after the editor convinced the board ② <u>of</u> his misconduct. Some staff heard him secretly ③ <u>recording</u> private conversations, which was against company policy. His explanation sounded ④ <u>odd</u> sincere, but the damage had already been done.

03.

The committee had the proposal ① <u>revised</u> before submission, ensuring accuracy and clarity. What ② <u>is now referred</u> as a landmark policy was not even ③ <u>discussed</u> thoroughly at first. Unexpected issues ④ <u>arose</u> during implementation, prompting further adjustments and public feedback sessions.

---

01 ④

해설 ① '~에 반대하다'는 object to의 형태로 사용해야 한다.
② [prove + 형용사 보어]의 2형식 구조이다.
③ [It takes ~ + to부정사](~하는 데 …가 걸리다)의 구조로서, 가주어 it에 대한 진주어 to부정사이다.
④ remains → remain / There be ~(~이 있다) 구문은 주어가 뒤에 있다. many unresolved legal issues가 주어이며, 복수이므로 복수형 동사를 써야 한다.

해설 일부 주민들은 공원 근처에 공장을 짓는 것에 대해 환경적인 우려를 언급하면서 반대하고 있다. 회사의 약속은 신뢰할 수 없는 것으로 판명되었지만, 계획은 계속되고 있다. 승인 절차를 완료하는 데 몇 달이 걸리고, 개발업체가 즉시 행동에 나서지 못하게 하는 미해결된 법적 문제들이 여전히 많다.

어휘 object to ~에 반대하다 cite 언급하다, 인용하다
concerns 걱정, 우려 unreliable 믿을 수 없는
approval process 승인 절차

02 ④

해설 ① be deprived of: ~을 박탈당하다
② convince A of B: A에게 B를 확신시키다
③ [지각동사(hear) + 목적어 + -ing]의 5형식 구조이다.
④ odd → oddly / 동사 sound 뒤에 형용사 보어가 나와야 하는데, 여기서 주격보어는 sincere이다. 따라서 형용사 sincere를 수식하는 부사 oddly를 사용해야 한다.

해설 그 기자는 위법 행위에 대해 편집장이 이사회를 납득시킨 뒤 자격을 박탈당했다. 일부 직원들은 그가 몰래 사적인 대화를 녹음하는 것을 들었는데, 이는 회사 방침에 어긋나는 일이었다. 그의 해명은 이상하게도 진심처럼 들렸지만, 이미 피해를 돌이킬 수 없었다.

어휘 credentials 자격, 자격증 misconduct 비행, 위법행위
odd 이상한 sincere 진실된, 진심의

03 ②

해설 ① [사역동사(have) + 목적어 + pp]의 5형식 구조이다. '제안서가 수정되다'라는 수동의 관계이므로 목적격보어에 pp인 revised를 사용했다.
② is now referred → is now referred to / [refer to A as B]를 수동으로 만들면 [be referred to as ~]의 형태가 되어야 한다.
③ discuss가 수동으로 사용된 표현이다.
④ arise(발생하다)는 자동사이므로 뒤에 목적어를 사용하지 않는다.

해설 위원회는 제출 전에 그 제안서를 수정하게 하여 정확성과 명확성을 확보했다. 지금은 획기적인 정책이라고 불리는 그 안건은 처음에는 충분히 논의되지도 않았다. 시행 과정에서 예상치 못한 문제들이 발생해 추가 조정과 대중 의견 수렴기간이 이어졌다.

어휘 proposal 제안, 제안서 revise 수정하다 submission 제출
clarity 명확성 landmark policy 획기적인 정책 thoroughly 철저하게
arise 발생하다 implementation 실행 adjustment 조정 session 시간

[04~05] 밑줄 친 부분에 들어갈 말로 가장 적절한 것을 고르시오.

04.

Some married couples decided not to have children after they _____ that their children would run a 50 percent risk of inheriting the gene for fatal neurological disorder.

① informed
② were informed
③ have been informed
④ have informed

05.

Many historians consider _____ in German history.

① Conrad Adenauer to an important figure
② Conrad Adenauer an important figure
③ Conrad Adenauer of an important figure
④ an important figure is Conrad Adenauer

[06~08] 다음 중 어법상 가장 어색한 것을 고르시오

06.

Public campaigns aim to get citizens in underserved communities ① to participate in health screenings. Lack of transportation often hinders ② elderly residents with mobility issues ③ to attend these events. Experts continue to explain ④ to local leaders the importance of reducing such barriers.

---

04 ②

해설 • '~을 듣다'는 be informed of ~ 또는 be informed that~으로 쓴다. 따라서 ②, ③이 정답 후보이다.
• 주절의 시제가 decided로 과거이므로 종속절 시제에 현재완료를 쓸 수 없으므로 ③은 후보에서 제외된다.

해석 몇몇 부부들은 그들의 자녀가 치명적인 신경 장애의 유전자를 물려받을 위험성이 50퍼센트라는 것을 통보 받고 아이를 가지지 않기로 결심했다.

어휘 inform 알리다   inherit 상속하다   neurological 신경의   disorder 장애

05 ②

해설 'consider A as B(A를 B로 여기다)'의 표현이 쓰였으며, 여기서 as는 to be로 바꾸거나 생략할 수 있다.

해석 많은 역사가들은 Conrad Adenauer를 독일 역사에서 중요한 인물로 간주한다.

어휘 historian 역사가   figure 인물

06 ③

해설 ① [get + 목적어 + to부정사]의 5형식 구조이다.
② elderly는 형용사이고, 형용사가 명사 residents를 수식하는 것은 적절하다.
③ to attend → from attending / hinder A from B의 형태로, 금지동사는 to부정사를 사용하지 않고 from -ing를 사용한다.
④ explain은 4형식 불가동사이므로 '~에게 설명하다'를 표현할 때는 반드시 전치사 to와 함께 explain to로 사용해야 한다.

해석 공공 캠페인은 소외된 지역의 시민들이 건강검진에 참여하게 하려는 것을 목표로 한다. 이동수단의 부족은 거동이 불편한 고령 주민들이 이런 행사에 참석하지 못하게 만든다. 전문가들은 이런 장벽을 줄이는 것이 왜 중요한지를 지역 지도자들에게 계속 설명하고 있다.

어휘 underserved 서비스가 부족한, 소외된
health screening 건강검진   mobility issue 이동 문제, 거동이 불편한
barrier 장벽

07.

Influencers often have an effect ① on young viewers, especially those with limited access to diverse perspectives. This can keep students ② from forming opinions based on facts from credible sources. Even when teachers get students with little media literacy ③ recognize these risks, lasting change ④ doesn't occur easily.

08.

After a long day of hiking, we finally ① reached our campsite. The ground felt so smooth that I had no need for a mattress; I ② laid down and went to sleep effortlessly. The comfort of the natural bedding allowed me ③ to rest well, rejuvenating my energy for the adventures ④ awaiting us the next day.

---

07 ③

해설 ① affect = have an effect on: ~에 영향을 미치다
② keep A from B: A가 B하는 것을 막다
③ recognize → to recognize / [get + 목적어 + to부정사]의 5형식 구조가 되도록 to부정사를 사용해야 한다.
④ occur는 자동사로서 수동태로 사용되지 않는다. 주어는 단수인 change 이다.

해석 인플루언서들은 특히 다양한 관점에 접근하기 힘든 젊은 시청자들에게 종종 영향을 준다. 이는 학생들이 신뢰할 수 있는 출처의 사실을 바탕으로 의견을 형성하지 못하게 막을 수 있다. 교사들이 미디어 이해력이 부족한 학생들에게 이런 위험성을 인식하도록 만들더라도, 지속적인 변화는 쉽게 일어나지 않는다.

어휘 diverse 다양한   perspective 관점
form opinion 의견을 형성하다   credible 믿을 만한
media literacy 미디어 문해력   lasting 지속적인

08 ②

해설 ① reach(~에 도착하다)는 타동사이므로 목적어 앞에 전치사를 사용하지 않는다.
② laid down → lay down / 뒤에 목적어가 없으므로 자동사 lie(lie - lay - lain)를 사용한다. 시제가 과거이므로 lie의 과거 lay를 사용한다.
③ [allow + 목적어 + to부정사]: 목적어가 ~하도록 허용하다
④ await(~을 기다리다)는 타동사로 목적어 앞에 전치사를 사용하지 않는다. 여기서는 adventures를 수식하는 분사의 기능도 한다.

해석 긴 하이킹을 마친 후, 우리는 드디어 캠프장에 도착했다. 바닥이 너무 부드러워서 매트리스의 필요성을 느끼지 못했다. 나는 누웠고 아무 어려움 없이 잠에 들었다. 자연 그대로의 침대가 편안함을 주어 잘 쉴 수 있었고, 다음 날 우리를 기다리는 모험을 위해 에너지를 재충전할 수 있었다.

어휘 campsite 캠프장   effortlessly 어려움 없이
rejuvenate 재충전시키다

PART

02

시제

08 동사의 시제와 시간부사어
09 시간·조건 부사절과 미래 시제
10 진행형 불가동사와 시제 관용표현
PART TEST

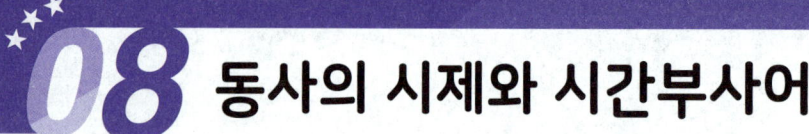
08 동사의 시제와 시간부사어

시제를 주관적으로 판단하기는 어렵지만, 실제 시험에서는 객관적인 증거인 '시간부사어'를 제시함으로써 시제 판단을 묻는 문제가 출제된다. 그러므로 동사의 각 시제와 시간부사어를 연결하는 훈련을 하자.

1 현재 시제

'~한다'라는 의미로 현재의 일이나 반복적 행위를 나타낸다. 현재 시제와 잘 어울리는 시간부사어로는 now(지금), these days(요즘) 등이 있다.

- She likes to play tennis with her husband nowadays. 그녀는 요즘 남편과 테니스 치는 것을 즐긴다.
- She takes a bath every three days. 그녀는 3일에 한 번씩 목욕을 한다. (반복적 행위)

2 과거 시제

'~했다'라는 의미로 과거에 발생한 1회성의 사건을 나타낸다. 과거 시제와 잘 어울리는 시간부사어로는 ago(~ 전에), 'last + 시간명사'(지난 ~때), yesterday(어제), 'in + 연도'(~년에), at that time(그때), then(그때), 'when + 과거'(~했을 때) 등이 있다.

- He met her last week and they fell in love at first sight. 그는 지난주에 그녀를 만났고 그들은 첫눈에 반했다.
- I finished my work an hour ago. 나는 내 일을 한 시간 전에 끝마쳤다.
- He used to get up at six in his schooldays. 그는 학창시절에 6시에 일어나곤 했다.

3 현재완료 시제

'~해왔다'라는 뜻으로 '과거부터 지금까지 해온 일'을 나타내며, 현재의 상태를 포함한다. [have pp + since 과거], [have pp + for 기간]의 형태로 자주 쓰인다.

- He has been ill in bed since last Sunday. 그는 지난주 일요일 이후로 아파서 침대에 누워 있었다.
- Ten years have passed since he came here. 그가 여기 온 이후로 십 년이 지났다.
- I have lived here for the past ten years. 나는 지난 10년 동안 이곳에서 살아왔다.

TIP 현재완료의 해석

현재완료 시제는 다음과 같은 4가지 해석법이 있다. 시제 관련 문법 문제에서는 ①이 주로 출제된다. 나머지는 해석만 참고하자.

① **계속**: 어떤 행위가 일정 기간 동안 계속 지속됨을 의미하며, '~해왔다'로 해석한다. 'for 기간', 'since 과거 시점'과 잘 어울린다.
- I have lived for 7 years in Seoul. 나는 서울에서 7년 동안 살아 왔다.

② **경험**: 지금까지 해본 경험을 말하며 '~해본 적이 있다'로 해석한다. before, ever, never 등과 잘 어울린다.
- He has been to London. 그는 런던에 가본 적이 있다.
- I have seen kangaroo before. 나는 전에 캥거루를 본 적이 있다.
- Have you ever seen an elephant? 코끼리를 본 적이 있습니까?

③ **완료**: 동작이 완료됨을 의미하며 '~해냈다'로 해석한다. just, already 등의 부사와 잘 어울린다.
- He has just arrived in Seoul. 그는 서울에 막 도착했다.
- I have already finished my homework. 나는 이미 숙제를 끝마쳤다.

④ **결과**: 과거 행위의 결과가 오늘까지 계속 지속됨을 의미하며, '~해버렸다'로 해석한다.
- I have lost my book. 난 책을 잃어버렸다.
- She's gone. 그녀는 가버렸다.

4 과거완료 시제

특정 과거 시점보다 더 먼저 발생한 일을 가리키며, '~했었다'로 해석한다. [had pp + before 과거]와 [had already pp + when 과거]의 형태로 자주 쓰인다.

- I had lived in Seoul for three years before I moved to Busan. 나는 부산으로 이사 가기 전에 서울에서 3년을 살았었다.
- The train had already left when she reached the station. 그녀가 역에 도착했을 때, 기차는 이미 출발했다.

5 미래완료 시제

미래의 특정 시점까지 완료된 행동이나 상태를 나타낸다. [will have pp + (by 미래)] (미래까지 ~해낼 것이다)와 [will have pp + (until 미래)] (미래까지 계속 ~할 것이다)의 형태로 자주 쓰인다.

- I will have read this book by tomorrow. 나는 내일까지 이 책을 다 읽을 것이다.
- Until the end of next month, he will have lived here for ten years. 다음 달 말이면, 그는 이곳에서 10년간 살아온 것이 된다.

> **TIP** [for 기간], [by 시점]과 잘 어울리는 동사의 시제
>
> ① [for 기간]은 시간의 흐름을 나타내므로 완료 시제와 잘 어울린다. 이때 특정 시점 없이 홀로 쓰이면 현재완료 시제, 과거와 쓰이면 과거완료 시제, 미래와 쓰이면 미래완료 시제가 적절하다.
> - She has lived in Seoul for 10 years. ➡ 현재완료: [have pp + for 기간]
> - She had lived in Seoul for 10 years when she moved to Busan. ➡ 과거완료: [had pp + for 기간 + 과거 시점]
> - She will have lived in Seoul for 10 years until 2030. ➡ 미래완료: [will have pp + for 기간 + 미래 시점]
>
> ② [by 시점], [until 시점], [up to 시점]은 특정 시점까지 동작을 마무리하거나, 계속한다는 의미로 완료 시제와 잘 어울린다.
> - She has collected two thousand stamps by now. ➡ [주어 have pp + by 현재]
>   그녀는 지금까지 2천 개의 우표를 모았다.
> - She had lived in Busan until 2002. ➡ [주어 had pp + until 과거]
>   그녀는 2002년까지 부산에 살았다.
> - She will have bought more than ten bags by 2030. ➡ [주어 will have pp + by 미래]
>   그녀는 2030년까지 10개가 넘는 가방을 살 것이다.

Exercise

[01~13] 다음 중 어법상 옳은 것을 고르시오.

01 He [lives / lived / has lived / had lived] in the house in 2002.

02 He [lives / lived / has lived / had lived] in the house since 2002.

03 He [lives / has lived / had lived] in the house before 2002.

04 He [lives / lived / has lived / will have lived] in the house until 2030.

05 He [lives / lived / has lived / had lived] in the house 7 years ago.

06 He [lives / lived / has lived / had lived] in the house for 7 years.

07 He has lived in the house [since / for] 7 years.

08 She said that she [takes / took] a walk with her dog these days.

09 He [used to / is used to] get up at six in his schooldays.

10 He has been ill in bed [since / for] last Sunday.

11 The students have studied in this library [since / for] the last three months.

12 I [have met / had met] him before you introduced him to me.

13 I [have already known / had already known] her name when she entered our class.

---

01 정답 lived
해설 [in + 연도]가 있으므로 동사는 과거 시제인 lived가 적절하다.
해석 그는 2002년에 그 집에서 살았다.

02 정답 has lived
해설 [since + 과거]가 있으므로 동사는 현재완료 시제인 has lived가 적절하다.
해석 그는 2002년 이래로 그 집에서 살아왔다.

03 정답 had lived
해설 [before + 과거]가 있으므로 동사는 과거완료 시제인 had lived가 적절하다.
해석 그는 2002년 이전에 그 집에서 살았었다.

04 정답 will have lived
해설 [until + 미래]가 있으므로 동사는 미래완료 시제인 will have lived가 적절하다.
해석 그는 2030년까지 그 집에서 살 것이다.

05 정답 lived
해설 [~ ago]가 있으므로 동사는 과거 시제인 lived가 적절하다.
해석 그는 7년 전에 그 집에서 살았다.

06 정답 has lived
해설 [since + 과거]가 있으므로 동사는 현재완료 시제인 has lived가 적절하다.
해석 그는 7년 전 이래로 그 집에서 살아왔다.

07 정답 for
해설 7 years(7년)은 '과거'가 아닌 '기간'을 나타내는 표현이다. for 7 years가 적절하다.
해석 그는 7년 동안 그 집에서 살아왔다.

08 정답 takes
해설 that절에 in these days가 있으므로 that절의 동사는 현재 시제를 써야 한다.
해석 그녀는 요즘 개와 함께 산책을 다닌다고 말했다.

09 정답 used to
해설 in his schooldays는 과거 시점의 부사이므로 동사는 과거 시제를 써야 한다. 참고로 [used to 원형부정사]는 '~하곤 했다', [be used to -ing]는 '~에 익숙하다'라는 의미 차이가 있다.
해석 그는 학창시절에 6시에 일어나곤 했다.

10 정답 since
해설 last Sunday(지난 일요일)는 '과거'를 의미하므로, since last Sunday를 사용해야 현재완료 시제와 잘 어울린다.
해석 그는 지난 일요일 이래로 계속 아파서 누워 있다.

11 정답 for
해설 the last three months(지난 3개월)는 '기간'을 의미하므로 전치사 for를 사용해야 현재완료 시제와 잘 어울린다.
해석 그 학생들은 이 도서관에서 지난 3개월 동안 공부하고 있다.

[14~16] 밑줄 친 부분에 들어갈 말로 가장 적절한 것을 고르시오.

14

> Several critical safety regulations _____ in response to public concerns over the past three months.

① have revised
② were revised
③ have been revised
④ was being revised

15

> When we finally bought stock in that company, the market _____ its peak and the stock was declining in value.

① had already been reached
② was already reached
③ had already reached
④ has already reached

16

> By the time you get to L.A. tomorrow, I _____ for Southeast Asia.

① shall have left
② will have leaving
③ am leaving
④ have already left

---

12 정답 had met
해설 before절의 동사(introduced)가 과거이므로 주절의 동사는 과거완료 시제를 써야 한다.
해석 당신이 나에게 그를 소개시켜 주기 전에 나는 이미 그를 만난 적이 있다.

13 정답 had already known
해설 when으로 시작하는 종속절의 동사가 entered이므로 과거 시점을 가리킨다. 주절에 already가 있어 주절의 동사가 '먼저 발생한 일'임을 나타내므로 과거완료 시제를 써야 한다.
해석 그녀가 교실에 들어왔을 때 나는 이미 그녀의 이름을 알고 있었다.

14 정답 ③
해설 • 주어가 safety regulations로 복수이므로 ④는 후보에서 제외된다.
• revise(개정하다)의 목적어가 없고, 의미상 '안전 규정이 개정되다'라는 수동 표현이 적절하므로 ①은 후보에서 제외된다.
• '지난 ~동안'이라는 의미의 [for the past 기간]은 for 대신 over를 사용할 수 있다. 또한 이는 현재완료를 알리는 시간부사어이므로 ③이 가장 적절하다.
해석 지난 세 달 동안 대중의 우려에 대응하기 위해 몇 가지 중요한 안전 규정이 개정되었다.

어휘 critical 중요한 safety regulation 안전 규정
revise 개정하다, 수정하다 public concerns 대중들의 우려

15 정답 ③
해설 • 뒤에 목적어가 있으므로 능동형이 적절하다. ①과 ②는 후보에서 제외된다.
• already가 과거보다 먼저 발생한 일임을 보여주므로 [had already pp + when 과거]의 형태가 되어야 한다.
해석 우리가 마침내 그 회사의 주식을 샀을 때, 이미 시장은 정점에 도달했고 주식의 가치는 하락하고 있었다.
어휘 reach 도달하다 stock 주식 peak 정점
decline 쇠퇴하다, 하락하다 in value 가치에 있어

16 정답 ①
해설 • [by the time 주어 + 동사]는 '~할 때까지, ~할 무렵'을 의미하는 부사절이다. 부사절에서는 현재가 미래를 대신하므로 'by the time you are back'은 '미래까지'를 나타낸다.
• 부사절이 '미래까지'일 때 주절의 시제는 미래완료이다.
해석 네가 내일 L.A.에 도착할 때면 나는 동남아시아로 떠나 버렸을 것이다.

09 시간 · 조건 부사절과 미래 시제

■ **시간 부사절, 조건 부사절에서는 현재 시제가 미래 시제를 대신한다**

시간 부사절, 조건 부사절에서는 will이나 shall을 사용하지 않는다. 하지만 when절이 명사절, 형용사절로 쓰일 때나, if절이 명사절로 사용될 때는 will, shall을 사용할 수 있다.

> - **시간 부사절의 접속사**: when(~할 때), before(~하기 전에). after(~한 후에), until(~할 때까지), as soon as(~하자마자), by the time(~할 때까지, ~할 무렵) 등
> - **조건 부사절의 접속사**: if(~한다면), unless(~하지 않는다면), in case that(~하는 경우에는) 등

- I'll put off my departure if it <u>snows</u> tomorrow. ➡ if로 시작하는 조건 부사절은 will, shall 사용 불가
  만약 내일 눈이 온다면, 나는 출발을 미룰 것이다.

- I am not sure if it <u>will snow</u> tomorrow. ➡ if로 시작하는 명사절은 will, shall 사용 가능
  내일 눈이 올지 안 올지 잘 모르겠다.

- I don't know what to do <u>when</u> she comes to see me. ➡ when으로 시작하는 시간 부사절은 will, shall 사용 불가
  나는 그녀가 나를 보러 올 때 무엇을 해야 할지 모르겠다.

- I don't know <u>when</u> she will come to see me. ➡ when으로 시작하는 명사절은 will, shall 사용 가능
  나는 그녀가 언제 나를 보러 올지를 정확히 모르겠다.

Exercise

[01~07] 다음 중 어법상 옳은 것을 고르시오.

01 I will tell her so when she [comes / will come] back.

02 I don't know when the rain [lets up / will let up].

03 As soon as I [get / will get] all the vaccination, I will be leaving for a break.

04 When they [arrive / will arrive] at Singapore depends on their departing time.

05 When he [retires / will retire] next month, we will give him a present. 〈18 경찰〉

06 By the time he [arrives / will arrive] home, she will have finished cooking.

07 I don't know if he [agrees / will agree] to the proposal next meeting.

08 밑줄 친 부분에 들어갈 말로 가장 적절한 것은?

> A: Oh no! I left my jacket on the bus.
> B: I'll phone their office and ask them to hold it until _____.

① you pick it up
② you pick up it
③ you will pick it up
④ you will pick up it

---

01 정답 comes
해설 when절(~할 때)은 시간 부사절이므로 will을 사용하지 않는다.
해석 그녀가 돌아오면 나는 그녀에게 그렇게 말할 것이다.

02 정답 will let up
해설 when절(언제 ~할 것인가)은 명사절이므로 will을 사용할 수 있다.
해석 비가 언제 멈출지 모르겠다.

03 정답 get
해설 as soon as절(~하자마자)은 시간 부사절이므로 will을 사용하지 않는다.
해석 모든 예방접종을 받자마자 나는 휴식을 취하러 떠날 것이다.

04 정답 will arrive
해설 when절(언제 ~할 것인가)은 명사절이므로 will을 사용할 수 있다.
해석 그들이 언제 싱가포르에 도착할 것인가는 그들의 출발 시각에 달려 있다.

05 정답 retires
해설 when절(~할 때)은 부사절이므로 will을 사용하지 않는다.
해석 그가 다음 달에 은퇴를 할 때 우리는 그에게 선물을 줄 것이다.

06 정답 arrives
해설 by the time절(~할 때까지, ~할 무렵)은 부사절이므로 will을 사용하지 않는다.
해석 그가 집에 도착할 즈음에 그녀는 요리를 끝마칠 것이다.

07 정답 will agree
해설 if절(~인지 아닌지)은 명사절이므로 will을 사용할 수 있다.
해석 나는 그가 다음 회의에서 그 제안에 동의할지 안 할지 모르겠다.

08 정답 ①
해설 • until이 이끄는 시간 부사절이므로 will을 쓰지 않는다.
• 2어 동사는 [타동사+대명사+부사]의 순으로 사용하므로 pick it up이 된다.
해석 A: 헉! 버스에 재킷을 두고 내렸어.
B: 내가 버스 사무실에 전화해서 네가 가지러 갈 때까지 보관해 달라고 말할게.

10 진행형 불가동사와 시제 관용표현

📖 출제 기조 전환 전에는 출제 빈도가 높았지만, 새로운 시험 유형에서는 출제 확률이 하락하고 있다.

1 진행형 불가동사

① **상태동사**: 동사의 의미가 '주어의 상태'를 나타낼 때 진행형은 어색하다. 다만, have가 '먹다, 경험하다'의 의미인 경우 진행형이 가능하다.

- **소유 상태**: have(~을 가지고 있다), belong to(~에 속하다), possess(~을 소유하다), own(~을 소유하다)
  → I am having a nice lunch. (먹다)
  → I am having a good time talking with her. (겪다; 경험의 의미)
- **정신 상태**: know(~을 안다), believe(~을 믿다)
- **기타 상태**: remain(~한 상태로 남아 있다), resemble(~을 닮다)

② **5감동사(feel, look, sound, smell, taste)**: 보통 감각이나 상태를 묘사할 때는 진행형을 쓰지 않는다. 다만 feel은 감정이나 기분을 표현할 때 진행형으로 쓰는 경우가 종종 있다.

- I am feeling very well today. 기분이 좋다

2 have been to ~ / have gone to ~

- I have been to the airport to see off my father. 아버지를 배웅하기 위해 공항에 다녀왔다.
  → (have been to ~: ~에 다녀왔다, ~에 가본 적이 있다)

- He has gone to London. 그는 런던에 가버렸다.
  → (have gone to ~: ~에 가버렸다)

3 no sooner ~ than … (~하자마자 …하다)

no sooner나 hardly와 같은 부정부사어 다음에서는 과거완료가 도치됨을 주의하자.

- He had no sooner seen me than he ran away. 그는 나를 보자마자 도망쳤다.
  = No sooner had he seen me than he ran away.
  = Hardly[Scarcely] had he seen me before[when] he ran away.
  = As soon as he saw me, he ran away.
  = The instant[moment] he saw me, he ran away.
  = On seeing me, he ran away.

4 It will not be long before ~

- It will not be long before it rains. 머지않아 비가 올 것이다.
  → before절은 시간부사절이므로 will rain이 아니라 현재형을 쓴다.

- It will be long before spring comes. 봄이 오려면 아직 멀었다. (한참 후에야 봄이 올 것이다)

Exercise

01 밑줄 친 부분에 들어갈 말로 가장 적절한 것은?

> When we arrived at the party late, the other guests _____ drinks.

① were having ② have had ③ have been having ④ did had

[02~05] 다음 중 어법상 옳은 것을 고르시오.

02 나는 사진을 찍으러 사진관에 갔다 왔다.
→ I [have been to / have gone to] the photographer's to have my picture taken.

03 내가 집을 나오자마자, 비가 몹시 내리기 시작했다.
→ No sooner had I left home [than / before] it began to rain heavily.

04 그는 채 얼마 가지 않아서 목적지에 도착했다.
→ He [has not gone / had not gone] far before he came to the destination.

05 한국이 국제사회에서 중추적인 역할을 담당하게 될 날도 멀지 않았다.
→ It will not be long before Korea [plays / will play] a crucial role in an international society.

06 밑줄 친 부분에 들어갈 말로 가장 적절한 것은?

> _____ reached shelter when the storm broke out.

① Hardly they ② Hardly they had ③ Hardly had they ④ They hardly have

---

01 정답 ①
해설 • [when 과거 시제]의 시간 부사절이 있으므로 주절에서는 현재완료나 현재를 쓸 수 없다. ②, ④는 후보에서 제외된다.
• ④와 같이 동사의 강조 용법을 쓸 때는 [do + 원형부정사]을 써야 한다.
• have는 '소유'의 의미일 때는 진행형을 쓸 수 없지만, '먹다'의 의미일 때는 진행형을 쓸 수 있다.
해석 우리가 파티에 도착했을 때, 다른 손님들은 술을 마시고 있었다.
어휘 **have drinks** 술을 마시다

02 정답 have been to
해설 '~에 갔다 왔다'는 have been to를 사용한다. have gone to(~에 가버렸다)는 '돌아오지 않음'을 내포한다.

03 정답 than
해설 [No sooner ~ than …] = [Hardly ~ before …] 구문이며 '~하자마자 …했다'로 해석한다.

04 정답 had not gone
해설 시간 부사절이 [before + 과거]이므로 과거완료를 사용한다.

05 정답 plays
해설 before절은 시간 부사절이므로 현재 시제가 미래시제를 대신한다.

06 정답 ③
해설 '~하자마자 …했다'라는 의미의 [hardly + 과거완료 도치 + when + 과거] 구문이다. ②, ③에서 hardly와 같은 부정부사어가 문장 앞에 나오면 도치가 일어난다.
해석 그들이 피난처에 도착하자마자 폭풍이 몰아쳤다.
어휘 **shelter** 피난처 **break out** 발생하다

PART TEST

[01~05] 다음 중 어법상 가장 어색한 것을 고르시오.

01.
It does seem ① strange to think that a mere century and a half ago dinosaurs ② have been quite unknown. So far as man ③ was concerned, at that time there ④ were no dinosaurs; there was not even the concept of a dinosaur.

02.
In 2018, the city council ① approved a project that allowed architects ② to redesign the public library. By the time construction began, the old building ③ had deteriorated beyond repair. Since early this year, the new facilities ④ were used by hundreds of visitors daily.

03.
Since last year, dozens of artifacts ① have been recovered from the sunken ship by marine archaeologists. Before the team arrived, local divers ② have already explored the outer wreck for signs of preserved cargo. Advanced scanning equipment helped the crew ③ locate buried chambers where several wooden boxes still now ④ lie intact beneath layers of sediment.

---

01 ②

[해설] ① [seem + 형용사 보어](~하게 보이다)의 2형식 구조이다.
② have been → were / a mere century and a half ago는 시제가 과거임을 보여준다.
③ 'as far as A be concerned(A에 관한 한)' 구문의 시제는 과거로서, 과거 시제인 주절과 동일하므로 적절하다.
④ at that time이 과거 시제임을 나타내며, 주어가 dinosaurs로 복수이므로 were는 적절하다.

[해석] 불과 150년 전만 해도 공룡이 전혀 알려지지 않았다고 생각하는 것은 이상하게 보인다. 당시 인류의 인식 속에는 공룡이란 존재조차 없었고, 그 개념도 존재하지 않았다.

[어휘] mere 단지 dinosaur 공룡 so far as ~하는 한 be concerned 관련되다 concept 개념

02 ④

[해설] ① in 2018이 과거 시점을 나타내므로 approve(승인하다)를 과거 시제로 사용한 것은 적절하다.
② [allow + 목적어 + to부정사](목적어가 ~하도록 허락하다)의 5형식 구조이다.
③ [By the time + 과거]와 잘 어울리는 것은 과거완료 시제이다.
④ were used → have been used / [since + 과거]가 있으므로 동사의 시제는 현재완료 시제를 써야 한다.

[해석] 2018년에 시 의회는 건축가들이 공공 도서관을 새롭게 설계할 수 있도록 허가하는 사업을 승인했다. 공사가 시작되었을 때는 기존 건물이 이미 수리 불가능할 정도로 악화되어 있었다. 올해 초부터, 새로운 시설은 매일 수백 명의 방문객에 의해 사용되고 있다.

[어휘] council 의회 approve 승인하다 deteriorate 악화되다

03 ②

[해설] ① since last year가 있으므로 동사의 시제는 현재완료가 적절하다.
② have already explored → had already explored / [before + 과거]의 부사절이 있으므로 주절의 시제는 과거보다 앞선 과거완료 시제를 써야 한다.
③ [help + 목적어 + 원형부정사/to부정사](목적어가 ~하는 것을 돕다)의 5형식 구조이다.
④ lie와 lay의 구별 문제이다. 뒤에 목적어가 없으므로 자동사 lie(놓여 있다)를 사용한다. now가 현재 시제임을 나타내므로 lie가 적절하다.

[해석] 작년부터, 해양 고고학자들에 의해 침몰한 배에서 수십 개의 유물이 회수되어 왔다. 팀이 도착하기 전, 현지 잠수부들은 보존된 화물의 흔적을 찾아 외곽 잔해를 이미 조사했었다. 첨단 스캐닝 장비는 팀이 묻힌 공간을 찾아내도록 도왔고, 그 안에는 여러 개의 나무상자가 퇴적층 아래에 여전히 지금도 손대지 않은 채 놓여 있다.

[어휘] dozens of 수십 개의 artifact 유물 recover 되찾다 sunken 가라앉은 archaeologist 고고학자 diver 잠수부 wreck 잔해, 난파선 preserved 보존된 cargo 화물 crew 팀, 직원들 locate 위치를 파악하다 chamber 공간, 방 intact 손대지 않은, 온전한 layers of sediment 퇴적층

04.

By the time the new lab opens next spring, the university ① have completed safety tests and had the ventilation system ② inspected by external experts. After students enroll in the program, they must wait ③ to access specialized equipment until training ④ is finished.

05.

No sooner ① had the alarm gone off than firefighters saw smoke ② rising from the roof of the warehouse. The chief later explained that faulty wiring ③ has caused the fire. It ④ happened during a maintenance check, which made the response faster than usual.

06. 밑줄 친 부분에 들어갈 말로 가장 적절한 것은?

Ignite a candle, a cigarette, or a ball of cotton. You will note that each one will burn at different rates in the air. If each lighted object _____ in a jar of pure nitrogen, each one will stop burning.

① will place
② will be placed
③ place
④ is placed

---

04 ①

[해설] ① have completed → will have completed / [by the time 주어 + 동사](~할 때까지, ~할 무렵)에서 현재 시제 동사는 시간 부사절에서 미래를 대신한다. 결국 '미래까지'를 의미하는 시간 부사어 역할을 하므로 주절에서 가장 잘 어울리는 시제는 미래완료이다.
② [사역동사(have) + 목적어 + pp](목적어가 ~되도록 만들다)의 5형식 구조이다. '시스템이 조사 받다'로 수동의 관계이므로 pp인 inspected의 사용은 적절하다.
③ [wait + to부정사]는 '~할 것을 기다리다'라는 의미이다.
④ 접속사 until로 시작하는 시간 부사절이므로 동사는 미래형을 쓰지 않는다. 수동의 표현도 적절하다.
[해석] 새 실험실이 내년 봄에 개장할 때까지, 대학 측은 안전 점검을 완료하고 외부 전문가를 통해 환기 시스템 검사도 마칠 것이다. 학생들은 프로그램에 등록한 후에는, 훈련이 끝날 때까지 특수 장비를 사용하기 위해 기다려야 한다.
[어휘] lab 실험실 ventilation system 환기 시스템 inspect 조사하다 external expert 외부 전문가 enroll 등록하다 access ~에 접근하다

05 ③

[해설] ① [No sooner ~ than …](~하자마자 …하다) 구문이다. no sooner 다음에는 과거완료를 도치시킨다.
② [지각동사(see) + 목적어 + -ing](목적어가 ~하는 것을 보다)의 5형식 구조이다.
③ has caused → had caused / 주절의 시제가 explained로 과거이다. 의미상 that절이 주절보다 먼저 발생한 일이므로 과거완료를 사용해야 한다.
④ happen은 자동사로 목적어를 사용하지 않는다. 글의 흐름상 과거 시제가 적절하다.
[해석] 경보가 울리자마자 소방관들은 창고 지붕에서 연기가 피어오르는 것을 보았다. 서장은 나중에 잘못된 배선이 화재를 일으켰다고 설명했다. 그 일은 유지 보수 중에 발생해서 평소보다 더 빠르게 대응할 수 있었다.
[어휘] go off (알람이) 울리다 warehouse 창고 wiring 배선 maintenance check 유지 보수 response 대응

06 ④

[해설] • if절은 조건 부사절이므로 will을 사용하지 않는다. ①과 ②는 후보에서 제외된다.
• place(~을 배치하다, ~을 놓다) 뒤에 목적어가 없고, 주어인 object(물체)와는 수동의 관계이므로 ④가 적절하다.
[해석] 양초, 담배, 또는 솜 뭉치에 불을 붙여 보라. 각각 공기 중에서 다른 속도로 타는 것을 알 수 있을 것이다. 만약 불이 붙은 각각의 물체가 순수한 질소가 든 단지 안에 놓여지면 각각의 타는 것을 멈출 것이다.
[어휘] ignite 점화하다 a ball of cotton 솜 뭉치 at different rates 다른 속도로 jar 항아리, 단지 nitrogen 질소

PART

03

조동사

11 조동사의 기본 의미와 관용어구
12 [조동사 + have pp]
13 should
14 need
PART TEST

조동사의 기본 의미와 관용어구

조동사의 의미를 잘 안다고 착각하여 발생하는 함정들이 있다. 조동사를 해석함에 있어 주의해야 할 표현들을 암기해 보자.

1 can

① can (~할 수 있다)

- The child can read and write. 그 아이는 읽고 쓸 수 있다. (능력)
- Such thing can happen. 그러한 일이 발생할 수 있다. (가능)
- You can go to the party if you want to. 당신이 원한다면, 파티에 가도 좋다. (허가)

② could의 용법

could는 can의 과거형으로 쓰이기도 하며, 가정법 과거 구문에서는 현재 사실에 반하는 상황을 나타낼 때 사용된다. 이 경우 시제는 과거형이지만 의미는 현재 또는 미래를 가정한다. 같은 방식으로 would와 might도 가정법에서 현재 상황을 가정할 때 사용된다.

- He could help her last night. 그는 어젯밤에 그녀를 도울 수 있었다. (과거)
- He could help her now. 그는 지금 그녀를 도울 수 있을 텐데. (가정법 과거)
- He said, "I can solve the problem." 그는 "제가 문제를 해결할 수 있어요."라고 말했다.
  = He said that he could solve the problem. 그는 자신이 문제를 해결할 수 있다고 말했다.

2 will과 shall

- I will pass this exam. 나는 이번 시험에 합격할 것이다. (의지, 고집)
- I shall be 25 years old next year. 나는 내년에 25살이 될 것이다. (미래)

3 may와 must

① may (~일지도 모른다, ~해도 좋다)

- He may be over 30. 그는 서른 살이 넘을지도 모른다. (약한 추측)
- You may go home anytime. 너는 언제든지 집에 가도 좋다. (허가)

② must (~임에 틀림없다, ~해야 한다)

- He must be over 30. (강한 추측) 그는 서른 살이 넘었음에 틀림없다.
  ↔ He cannot be over 30. (부정 추측) 그가 서른 살이 넘을 리가 없다.
- You must go home. (의무) 너는 집에 가야 한다. (= You have to go home.)
  ↔ You must not go home. (금지) 너는 집에 가서는 안 된다.

4 ought to와 should

- You ought to save your money. 당신은 돈을 저축해야 한다. (의무)
  = You should save your money.

5 [used to + 동사원형]: ~하곤 했다(과거의 습관), ~이었다(과거의 사실)

[사람 주어 + be used to -ing](~에 익숙하다)와 [사물 주어 + be used to 원형부정사](~하기 위해 사용되다)와의 차이도 확인하자.

- He used to take a walk in those days. 그는 그 당시 산책을 하곤 했었다.

- He is used to taking a walk after dinner. 그는 저녁 식사 후에 산책하는 것에 익숙하다.

- This device is used to repair the watch. 이 기구는 시계를 수리하기 위해 사용된다.

6 cannot help -ing: ~할 수밖에 없다

I cannot help smiling at the child. 나는 그 아이를 보고 웃을 수밖에 없다.
= I cannot but smile at the child. / I cannot help but smile at the child.
= I have no choice but to smile at the child. / I have no alternative but to smile at the child.

7 [had better + 원형부정사]: ~하는 게 더 낫다

① 부정문에서 not의 위치에 유의하자.

- He had better go. 그가 가는 것이 더 낫다 ↔ He had better not go. 그는 가지 않는 것이 더 낫다.
  = He would rather go. ↔ He would rather not go.
  = He may as well go. ↔ He may as well not go.

② [had better A than B](B할 바엔 차라리 A하는 편이 더 낫다)와의 차이를 확인하자.

- I had better die than live in dishonor. 불명예스럽게 살 바에 차라리 죽는 것이 더 낫다.
  = I would rather die than live in dishonor.
  = I may as well die as live in dishonor.
  = I prefer dying to living in dishonor.

Exercise

[01~08] 다음 중 어법상 옳은 것을 고르시오.

01 You [ought to not / ought not to] have refused his offer.

02 She [used to / was used to] play tennis when she was young.

03 He is not used to [ask / asking] a favor of people.

04 Dictionaries are used to [look up / looking up] unfamiliar words.

05 Having no money in his wallet, he had no choice but [walk / to walk] more than ten kilometers.

06 I'd rather relax at home than [go / going] to the movies tonight. 〈16 지방 9급〉

07 He thinks he may as well make a compromise [as / than] fight with his fists.

08 I prefer staying home [to / than] going out on a snowy day. 〈17 지방 9급〉

09 다음 중 어법상 가장 어색한 것은?

> The soldier said ① <u>determinedly</u> that he would prefer death by starvation ② <u>to</u> an insult, or that he would rather ③ <u>not eat</u> anything and die of hunger than ④ <u>becoming</u> subject to a humiliation.

---

01 정답 ought not to
해설 ought to를 부정할 때 not은 to 앞에 위치한다.
해석 너는 그의 제안을 거절하지 말았어야 했다.

02 정답 used to
해설 [used to 동사원형]: ~하곤 했다, ~했었다
해석 그녀는 젊었을 때 테니스를 치곤 했다.

03 정답 asking
해설 [사람 주어 + be used to -ing]: ~에 익숙하다
해석 그는 사람들에게 부탁을 하는 것에 익숙하지 않다.

04 정답 look up
해설 [사물 주어 + be used to 원형부정사]: ~하기 위해 사용되다
해석 사전은 익숙하지 않은 단어를 찾는 데 사용된다.

05 정답 to walk
해설 [have no choice but to부정사]: ~할 수밖에 없다
해석 지갑에 돈이 없었기 때문에 그는 10킬로미터 이상을 걸어갈 수밖에 없었다.

06 정답 go
해설 [would rather A than B]: B하는 것보다 A하는 게 더 낫겠다 / A와 B는 동사원형을 쓴다.
해석 오늘 밤 나는 영화를 보러 가기보다는 집에서 쉬고 싶다.

07 정답 as
해설 [may as well A as B]: B하는 것보다 A하는 게 더 낫겠다 / A와 B는 동사원형을 쓴다.
해석 그는 주먹다짐을 할 바에야 타협하는 것이 낫다고 생각한다.

08 정답 to
해설 [prefer -ing to -ing]: ~하는 것보다 …하는 것을 선호하다
해석 나는 눈 오는 날 밖에 나가는 것보다 집에 있는 것을 더 좋아한다.

09 정답 ④
해설 ① 동사 said를 수식하는 부사이다.
② [prefer A to B]: B보다 A를 선호하다
③ [would rather + not 원형부정사]: ~을 안 하는 것이 더 낫다
④ becoming → become / [would rather A than B] (B하는 것보다 A 하는 게 더 낫다) 구문이다. A와 B는 동사원형을 쓴다.
해석 그 병사는 모욕보다는 굶어 죽는 것이 낫다고, 즉 굴욕감에 머리를 숙이는 것보다 아무것도 먹지 않고 굶어 죽는 것이 더 낫다고 단호하게 말했다.
어휘 determinedly 단호하게 starvation 아사, 굶어 죽음 insult 모욕 die of ~로 죽다 be subject to ~의 지배를 받다 humiliation 굴욕

[10~11] 밑줄 친 부분에 들어갈 말로 가장 적절한 것을 고르시오.

10

By being alert to what is around you, you cannot _____ to be interested in new ways.

① help begin
② but beginning
③ but begins
④ help but begin

11

A: Did you visit your sister last weekend?
B: Well, I intended to, but she called up and said she _____ out of town, so I went to Chicago instead.

① were
② would be
③ shall be
④ will be

---

10 정답 ④
해설 cannot but 원형부정사 = cannot help but 원형부정사 = cannot help -ing: ~할 수밖에 없다
해석 당신 주변의 것에 항상 관심을 가짐으로써, 당신은 새로운 방식에 흥미를 갖게 될 수밖에 없다.
어휘 be alert to ~에 관심을 기울이다, 주의하다

11 정답 ②
해설 she가 말한 시점이 과거이므로 ③과 ④는 정답이 될 수 없다. ①은 주어와의 수일치가 맞지 않는다.
해석 A: 지난주에 여동생을 방문했니?
B: 음, 그러려고 했는데 걔가 동네에 없을 거라고 전화해서 대신에 시카고로 갔어.

[would의 시제와 의미]
① He would stop by the store when he was young. 그는 어렸을 때, 그 가게를 들르곤 했다.
→ ~하곤 했다: 과거의 불규칙적 습관
② He said, "I will come back." = He said that he would come back. (will의 과거)
그는 말했다, "난 돌아올게." = 그는 돌아올 것이라고 말했다.
→ ~할 것이다: 과거에서 바라본 미래
③ If I were a bird, I would fly to you. 내가 새라면, 너에게 날아갈 텐데.
→ ~할 텐데 (가정법 과거): 현재 또는 미래에 일어날 가능성이 낮은 상황
④ Would you give me a hand? 저를 좀 도와 주실래요?
→ 공손한 표현

12 [조동사 + have pp]

📖 문법, 생활영어, 독해 모든 영역에서 출제 빈도가 높으므로 정확한 해석을 연습하자.

1 may have pp: ~했을지도 모른다

- She may have met him last night. 그녀는 어젯밤 그를 만났을지도 모른다
- She may not have met him last night. 그녀는 어젯밤 그를 안 만났을지도 모른다

2 must have pp: ~했음에 틀림없다 ↔ **cannot have pp**: ~했을 리가 없다

- She must have told a lie yesterday. 그녀는 어제 거짓말을 했음에 틀림없다
- She cannot have told a lie yesterday. 그녀는 어제 거짓말을 했을 리가 없다

3 should have pp: ~했어야 했는데 (하지 못해 아쉽다)

I should have seen her yesterday. 내가 그녀를 어제 만났어야 했는데.
= I ought to have seen her yesterday.

4 would have pp: ~했었을 텐데

would have pp, could have pp, might have pp는 뉘앙스의 차이가 있지만, 수험생의 관점에서는 '(과거에) ~했었을 텐데'로 해석하면 무난하다.

- He would have succeeded in solving the problem. 그는 문제를 해결하는 데 성공했었을 텐데.
- He could have gone abroad. 그는 해외로 갈 수 있었을 텐데.

> **TIP** [have pp]는 현재완료이고, [조동사 + have pp]는 과거 시제이다.
>
> - They have lived there since 2022. 그들은 2022년 이래로 그곳에서 살아왔다.
> - They must have lived there 2 years ago. 그들은 2년 전에 그곳에 살았던 것이 틀림없다.

Exercise

[01~03] 밑줄 친 부분에 들어갈 말로 가장 적절한 것을 고르시오.

01

This rule has become quite out of date; it _____ a long time ago.

① had been abolished
② should have been abolished
③ should have abolished
④ should be abolished

02

Tom got lost again last night; I _____ by himself.

① should never let him to go
② should never have let him to go
③ should never have let him go
④ should never let him go

03

Whitworths, a retailer offering online grocery shopping, says it has discovered that some staff members who are paid a salary _____ paid enough in recent years.

① may not have been
② should not have
③ would not be
④ will not be

---

01 정답 ②
해설 • 과거 시점의 부사구 a long time ago가 있으므로 [should have pp](~했어야 했는데)가 적절하다.
• 주어 it(rule)과 abolish(폐지하다)는 '법률이 폐지되다'로 해석되는 수동의 관계이므로 should have been abolished를 쓴다.
해석 이 법률은 매우 구식이다. 이것은 오래 전에 폐지되었어야 했는데.

02 정답 ③
해설 • [let + 목적어 + 원형부정사]의 형태이므로 ①, ②는 후보에서 제외된다
• 과거의 시점에 대한 내용이므로, [should not have pp](~하지 말았어야 했는데)를 쓴다.
해석 Tom은 어젯밤에 또 길을 잃었다; 나는 그가 혼자 가도록 하지 말았어야 했는데.
어휘 by oneself 홀로

03 정답 ①
해설 • in recent years(최근 몇 년 동안)는 현재완료나 과거 시제를 나타내는 시간 부사어이므로 현재완료나 과거 시제의 동사를 써야 한다.
• [조동사 have pp]는 과거 시점을 나타내는 표현이다. ①, ②가 정답 후보이다.
• 의미상 '급여를 받다'라는 수동의 표현이 필요하므로 ②는 적절하지 않다.
• 의미상 '급여를 받지 못했을지도 모른다'가 적절하므로 may not have been paid가 적절하다.
• 참고로 ③은 현재나 과거에서 바라보는 미래 시제에, ④는 미래 시제에 쓴다.
해석 온라인 식료품 쇼핑을 제공하는 소매업체인 Whitworths는 급여를 받는 일부 직원들이 최근 몇 년간 충분한 보수를 받지 못했을 수도 있다는 사실을 밝혀냈다고 말했다.
어휘 retailor 판매점 grocery 식료품 be paid 돈을 받다

13 should

should는 다양한 구문을 익혀야 한다. 특히 문장에서 생략이 잘 되기 때문에 문법 문제에 출제되는 빈도가 높다.

1 의무, 당연 (= ought to)

- You should obey traffic regulation while driving. 운전 중에 교통 규정을 지켜야 한다
- You should not go there. 거기 가서는 안 된다.
  = You ought not to go there.

2 ~할 텐데 (= would)

- I should be happy to meet you again. 당신을 다시 만난다면 기쁠 텐데요. (가정법 과거)
  ➡ 주어가 1인칭(I, we)이면 would 대신 should를 많이 쓰며, '~해야 한다'로 해석하지 않고, '~할 텐데'로 해석한다.

3 should have pp (~했어야 했는데)

- I should have seen her yesterday. 그녀를 어제 만났어야 했는데.

4 If ~ should (혹시 ~한다면)

- If it should rain tomorrow, I will[would] not go on a picnic. 혹시 내일 비가 온다면, 나는 소풍을 안 갈 것이다.
  = Should it rain tomorrow, I will not go on a picnic. (도치된 구문)
  ➡ 가정법 미래 구문으로, 비가 올 확률이 낮은 경우에 사용

> **TIP** '혹시 ~한다면'의 표현들
>
> - If it rains tomorrow, I will not go on a picnic.
>   ➡ 비가 올 확률이 높은 경우에 사용하며, if절의 동사는 현재형을 사용
> - If it were to rain tomorrow, I would delay my departure. 혹시 정말 비가 온다면 나는 출발을 연기할 것이다.
>   = Were it to rain tomorrow, I would delay my departure. (도치된 구문)
>   ➡ 비가 올 확률이 정말 낮은 경우에 사용

5 lest ~ should (~하지 않기 위해서)

- She made time lest she (should) miss the train. 그녀는 기차를 놓치지 않기 위해서 시간을 냈다.
  ➡ should는 생략 가능하며, should 다음에 not을 쓰지 않도록 주의한다.
  = She made time so that she might not miss the train.
  = She made time for fear of missing the train.

6 [It is + 이성 판단 형용사 + that + 주어 + (should) + 동사원형]

> [It is + important/necessary + that + 주어 + (should) + 동사원형 ~]
> - **important 계열**: natural, vital
> - **necessary 계열**: essential, imperative
> - that절이 '~해야 한다'로 해석되며, should는 생략 가능하다.

- It is necessary that she work out the solution.
  → (x) works out

  그녀가 해결책을 마련해야 하는 것이 필요하다.

- It is essential that my father be informed.
  → (x) is informed

  아버지가 연락을 받는 것이 필요하다.

- It is imperative that he have a degree in the field.
  → (x) has

  그가 그 분야의 학위를 보유하는 것이 필요하다.

7 [요구동사 + that + 주어 + (should) + 동사원형]

> [주어 + 요구동사 + that + 주어 + (should) + 동사원형 ~]
> - **요구동사**: insist (주장) / demand, require, request (요구) / suggest, propose (제안) / recommend, advise (추천 충고) / command, order (명령)
> - that절은 '~해야 한다'로 해석이 되며, should는 생략 가능하다.

- The king commanded that all the people be assembled.
  → (x) were assembled

  왕은 모든 사람이 모여야 한다고 명령했다.

- The captain recommended that she not stay at the harbor.
  → (x) didn't stay

  선장은 배가 항구에 머무르지 말 것을 권유했다.

TIP suggest가 '암시하다, 보여주다'의 의미로 사용되는 경우

① [주어 + suggest + that + 주어 + (should) 동사원형 ~]: ~해야 한다고 제안하다 (※ suggest는 요구동사)

- James suggested that she stay longer for dinner.
  James는 그녀가 저녁식사를 위해 좀 더 머물 것을 제안했다.

② [주어 + suggest + that + 주어 + 직설법 동사 ~]: ~한다고 암시하다 (※ suggest는 요구동사가 아님)

- The evidence suggested that the man had been killed in the room.
  그 증거는 그 남자가 방에서 살해되었다는 것을 암시했다.

Exercise

[01~05] 다음 중 어법상 옳은 것을 고르시오.

01 I wrote down lest I should [forget / not forget] about it.

02 It is necessary that everyone [gather / gathers] together next month.

03 They demanded that the house [be / was] searched.

04 The law requires that everyone who [own / owns] a car [have / has] accident insurance.

05 The doctor suggested that my baby [be / was] infected with influenza.

[06~07] 밑줄 친 부분에 들어갈 말로 가장 적절한 것을 고르시오.

06

| I recommended that the student _____ his composition as soon as possible |

① finished to write ② finish to write
③ finish writing ④ finished writing

---

01 정답 forget
해설 [lest ~ should](~하지 않기 위해서)는 부정의 의미를 내포하고 있으므로 not을 중복해서 쓰지 않는다는 것에 유의한다.
해석 나는 그것에 대해 잊지 않도록 필기해 놓았다.

02 정답 gather
해설 [It is necessary + that 주어 + (should) + 동사원형] 구문이다.
해석 모든 사람들이 다음 달에 모이는 것이 필요하다.

03 정답 be
해설 [요구동사 + that + 주어 + (should) 동사원형 ~] 구문이다.
해석 그들은 그 집이 수색될 것을 요구했다.

04 정답 owns, have
해설 that절 안의 who절은 everyone을 수식하는 절로서 '~해야 한다'는 의미가 아니므로 직설법으로 owns를 써야 한다. 이에 반해 that절의 동사 have는 should가 생략된 형태로 '가져야 한다'는 의미를 나타내고 있다.

해석 그 법은 차량을 소유하고 있는 모든 사람이 자동차 보험을 가져야 할 것을 요구한다.

05 정답 was
해설 이 문장의 suggest는 '제안하다'가 아니라, '암시하다, 보여주다'의 의미이다.
해석 의사는 내 아기가 독감에 감염되었다고 암시했다.

06 정답 ③
해설 • [recommend + that + 주어 + (should) + 동사원형] 구문이므로 ②와 ③이 정답 후보이다.
• '~하는 것을 끝마치다'라는 의미로 쓰일 때 finish는 동명사를 목적어로 취한다.
해석 나는 그 학생이 가능한 빨리 그의 작문을 끝마쳐야 한다고 추천했다.
어휘 composition 작문

07

The conservationists have requested that Agent Orange, a chemical defoliant which has highly toxic substance, _____ for any reason, in any place, and on any period.

① be not used again
② will be used again
③ not using
④ not be used again

08 다음 중 어법상 가장 어색한 것은?

Should the system ① <u>fail</u> again, engineers will activate the backup protocol lest the data ② <u>should be lost</u> permanently. It is necessary that each team ③ <u>reviews</u> the results before final approval. Furthermore, regulations require that the report ④ <u>include</u> specific details about any technical issues encountered.

---

07 정답 ④

해설 • 문장구조를 분석하면 [~requested (요구동사) + that + Agent Orange (주어), (수식어), _____ for ~]의 형태이므로 동사원형을 써야 한다. ②와 ③은 후보에서 제외된다.
• ①과 ④는 not의 위치를 구별해야 한다. 원래 형태는 should not be used인데 should가 생략된 형태이므로 ④가 정답이다.

해석 환경보호주의자들은 매우 큰 독성 물질을 가진 제초제인 고엽제가 어떤 이유에서든지, 어느 장소에서든지, 어떤 시기에서든지 다시는 사용돼서는 안 된다고 요구해 왔다.

어휘 conservationist 환경보호주의자 defoliant 제초제
toxic substance 독성 물질

08 정답 ③

해설 ① [If 주어 should 동사원형](혹시 ~한다면) 구문에서 should가 도치된 형태이다.
② [lest ~ should] 구문이므로 should 다음에 not을 쓰지 않는다.
③ reviews → review / [It is necessary that 주어 (should) 동사원형 ~] 구문이므로 review를 써야 한다.
④ [요구동사 that 주어 (should) 동사원형] 구문이므로 동사원형을 쓴다.

해석 만약 시스템이 다시 고장 나면, 기술자들은 데이터가 영구적으로 손실되지 않도록 백업 절차를 가동할 것이다. 각 팀이 최종 승인 전에 결과를 검토하는 것이 필요하다. 게다가 규정은 보고서에 발생한 기술적 문제에 대한 구체적인 세부사항을 반드시 포함시키도록 요구한다.

어휘 activate 가동시키다 backup protocol 백업 절차
final approval 최종 승인 encounter 직면하다

14 need

📖 need 다음에 이어지는 준동사의 모습에 주의하자.

1 긍정문에서는 일반동사, 부정문/의문문에선 조동사

- **He needs to go there.** 그는 그곳에 가야 한다. (긍정문: 일반동사)
  ➡ [need + to부정사]에서 need는 3인칭 단수 현재의 변화를 하며, 과거형은 needed가 된다. 동사 dare(감히 ~하다)도 need와 쓰임이 동일하다.

- **He need not go there.** 그는 그곳에 갈 필요가 없다. (부정문/의문문: 조동사)
  ➡ [need not + 동사원형]에서 need는 3인칭 단수 현재의 변화를 하지 않으며, 과거형은 따로 없다. 동사 dare도 need와 쓰임이 동일하다.
  = He doesn't have to go there.
  = He doesn't need to go there.

2 need -ing: 수동의 의미로 해석

need가 일반동사로 사용되는 경우 [need + to부정사]가 일반적이다. 한편 [need + -ing]의 경우 수동의 의미를 지니게 된다. 이런 특징을 갖는 동사에는 want, deserve, require 등이 있다.

- **This watch needs to be repaired.** 이 시계는 수리될 필요가 있다.
  = This watch needs repairing.
  cf. (x) This watch needs to repair. (시계가 직접 수리한다는 의미가 되므로 의미가 맞지 않는다.)

> **TIP** be worth -ing: ~할 가치가 있다
>
> This book is worth reading. 이 책은 읽을 가치가 있다.
> (x) This book is worth to be read.
>   worth는 형용사이지만 전치사의 속성을 가지고 있어 뒤에 to부정사가 나올 수 없다.
> (x) This book is worth being read.
>   [worth + -ing]는 수동의 의미를 지니고 있으므로 being pp의 표현을 쓰지 않는다.

Exercise

[01~03] 밑줄 친 부분에 들어갈 말로 가장 적절한 것을 고르시오.

01
> I want to go to the dentist, but you _____ with me.

① need not to go ② do not need go
③ need not go   ④ need go not

02
> A: How dare you _____ such a nasty thing to your parents?
> B: I'm terribly sorry about that.

① had said   ② saying
③ having said   ④ say

03
> A: What happened to your shoes?
> B: They want _____.

① mend   ② to mend
③ mending ④ mended

---

01 정답 ③
해설 need는 부정문에서는 [need not 동사원형] 또는 [don't need to 동사원형]으로 사용한다.
해석 나는 치과 의사에게 가려고 하는데, 너는 나와 함께 갈 필요가 없다.

02 정답 ④
해설 dare와 need는 부정문과 의문문에서 조동사로 쓰일 수 있다. 의문문에서 조동사 역할을 하므로 주어 앞에 나오고 [dare + 주어 + 동사원형]의 구조를 이룬다.
해석 A: 어떻게 너희 부모님께 그런 못된 소리를 할 수 있니?
B: 그 점에 대해 정말 죄송합니다.
어휘 nasty 버릇없는   terribly 무척, 끔찍하게

03 정답 ③
해설 want, need, deserve, require 등의 동사 뒤에 나오는 동명사는 수동의 의미를 지닌다.
해석 A: 너 신발에 무슨 일이 있었던 거니?
B: 그거 수선이 필요해.

PART TEST

[01~02] 밑줄 친 부분에 들어갈 말로 가장 적절한 것을 고르시오.

01.
> With no son to inherit, my parents eagerly wanted a boy. They _____ very much when the baby turned out to be a girl. They, however, did not say a single word of disappointment.

① must be disappointing
② must have been disappointing
③ must be disappointed
④ must have been disappointed

02.
> The new regulation requires under all circumstances that sensitive data _____ with external organizations without explicit permission.

① are not shared
② not be shared
③ doesn't share
④ not share

[03~05] 다음 중 어법상 가장 어색한 것을 고르시오.

03.
> The documents ① have remained untouched for years, raising suspicions about their authenticity. The original copies ② must have been damaged during the relocation process. Archivists ③ had not better move any more materials carelessly, lest important records should ④ be lost in future transitions.

---

01 ④

해설 • 과거 시제이므로 [must have pp](~했었음에 틀림없다)를 사용한다.
• they(그들)과 disappoint(실망시키다)의 관계는 수동이므로 [have been pp]의 형태로 써야 한다.

해석 상속할 아들이 없었기 때문에, 나의 부모님은 간절하게 아들을 원했다. 태어난 아이가 딸로 판명되었을 때 부모님은 매우 실망했었음에 틀림없다. 그러나 그들은 실망의 말을 단 마디도 하지 않았다.

어휘 eagerly 간절하게 turn out to 동사원형 ~라고 판명되다

02 ②

해설 • [요구동사(require) + that + 주어 + (should) 동사원형 ~] 구문이므로 ①과 ③은 후보에서 제외된다.
• share(공유하다)의 목적어가 없고, 의미상 '민감한 데이터가 공유되다'라는 수동의 의미이므로 ②가 적절하다. should not be shared에서 should가 생략된 형태이다.

해석 새로운 규정은 어떤 상황에서도 민감한 데이터가 명시적 허가 없이 외부기관과 공유되어서는 안 된다고 요구한다.

어휘 regulation 규정 under all circumstances 모든 상황에서 external 외부의 explicit 명확한 permission 허가

03 ③

해설 ① for years가 있어 현재완료 시제가 적절하다.
② 의미상 '~했음에 틀림없다'가 적절하고 '훼손되다'로 수동의 의미도 적절하다.
③ had not better move → had better not move / [had better 동사원형](~하는 게 더 낫겠다)의 부정문은 [had better not 동사원형]으로 써야 한다.
④ [lest + 주어 + should 동사원형](~하지 않기 위해서) 구문으로 not을 사용하지 않는 것에 주의한다.

해석 그 문서들은 수년 동안 손대지 않은 채로 남아 있어 진위에 대한 의혹을 불러일으켰다. 원본들은 이전 과정 중에 훼손되었음이 틀림없다. 보관 담당자들은 향후 이동 중에 중요한 기록이 유실되지 않도록 더 이상의 자료를 부주의하게 옮기지 않는 것이 좋다.

어휘 suspicion 의심 authenticity 진실성, 진정성 relocation process 이전 과정 archivist 문서 보관 담당자 carelessly 부주의하게 transition 이동

04.

Several old buildings in the district need ① reinforcing, especially after the recent tremor. Officials insisted that engineers ② assess the foundations without delay. Some of the damage ③ should have gone unnoticed during previous inspections. The mayor ordered the safety team ④ to secure the area before the next storm arrives.

05.

Should any unusual patterns ① appear, analysts will review the data again. Recent fluctuations suggest that external factors ② have influenced the trend more than expected. Experts advise investors ③ to stay cautious during such volatile periods. In fact, short-term traders need not ④ to react to every market movement.

---

04 ③

해설 ① [need + -ing]에서 동명사는 수동의 의미를 갖는다. building과 reinforce(보강하다)는 수동의 의미 관계이다.
② [요구동사 insist that 주어 (should) 동사원형](~할 것을 주장하다) 구문이다.
③ should have gone → must have gone 또는 may have gone / 의미상 '예전 조사에서 간과되었음에 틀림없다, 또는 간과되었을지도 모른다'로 써야 한다.
④ [order + 목적어 + to부정사](목적어가 ~하도록 명령하다)의 5형식 구조이다.

해석 그 지역의 오래된 건물 몇 채는 특히 최근의 진동 이후 보강될 필요가 있다. 관계자들은 기술자들이 즉시 건물 기초를 평가할 것을 주장했다. 이전의 점검 중에 일부 손상이 눈에 띄지 않았을 수도 있다. 시장은 다음 폭풍이 오기 전에 안전팀에게 그 구역을 확보하라고 명령했다.

어휘 reinforce 보강하다 tremor 진동 assess 평가하다 foundation 기초 unnoticed 눈에 띄지 않고, 간과되어 inspection 점검, 검사 secure 확보하다, 안전하게 하다

05 ④

해설 ① [If + 주어 + should 동사원형](혹시 ~한다면)에서 should가 도치된 형태이다.
② suggest가 '암시하다, 보여주다'로 요구동사가 아닌 일반동사로 쓰였다. 이 경우 다양한 직설법 동사(현재, 과거, 현재완료, 과거완료 등)를 사용할 수 있다.
③ [advise + 목적어 + to부정사](목적어가 ~하도록 조언하다)의 5형식 구조이다.
④ to react → react / [need not 동사원형](~할 필요가 없다) 구조이며, need가 부정문에서 조동사로 사용되었다.

해석 만약 어떤 비정상적인 패턴이 나타난다면, 분석가들은 데이터를 다시 검토할 것이다. 최근의 변동은 외부 요인이 예상보다 더 큰 영향을 미쳤다는 점을 암시한다. 전문가들은 투자자들에게 이런 불안정한 시기에는 조심스럽게 행동하라고 조언한다. 실제로 단기 투자자들은 모든 시장 움직임에 매번 반응할 필요는 없다.

어휘 analyst 분석가 fluctuation 변동 cautious 주의하는 volatile 변동이 심한

PART

04

가정법

15 가정법의 기본과 도치
16 가정법 특수구문
PART TEST

15 가정법의 기본과 도치

> 가정법은 시제 변화를 위반하고 확인된 사실을 반대로 말하는 특성이 있다. 고급 표현보다는 기본적인 표현과 도치 부분을 잘 연습하자.

1 가정법 과거: 만약 ~라면 …일 텐데

가정법 과거는 현재 사실의 반대를 나타낸다.

> If 주어 + 동사의 과거형 + ~, 주어 + would/could/might + 동사원형 + ~.
>   ~라면   ~할 텐데   (실제 시제는 현재)

- If I were a bird now, I could fly to you. 내가 만약 지금 새라면, 너에게 날아갈 텐데.
  → 가정법에서는 be동사의 과거형으로 was가 아닌 were를 쓴다.
  = As I am not a bird, I can't fly to you. 나는 새가 아니므로, 너에게 날아갈 수 없다.

- If I knew his address now, I could write to him. 내가 만약 지금 그의 주소를 안다면, 그에게 편지를 쓸 텐데.

2 가정법 과거완료: 만약 ~했다면 …했었을 텐데

가정법 과거완료는 과거 사실의 반대를 나타낸다.

> If 주어 + had pp + ~, 주어 + would/could/might + have pp + ~.
>   ~했다면   ~했을 텐데   (실제 시제는 과거)

- If you had studied harder last year, you might have passed the exam then.
  네가 작년에 더 열심히 공부했더라면, 그때 시험에 합격했을 텐데.
  = As you didn't study harder last year, you didn't pass the exam then.
  너는 작년에 열심히 공부하지 않았으므로, 그때 시험에 합격하지 않았다.

- If you had not helped me last night, I would have failed in the test then.
  어젯밤에 당신이 나를 돕지 않았다면, 나는 그때 테스트에서 실패했을 텐데.

3 혼합가정법: 만약 ~했다면 (지금) …일 텐데

혼합가정법은 if절에는 가정법 과거완료가 나오고, 주절에는 가정법 과거가 나온다. 시험에서는 명확한 단서를 주기 위해 주절에 현재 시제를 나타내는 표현이 나오므로 이를 기준으로 판단하면 된다.

> If 주어 + had pp + (과거를 상징하는 말), 주어 + would/could/might + 동사원형 + ~ + (현재를 상징하는 말).
>   ~했다면(실제 시제는 과거)   ~할 텐데(실제 시제는 현재)

- If you had studied English hard in your schooldays, you could understand it easily now.
  당신이 학창 시절에 영어를 열심히 공부했더라면, 지금 그것을 쉽게 이해할 텐데.

- If they had started at that time, they would be here now.
  그들이 그때 출발했더라면, 지금쯤 이곳에 도착할 텐데.

- If you had not saved me then, I would no longer be alive now.
  그때 당신이 나를 구하지 않았다면, 나는 지금 더 이상 생존해 있지 않을 텐데.

4 가정법 미래: 혹시 ~라면 …할 것이다

> If 주어 + should + ~, 주어 + will/can/may/would/could/might + 동사원형 + ~.
> 혹시 ~한다면   ~할 것이다

- If I should see him, I will[would] ask him to call you. 내가 혹시 그를 보게 된다면, 당신에게 전화하라고 요청할 것이다.

- If you should meet him, tell him to write a letter to me. 당신이 혹시 그를 보게 된다면, 나에게 편지를 쓰라고 말해주세요.

5 순수 가정법: 혹시 ~라면 …할 것이다

가정법 미래의 한 형태이다.

> If 주어 + were to 동사원형 + ~, 주어 + would/could/might + 동사원형 + ~.
> 혹시 ~ 한다면   ~할 것이다

- If I were to be born again, I would like to be a doctor. 내가 혹시 다시 태어난다면, 의사가 되고 싶다.

- If the sun were to rise in the west, I would not change my mind. 태양이 서쪽에서 뜬다 하더라도, 나는 내 생각을 바꾸지 않을 것이다.
  ➡ if는 간혹 even if(비록 ~일지라도)의 의미를 지닐 수도 있다.

6 가정법의 도치

가정법에서 if절의 동사가 had, should, were로 시작될 경우, if를 생략하고 해당 동사들을 문두로 도치시킬 수 있다.

- Had he studied hard, he would have passed the exam then. 그가 열심히 공부했다면, 그때 시험에 통과할 수 있었을 텐데.
  = If he had studied hard, he would have passed the exam then.

- Should it rain tomorrow, I will postpone my departure. 내일 혹시 비가 온다면, 나는 출발을 연기할 것이다.
  = If it should rain tomorrow, I will postpone my departure.

- Were it not for your help, I should fail. 너의 도움이 없었다면, 나는 실패했을 거야.
  = If it were not for your help, I should fail.

Exercise

[01~06] 괄호 안의 동사를 알맞은 형태로 바꾸시오.

01 [Have] she come to the concert, she would have enjoyed it. 〈13 국가 7급〉

02 If I had enough money, I [buy] a fancy yacht. 〈16 국가 7급〉

03 Everything [be] OK if I hadn't lost my keys. 〈17 지방 9급 2차〉

04 If she [take] the medicine last night, she would be better today. 〈16 지방 9급〉

05 If the item [shall] not be delivered tomorrow, they would complain about it. 〈18 서울 9급〉

06 [Be] it not for water, all living creatures on earth would be extinct. 〈18 지방 9급〉

07 밑줄 친 부분에 들어갈 말로 가장 적절한 것은?

> If she had accepted the offer last year, she _____ as one of the key leaders in the organization now.

① would regard
② would be regarded
③ would have regarded
④ would have been regarded

---

01 정답 Had
해설 주절에 [주어 + would/could/might + have pp]가 있는 가정법 과거완료이며, 도치 구문이다.
해석 그녀가 콘서트에 왔다면 그것을 좋아했을 것이다.

02 정답 would[could/might] buy
해설 if절에 과거 동사가 있으므로 가정법 과거이다. had는 have(가지고 있다)의 과거로 쓰인 것이다.
해석 내가 충분한 돈을 가지고 있다면 멋진 요트를 살 텐데.

03 정답 might[would/could] have been
해설 if절의 동사가 hadn't lost가 있으므로 가정법 과거완료이다. 주절에는 [would/could/might + have pp]를 쓴다.
해석 내가 열쇠를 잃어버리지 않았더라면 모든 것이 괜찮았을 텐데.

04 정답 had taken
해설 혼합가정법 구문으로 if절에 과거를 상징하는 시간 부사어 last night이 있으므로 [had pp]를 쓴다.
해석 그녀가 어제 밤에 약을 먹었더라면, 오늘 훨씬 더 나아질 것이다.

05 정답 should
해설 조건부사절에서는 shall을 사용하지 못한다. 가정법 미래이므로 should를 사용한다.
해석 혹시 그 물건이 내일 배달되지 않는다면, 그들은 그것에 대해 불평할 것이다.

06 정답 Were
해설 주절에 [would 동사원형]이 있으므로 가정법 과거이며 도치 구문이다.
해석 물이 없다면 지구의 모든 생명체는 멸종할 텐데.

07 정답 ②
해설 • if절에 last year가 있지만, 주절에는 now가 있으므로 혼합가정법을 사용한다.
• regard의 목적어가 없고, 의미상 '그녀는 지도자로 여겨지다'는 수동의 의미가 필요하므로 ②가 적절하다.
해석 작년에 그 제안을 수락했더라면, 그녀는 지금 그 조직의 핵심 리더 중 한 명으로 여겨졌을 것이다.

08 다음 중 어법상 가장 어색한 것은?

The artists in prehistoric times believed that they could capture the animal's soul when they ① painted it. According to their belief, if the artists ② captured an animal's true likeness, they would capture the real thing during the hunt. ③ Having the pictures not had a special meaning, surely no one would have crawled ④ so deep into these caves to paint.

---

08 정답 ③

해설 ① it이 가리키는 것은 animal이며 단수이다. when절의 동사 painted는 앞의 could capture와 시제가 일치한다.
② 가정법 과거로 주절의 would capture와 시제 일치를 이루며, 현재 사실과 반대되는 상황을 가정한다.
③ Having → Had / [Had + 주어 + pp ~, 주어 + would have pp]로서 가정법 과거완료가 도치된 경우이다.
④ deep은 형용사로 '깊은', 부사로 '(물리적으로) 깊게'의 의미를 지닌다. 이와 달리 deeply는 '추상적으로 깊게'를 의미한다. 예를 들어 dive deep은 '깊게 잠수하다', 그리고 be deeply moved는 '깊이 감동받다'를 의미한다.

해석 선사시대의 예술가들은 동물의 그림을 그릴 때, 그들의 영혼을 사로잡을 수 있다고 믿었다. 그들의 믿음에 따르면, 만약 예술가가 동물을 정말 비슷하게 그려내면, 사냥 도중에 진짜 동물을 잡을 수 있을 거라고 생각했다. 만약 그 그림들이 특별한 의미를 지니지 않았더라면, 어느 누구도 그림을 그리기 위해서 이러한 동굴에 이렇게 깊이 기어들어 오지 않았을 것이다.

어휘 **prehistoric** 선사시대의 **capture** 사로잡다 **likeness** 닮음 **crawl** 기어가다

16 가정법 특수구문

📖 출제 빈도가 줄어들고 있으니 여기서는 기본적인 형태만 학습하자.

1 I wish (that) + 가정법

'~라면 좋을 텐데'라는 아쉬움을 나타내는 표현이다. I wish that 다음에는 직설법을 사용하지 않는다는 것에 주의해야 한다.

① [I wish (that)+가정법 과거]: ~라면 좋을 텐데. (현재 일에 대한 아쉬움)

- I wish (that) it were true. 그것이 사실이라면 좋을 텐데.

② [I wish (that)+가정법 과거완료]: ~했다면 좋을 텐데. (과거 일에 대한 아쉬움)

- I wish (that) it had been true at that time. 그것이 그때 사실이었다면 좋을 텐데.

2 as if + 가정법

'마치 ~인 것처럼'의 뜻이며, as if 대신 as though를 써도 의미가 같다.

① [as if+가정법 과거]: 지금 ~인 것처럼

- He talks as if he were rich now. 그는 지금 자신이 부자인 것처럼 말한다.

② [as if+가정법 과거완료]: 과거에 ~였던 것처럼

- He talked as if he had lived in 18th century. 그는 마치 18세기에 살았던 것처럼 이야기했다.

> **TIP** [as if + 직설법]
>
> 사실 확인이 안되는 상황에서는 [as if + 직설법]의 표현이 사용되기도 하며, 독해 지문에서 나오는 경우도 있다. 이럴 때는 주절에 **seem, appear, look**과 같은 동사가 자주 나온다. 하지만 수험생의 입장에서는 [as if + 가정법]으로 학습하는 것이 좋다.
>
> - She seems as if she knows the fact. 그녀는 사실을 알고 있는 것처럼 보인다.

3 but for 구문

가정법 과거에서는 '~이 없다면', 가정법 과거완료에서는 '~이 없었다면'으로 해석되며, 주절의 동사 형태로 과거인지 과거완료인지 판단할 수 있다.

- But for the sun, nothing could live on the earth. 태양이 없다면, 지구상에는 아무것도 살 수 없을 텐데.
  ➡ 가정법 과거

  = If it were not for the sun, nothing could live on the earth.
  = Were it not for the sun, nothing could live on the earth.

- But for the sun, animals would have disappeared long ago. 태양이 없었다면, 동물들은 오래 전에 사라졌을 텐데.
  ➡ 가정법 과거완료

  = If it had not been for the sun, animals would have disappeared long ago.
  = Had it not been for the sun, animals would have disappeared long ago.

Exercise

[01~04] 괄호 안의 동사를 알맞은 형태로 바꾸시오.

01 I wish I [be] as intelligent as he is. ⟨08 지방 7급⟩

02 I wish I [study] biology when I was a college student. ⟨16 서울 7급⟩

03 She helps Bill as if he [be] her younger brother. ⟨21 지역인재⟩

04 I feel as though I [see] him yesterday.

05 밑줄 친 부분에 들어갈 말로 가장 적절한 것은?

> He might have led a life quite different from the one he lived, _____ that event which happened all of a sudden.

① were it not for
② had it not been for
③ if it were not for
④ if there were not

---

01 정답 were
해설 [I wish (that) 가정법] 구문으로 가정하는 내용만 가정법으로 써야 한다. '그가 똑똑한 것'은 사실이므로 직설법으로 쓰고, '내가 똑똑한 것'은 가정이므로 I were를 쓴다.
해석 내가 그만큼 똑똑하면 좋을 텐데.

02 정답 had studied
해설 [I wish (that) 가정법] 구문으로 when절이 과거 시제임을 나타낸다. 따라서 가정법 과거완료를 쓴다.
해석 내가 대학생이었을 때 생물학을 공부했다면 좋을 텐데.

03 정답 were
해설 [as if 가정법] 구문이다. 가정하는 시제가 현재이므로 가정법 과거로 써야 한다.
해석 그녀는 마치 Bill이 자신의 남동생인 것처럼 도와준다.

04 정답 had seen
해설 [as though 가정법] 구문이다. 가정하는 시제가 과거이므로 가정법 과거완료로 써야 한다.
해석 나는 마치 어제 그를 봤던 것처럼 느껴진다.

05 정답 ②
해설 주절이 [might have pp]이므로 종속절은 가정법 과거완료인 [if 주어 had pp]가 된다. [If it had not been for](~이 없었더라면)에서 if가 생략되고 had가 앞으로 도치된 형태이다.
해석 갑자기 일어난 그 사건이 아니었다면 그는 그가 산 삶과는 아주 다른 삶을 살았을 텐데.
어휘 lead a life 삶을 살아가다 all of a sudden 갑작스럽게

PART TEST

[01~02] 밑줄 친 부분에 들어갈 말로 가장 적절한 것을 고르시오.

01.
Had the team completed the project on schedule, the final report _____ to the board before the deadline.

① would submit
② would be submitted
③ would have submitted
④ would have been submitted

02.
If the team had better communication skills, internal conflicts _____ more efficiently during collaborative projects.

① would resolve
② would be resolved
③ would have resolved
④ would have been resolved

[03~04] 다음 중 어법상 가장 어색한 것을 고르시오.

03.
① Had it not been for the quick response of the crew, the entire lab would have been lost. Experts ② have emphasized this point repeatedly since the accident occurred, and new safety protocols now require that every staff member ③ undergo emergency training as if a real crisis ④ are imminent.

---

01 ④

해설 • 종속절은 [If + 주어 + had completed ~]로 가정법 과거완료에서 도치된 형태이다. 따라서 주절에서는 [would have pp]의 형태를 써야 한다.
• submit(제출하다)의 목적어가 없고, 의미상 '보고서가 제출되다'라는 수동의 의미가 되어야 하므로 ④를 써야 한다.

해석 팀이 일정에 맞춰 프로젝트를 완료했더라면, 최종 보고서는 마감 전에 이사회에 제출되었을 텐데.

어휘 board 이사회 submit 제출하다 deadline 마감시한

02 ②

해설 • if절에는 have의 과거 had가 있으므로 가정법 과거이다. 따라서 주절에는 [would 동사원형]의 구조를 써야 한다.
• resolve(해결하다)의 목적어가 없고, 의미상 '내부 갈등이 해결되다'라는 수동의 의미가 필요하므로 ②가 정답이 된다.

해석 팀이 더 나은 의사소통 능력을 가지고 있다면, 협업 프로젝트 중의 내부 갈등은 더 효율적으로 해결될 것이다.

어휘 internal 내부의 efficiently 효율적으로 collaborative 협동적인

03 ④

해설 ① 주절에 would have been lost가 있어 가정법 과거완료임을 알 수 있다. [If it had not been for]가 도치된 표현이다.
② 뒤에 since(~한 이래로)가 있어 현재완료와 잘 어울린다.
③ [요구동사(require) + that + 주어 + (should) 동사원형] 구문이며, undergo를 동사원형을 쓴 것은 적절하다.
④ are → were / [as if 가정법] 구문이다. 절 안에 특별한 시간 부사어가 없으면 가정법 과거로 쓰므로 be동사를 were로 고쳐야 한다. 참고로 crisis는 단수이고 crises가 복수이다.

해석 직원들의 신속한 대응이 없었더라면, 실험실 전체가 소실되었을 것이다. 사고가 발생한 이후로 전문가들은 이 점을 반복해서 강조해 왔고, 이제 새로운 안전수칙은 마치 진짜 위기상황이 임박한 것처럼 모든 직원이 비상 훈련을 받도록 요구하고 있다.

어휘 lab 실험실 safety protocol 안전 수칙
undergo 겪다, 경험하다 imminent 긴박한

04. Most residents would rather relocate temporarily than ① stay in buildings that clearly need ② reinforcing. Had officials responded earlier to inspection reports, the community ③ could avoid this large-scale evacuation, though some locals were used to ④ facing such disruptions.

04 ③

해설 ① [would rather A than B](B하는 것보다 A하는 게 더 낫다) 구문이다. A와 B의 자리에는 동사원형을 쓴다.
② [need -ing] 구문이다. 이때 동명사는 주어와 수동 관계이다. building(건물)과 reinforce(보강하다)는 수동 관계이다.
③ could avoid → could have avoided / 앞의 종속절은 'If officials had responded ~'에서 had가 도치된 가정법 과거완료이다. 주절에는 이에 상응하여 [could have pp]를 사용해야 한다.
④ [be used to -ing](~에 익숙하다) 구문이다. face(직면하다)를 동명사로 사용한 것이다.

해석 대부분의 주민들은 구조 보강이 분명히 필요한 건물에 머무르기보다는 차라리 일시적으로 이주하겠다고 한다. 관계자들이 점검 보고서에 더 일찍 대응했더라면, 주민들은 이같은 대규모 대피를 피할 수 있었을 것이다. 다만 일부 지역민들은 이런 혼란에 익숙했었다.
어휘 relocate 이주하다 temporarily 일시적으로 reinforce 보강하다 officials 직원들, 관계자들 inspection report 점검 보고서 evacuation 대비 locals 지역 주민들 disruption 혼란

PART

05

수동태

17 수동태의 기본과 [It is said that] 구문

18 [be pp + 명사] 구문과 [be pp + to부정사] 구문

19 수동태 불가 동사와 관용표현

PART TEST

수동태의 기본과 [It is said that] 구문

📖 [be said to부정사]는 사용빈도가 높은 표현이다. to부정사의 형태와 함께 공부해야 한다.

1 수동태의 기본 원리

능동태를 수동태로 바꾸는 방식은 다음과 같다.
① 능동태의 목적어를 수동태의 주어로 전환한다.
② 동사는 be pp로 바꾸는데, 이때 be동사는 시제와 인칭에 따라 변화한다.
③ 목적어 이외의 기타 어구는 그대로 쓴다.
④ 문장의 맨 끝에 [by+목적격]을 쓴다. [by+목적격]을 생략하는 경우도 많다.

- He writes a letter. 그는 편지를 쓴다. (능동태)
  = A letter is written by him. 편지가 그에 의해 쓰여진다. (수동태)

2 주요 시제별 수동태의 변화

- The fire destroys the house. 화재가 집을 파괴한다.
  ➡ The house is destroyed by the fire. (현재 시제 수동태: 파괴된다)

- The fire destroyed the house. 화재가 집을 파괴했다.
  ➡ The house was destroyed by the fire. (과거 시제 수동태: 파괴되었다)

- The fire will destroy the house. 화재가 집을 파괴할 것이다.
  ➡ The house will be destroyed by the fire. (미래 시제 수동태: 파괴될 것이다)

- The fire has destroyed the house. 화재는 집을 파괴했다.
  ➡ The house has been destroyed by the fire. (현재완료 시제 수동태: 파괴되어 왔다)

- The fire is destroying the house. 화재는 집을 파괴하고 있다.
  ➡ The house is being destroyed by the fire. (현재진행 시제 수동태: 파괴되는 중이다)

3 [It is said that] 구문

that절이 목적어인 경우 [It is pp that ~]과 [주어+be pp+to부정사]의 두 가지 수동태가 가능하다. 사용 빈도가 높은 표현이므로 암기해 둘 필요가 있다. 대표적인 형태로는 be said(이야기되다), be reported(보도되다), be thought(생각되다), be believed(믿어진다), be supposed(여겨진다), be expected(기대되다) 등이 있다.

- They say that he is honest. 사람들은 그가 정직하다고 말한다.
  = It is said that he is honest. (가주어 it을 사용하여 that절을 후치시킨다.)
  = He is said to be honest. (that절의 주어가 it을 대신하여 문장 앞으로 나온다.)
  cf. (x) That he is honest is said by them. (that절이 주어가 되는 수동태는 사용하지 않는다.)

- They say that he was honest when young. 사람들은 그가 젊었을 때 정직했다고 말한다.
  = It is said that he was honest when young.
  = He is said to have been honest when young.

to부정사의 시점

to부정사의 시점은 주절과 상대적으로 파악한다. [to have pp]는 현재완료를 나타내는 표현이 아니라, 주절의 시제보다 to부정사의 행동이 먼저 발생했다는 것을 나타낸다.

- He seems to write a letter. ➡ (보이는 시점: 현재, 편지를 쓰는 시점: 현재)
  = A letter seems to be written by him.

- He seems to have written a letter before. ➡ (보이는 시점: 현재, 편지를 쓰는 시점: 과거)
  = A letter seems to have been written by him before.

- He seemed to write a letter. ➡ (보인 시점: 과거, 편지를 쓴 시점: 과거)
  = A letter seemed to be written by him.

- He seemed to have written a letter before. ➡ (보인 시점: 과거, 편지를 쓴 시점: 대과거(과거완료))
  = A letter seemed to have been written by him before.

Exercise

01 밑줄 친 ⓐ~ⓒ에 들어갈 말이 바르게 짝지어진 것은?

- She is thought ⓐ _____ the watch last night.
- He is believed ⓑ _____ in the war last year.
- The construction ⓒ _____ to be completed this month.

① to repair / to have wounded / is expecting
② to repair / to have been wounded / is expecting
③ to have repaired / to have wounded / is expected
④ to have repaired / to have been wounded / is expected

02 다음 중 어법상 가장 어색한 것은?

The manuscript, which is said ① to have been written in the 14th century, is expected ② to undergo preservation treatment this year. ③ He is believed that the original author ④ is supposed to have been expelled, though no records confirm this.

---

01 정답 ④

해설 ⓐ to have repaired / 뒤에 last night이 있어 to부정사의 시점이 주절의 시점보다 앞서므로 to have pp를 쓴다.
ⓑ to have been wounded / wound의 목적어가 없고, '부상을 당하다'의 수동적 의미가 필요하므로 to have been pp를 쓴다.
ⓒ is expected / [be expected to부정사]: ~할 것으로 기대되다

해석 ⓐ 그녀가 어젯밤에 그 시계를 고쳤을 거라고 생각된다.
ⓑ 작년에 그가 전쟁에서 부상당했다고 믿어진다.
ⓒ 그 건설은 다음 달에 완공될 것으로 기대된다.

02 정답 ③

해설 ① [be said to부정사] 구문이다. '원고가 쓰여지다'라는 수동의 표현이 필요하고, 주절보다 앞선 시점이므로 [to have been pp]의 사용은 적절하다.
② [be expected to부정사] 구문이다. undergo(경험하다)의 목적어가 있으므로 능동 표현이 맞다.
③ He → It / 진주어 that절을 의미하는 가주어 it을 사용해야 한다.
④ [be supposed to부정사] 구문이다.

해석 14세기에 쓰여진 것으로 전해지는 그 원고는 올해 보존 처리를 받을 것으로 예상된다. 원작자가 추방되었다고 믿어지지만, 이를 입증하는 기록은 없다.

어휘 manuscript 원고   undergo 겪다
preservation treatment 보존 처리   expel 추방하다
confirm 확인하다

[be pp 명사] 구문과 [be pp to부정사] 구문

> 수동태 다음에는 목적어가 오지 않는 것이 원칙이지만, 예외가 있다. 또한 [be pp to부정사]는 사용빈도가 높은 구문이므로 대표적인 표현들은 암기하자.

1 [be pp + 명사] 구문

① 수동태 다음에는 목적어가 오지 못하는 것이 원칙이다.

- (o) They have discovered the fact. 그들은 그 사실을 발견해 왔다.
- (x) They have been discovered the fact.

② 4형식과 5형식은 수동태 다음에 목적어가 올 수 있다.

4형식 문장은 목적어가 두 개이므로 원칙적으로 두 가지 형태의 수동태가 가능하다. 이때 수동태 뒤에 목적어가 등장하는 경우, 같은 수동태라도 해석에 차이가 생길 수 있다.

- She gave me a watch. 그녀는 나에게 시계를 주었다.
  = I was given a watch by her. 나는 그녀에 의해 시계를 받았다
  = A watch was given to me by her. 시계가 그녀에 의해 나에게 주어졌다.

5형식 문장의 수동태에서도 수동태 다음에 목적어가 등장한다.

- We called him our master. 우리는 그를 우리의 스승으로 불렀다. (목적격보어 = 명사)
  = He was called our master. 그는 우리의 스승으로 불렸다. (our master = 주격보어)

③ 자주 사용되는 표현
- **4형식 문장**: be given a watch(시계를 받다), be taught English(영어를 배우다), be offered the job(그 일을 제공받다), be asked a question(질문을 받다), be served lunch(점심을 제공받다), be shown evidence(증거를 제시받다)
- **5형식 문장**: be called Kitty(Kitty라고 불리다), be named Tarzan(타잔이라고 불리다), be considered our leader(우리의 지도자로 여겨지다)

2 지각동사와 사역동사의 수동태

① 수동태를 만들 때, 목적어 뒤의 단어는 그대로 쓴다.

- He informed people of the news. 그는 사람들에게 뉴스를 알렸다. (people이 목적어)
  = People were informed of the news by him.

② 지각동사나 사역동사는 목적격보어로 원형부정사가 나오는데, 수동태로 전환할 때 원형부정사를 to부정사로 바꾼다.

- She saw him go out of the room. 그녀는 그가 방의 밖으로 나가는 것을 봤다. (see + 목적어 + 원형부정사)
  = He was seen to go out of the room by her. (주어 + be seen to부정사)

> **TIP** [be seen to부정사]만 가능한가?
>
> [be seen + 원형부정사]는 문법적으로 올바르지 않으므로 [be seen to부정사]로 써야 한다. 그 외, [be seen -ing], [be seen as ~], [be seen by ~] 등의 다양한 표현이 가능하다.
>
> - She saw him going out of the room. 그녀는 그가 방 밖으로 나가는 것을 보았다.
>   = He was seen going out of the room. ➡ ([지각동사 + 목적어 + - ing] 형태는 -ing를 그대로 유지한다.)
> - We saw him as our leader. 우리는 그를 우리의 지도자로 보았다.
>   = He was seen as our leader.

③ 사역동사의 수동태

| make + 목적어 + 원형부정사 ➡ [주어 + be made to부정사] 주어가 ~하도록 만들어지다 |
| have + 목적어 + 원형부정사 ➡ [주어 + be asked to부정사] 주어가 ~하도록 요청받다 |
| let + 목적어 + 원형부정사 ➡ [주어 + be allowed to부정사] 주어가 ~하도록 허락받다 |

- They made us work hard. 그들은 우리로 하여금 일을 열심히 하게 만들었다.
  ➡ We were made to work hard by them.

- He made her happy. 그는 그녀를 행복하게 만들었다. cf. [be made + 형용사]
  ➡ She was made happy by him. (※ be made to happy로 사용하지 말자.)

3 [동사 + 목적어 + to부정사](5형식)의 수동태

① [동사 + 목적어 + to부정사](목적어가 ~하도록 …하다]의 수동태는 [be pp to부정사]가 된다.

- The company requires all employees to wear ID card. 회사는 모든 직원들이 ID카드를 착용하길 요구한다.
  = All employees are required to wear ID card (by the company).

② 이러한 형태로 자주 쓰이는 표현은 다음과 같다.

| be allowed to부정사 ~할 것을 허락받다 (= be permitted to부정사) |
| be asked to부정사 ~할 것을 요청받다 |
| be required to부정사 ~할 것을 요구받다 (= be requested to부정사) |
| be forced to부정사 ~할 것을 강요받다 (= be compelled to부정사, be obliged to부정사) |
| be advised to부정사 ~할 것을 충고받다 |
| be ordered to부정사 ~할 것을 명령받다 (= be told to부정사) |
| be encouraged to부정사 ~할 것을 격려받다 |
| be motivated to부정사 ~하도록 동기를 부여받다 |

Exercise

[01~05] 다음 중 어법상 옳은 것을 고르시오.

01 He was seen [beat / to beat] the dog.

02 She was seen [play / playing] the piano.

03 The monkeys were made [ride / to ride] bicycles in a circus.

04 Undergraduates are not allowed [to use / using] equipment in the laboratory. 〈17 국가 9급 2차〉

05 He was referred [to as / as] a Newton of Korea.

06 다음 중 어법상 가장 어색한 것은?

> Volunteers ① were offered training sessions to improve communication and were ② motivating to apply new skills in the field. They were ordered ③ to report any critical incidents and were asked ④ to submit daily activity logs.

---

01 정답 to beat
해설 지각동사의 수동태: [see + 목적어 + 원형부정사] → [be seen + to부정사]
해석 그가 그 개를 때리는 것이 목격되었다.

02 정답 playing
해설 I saw her playing the piano.를 수동태로 바꾸면, She was seen playing the piano.이다. 지각동사의 수동태에서 [be seen to부정사]만 허용된다는 것은 [be seen + 원형부정사]가 문법적으로 불가능하다는 뜻일 뿐이다. 그 외 [be seen -ing/형용사/전치사] 등의 다양한 표현이 가능하다.
해석 그녀가 피아노를 연주하는 것이 눈에 띄었다.

03 정답 to ride
해설 사역동사의 수동태: [make + 목적어 + 원형부정사] → [be made + to부정사]
해석 그 원숭이들은 서커스에서 자전거를 타도록 만들어졌다.

04 정답 to use
해설 [allow + 목적어 + to부정사]의 수동태는 [be allowed to부정사]이다.
해석 학부생들은 실험실 장비를 이용하는 것이 허가되지 않는다.

05 정답 to as
해설 [refer to A as B]를 수동태로 바꾸면, [be referred to as]가 된다.
해석 그는 한국의 뉴턴으로 언급되었다.

06 정답 ②
해설 ① [be offered + 명사](~을 제공받다)로 사용된 표현이다.
② motivating → motivated / [be motivated to부정사](~하도록 동기를 부여받다) 구문이다.
③ [be ordered to부정사] 구문이다.
④ [be asked to부정사] 구문이다.
해석 자원봉사자들은 의사소통을 향상시키기 위한 교육을 제공받았고, 현장에서 새로운 기술을 적용하도록 동기를 부여받았다. 그들은 어떠한 중대한 사건이라도 보고하라는 명령을 받았고, 일일 활동일지를 제출하라는 요청도 받았다.
어휘 session 기간 training session 교육, 훈련 시간 motivate 동기를 부여하다 incident 사건 submit 제출하다 activity log 활동일지

19 수동태 불가 동사와 관용표현

한국어와 영어 사이의 본질적인 차이로 인해 능동태인지 수동태인지 혼동되는 것들이 많다. 수동태인지 판단하기 위해선 다음 내용을 꼭 암기하자.

1 수동태 불가표현

① 수동태 불가 숙어

consist of	result in	result from	belong to	suffer from
~로 구성되다	~을 초래하다	~에서 비롯되다	~에 속해 있다	~로 고통 받다

② 수동태 불가 동사

1형식 문장: happen(발생하다), occur(발생하다), rise(일어나다), arise(일어나다), disappear(사라지다), appear(등장하다)
2형식 문장: look(보이다), sound(들리다), smell(냄새 나다), taste(맛이 나다), feel(느껴지다)
　　　　　　remain(~한 상태로 있다), seem(~처럼 보이다), appear(~처럼 보이다)
3형식 문장: have(소유하다), resemble(닮다), lack(~이 결핍되다)

2 숙어 또는 동사구의 수동태

숙어 또는 동사구는 수동태로 전환할 때 전치사를 빠짐없이 써야 하는 점에 유의한다.

① [자동사 + 전치사] 계열

look at(~을 쳐다보다), laugh at(~을 비웃다), shout at(~에게 소리치다), speak to(~에게 말을 걸다), look after(~을 돌보다), look down on(~을 무시하다), rely on(~에게 의존하다), refer to(~을 언급하다), think of(~을 생각하다), run over(차가 ~을 치다) 등

- He looked at me. → I was looked at by him.

- He laughs at her. → She is laughed at by him.

- He shouted at her. → She was shouted at by him.

- She looked down on him. → He was looked down on by her.

② [타동사 + 명사 + 전치사] 계열

take care of(~을 돌보다), take notice of(~을 주목하다), take advantage of(~을 이용하다), pay attention to(~에 주목하다) 등

3 be known to/by/for/as

어떤 전치사가 쓰이는지에 따라 의미가 달라지므로 구별해야 한다.

- This book is known to everybody. 이 책은 모두에게 알려져 있다.
  cf. He is known to look after the sick. 그는 아픈 사람들을 돌보는 것으로 알려져 있다.

- This restaurant is known for its noodle. 이 식당은 국수로 유명하다.

- Ul-San is known as an industrial city. 울산은 산업 도시로 알려져 있다.

- A man is known by the company he keeps. 사람은 그의 친구에 의해 판단된다.

4 우리말은 능동, 영어는 수동인 경우

① 우리말로는 능동태인데, 영어로는 수동태를 쓰는 동사를 조심해야 한다.

> - inform A of B (A에게 B를 알리다) ➡ A be informed of B (알림을 당하다 → ~을 듣다)
> - remind A of B (A에게 B를 기억나게 하다) ➡ A be reminded of B (기억나게 함을 당하다 → ~을 기억하다)
> - convince A of B (A에게 B를 확신시키다) ➡ A be convinced of B (확신시킴을 당하다 → ~을 확신하다)

② 감정동사의 수동: 감정동사는 '~하게 하다'의 의미를 지니고 있지만, 수동태는 '~하다'로 해석된다.

> - surprise him (그를 놀라게 하다) ➡ He is surprised. (놀람을 당하다 → 놀라다)
> - satisfy him (그를 만족시키다) ➡ He is satisfied. (만족시킴을 당하다 → 만족하다)
> - excite him (그를 흥분시키다) ➡ He is excited. (흥분시킴을 당하다 → 흥분하다)
> - embarrass him (그를 당황하게 하다) ➡ He is embarrassed. (당황시킴을 당하다 → 당황하다)
> - disappoint him (그를 실망시키다) ➡ He is disappointed. (실망시킴을 당하다 → 실망하다)

③ [타동사 + 재귀대명사] = [be pp]: [be pp]는 능동태처럼 해석한다.

> - seat himself (그가 자신을 앉히다) ➡ He is seated. (앉힘을 당하다 → 앉다)
> - devote himself to -ing (~하는 것에 자신을 헌신시키다) ➡ He is devoted to -ing (헌신시킴을 당하다 → 헌신하다)

5 전치사에 따라 뜻이 달라지는 경우

> - be tired of ~에 싫증나다 (= be fed up with, be sick of, be weary of)
>   be tired with ~에 지치다 (= be weary with)
> - be concerned with ~와 관련되다
>   be concerned about ~에 대해 걱정하다

6 기타 참고 표현

① 능동과 수동의 의미가 같은 표현

> - be determined to부정사 = determine to ~을 결심하다
> - be engaged in = engage in ~에 종사하다
> - be related to = relate to ~와 관련되다
> - be mixed with = mix with ~와 혼합되다 (= blend with, mingle with)

② 전치사의 유무에 따라 능동태와 수동태가 구별되는 표현

- finish = be finished with ~을 끝마치다
- face = be faced with ~을 직면하다
- confront = be confronted with ~을 직면하다
- oppose = be opposed to ~을 반대하다 (= object to)

③ 기타

- be robbed of ~을 빼앗기다 (= be deprived of)
- be done with ~을 끝마치다 (= have done with)

Exercise

[01~10] 다음 중 어법상 옳은 것을 고르시오.

01 He [resembles / is resembled by] his father.
02 I found that my watch [had disappeared / had been disappeared] the day before.
03 The accident [was resulted from / resulted from] his carelessness.
04 The blue coat [belongs to / is belonged to] her.
05 The group [was consisted of / consisted of] ten people. <12 사복직 9급>
06 These things [happen / are happened] as everything is all in a lifetime. <15 기상청>
07 Deforestation [has resulted in / has been resulted in] the loss of eighty percent of the natural forests of the world. <18 국가 9급 변형>
08 The seeds of most plants [are survived / survive] in harsh weather. <20 국가 9급>
09 The country [lacks / is lacks by] natural resources. <16 기상청>
10 The whole family [are suffered from / suffer from] the flu. <17 국가 9급 2차>

[11~16] 다음 중 어법상 옳은 것을 고르시오.

11 He can be [relied on / relied].
12 You will be [laughed / laughed at] if you say such a thing.
13 Her warning was not [taken notice / taken notice of] by anybody.

01~10은 모두 수동태 불가 동사이다.

01 **정답** resembles
해석 그는 그의 아버지를 닮았다.

02 **정답** had disappeared
해석 나는 그 전날 내 시계가 없어진 것을 알게 되었다.

03 **정답** resulted from
해석 그 사고는 그의 부주의에서 비롯되었다.

04 **정답** belongs to
해석 그 파란 코트는 그녀의 것이다.

05 **정답** consisted of
해석 그 그룹은 10명으로 구성되었다.

06 **정답** happen
해석 모든 것이 전부 인생 안에 담겨 있듯이 이러한 일도 발생한다.

07 **정답** has resulted in
해석 삼림 벌채는 전 세계 숲의 80%의 손실을 초래했다.

08 **정답** survive
해석 거의 모든 식물의 씨앗은 혹독한 날씨에도 살아남는다.

09 **정답** lacks
해석 그 나라는 천연자원이 부족하다.

10 **정답** suffer from
해석 그 가족 전체가 독감을 앓고 있다.

11 **정답** relied on
해설 rely on(~에 의존하다, ~을 믿다)의 수동 표현이다.
해석 그는 믿을 만하다.

12 **정답** laughed at
해설 laugh at(~을 비웃다)의 수동 표현이다.
해석 그런 것을 말한다면 당신은 비웃음을 당할 것이다.

13 **정답** taken notice of
해설 take notice of(~에 주목하다)의 수동 표현이다.
해석 그녀의 경고는 아무에게도 주목을 받지 못했다.

Exercise

14　Don't speak until you are [spoken to / spoken].

15　English is [spoken to / spoken] in various countries.

16　This dog was [taken care of / taken care] by everyone in my family.

[17~23] 다음 중 어법상 옳은 것을 고르시오.

17　The news was known [to / as] everybody.

18　A man is known [to / by] his parents.

19　During the period, the prisoner [deprived / was deprived] of the right to receive letters.

20　While he [seated / was seated] on the chair, he received a phone call.

21　The people [informed / were informed] of the news and fell into despair.

22　He [devoted / was devoted] to studying English.

23　We'll [finish / be finished] with the cleaning soon.

---

14 정답 spoken to
해설 speak to(~에게 말하다)의 수동 표현이다.
해설 남이 말을 걸 때까지 말하지 말아라.

15 정답 spoken
해설 speak의 수동 표현이다.
해설 영어는 다양한 나라에서 사용된다.

16 정답 taken care of
해설 take care of(~을 돌보다)의 수동 표현이다.
해설 이 개는 우리 가족 모두의 돌봄을 받았다.

17 정답 to
해설 be known to: ~에게 알려지다
해설 그 소식은 모든 사람들에게 알려졌다.

18 정답 by
해설 be known by: ~에 의해 판단되다
해설 사람은 부모에 의해 판단된다.

19 정답 was deprived
해설 be deprived of: ~을 박탈당하다
해설 그 기간 동안, 그 죄수는 편지를 받을 권리를 박탈당했다.

20 정답 was seated
해설 be seated on: ~에 앉다
해설 자리에 앉아 있는 동안 그는 한 통의 전화를 받았다.

21 정답 were informed
해설 be informed of: ~을 듣다
해설 그 사람들은 그 소식을 듣고 절망에 빠졌다.

22 정답 was devoted
해설 be devoted to: ~에 헌신하다
해설 그는 영어 공부에 전념했다.

23 정답 be finished
해설 be finished with: ~을 끝마치다
해설 우리는 곧 청소를 끝마칠 거예요.

PART TEST

[01~09] 밑줄 친 부분이 맞으면 O, 틀리면 X를 쓰시오.

01. In Korea, a presidential election held every five years. ⟨10 지방 9급⟩

02. Educational problems should solve upon the agreement of the society members. ⟨15 국가 7급⟩

03. This phenomenon has described so often as to need no further cliché on the subject. ⟨12 국가 9급⟩

04. Radioactive waste must dispose of safely. ⟨19 경찰⟩

05. I regret to inform you that your loan application has not approved. ⟨17 국가 9급 2차⟩

06. Previously, many scientists had been believed that shark gills were an ancient system that predated modern fish. ⟨15 국가 7급⟩

07. The Aswan High Dam has been protected Egypt from the famines of its neighboring countries. ⟨17 지방 9급⟩

08. A week's holiday has been promised to all the office workers. ⟨17 지방 9급 2차⟩

---

01 X
[해설] held → is held / be held: 개최되다, 열리다
[해석] 한국에서는 대통령 선거가 5년에 한 번씩 치러진다.

02 X
[해설] solve → be solved / 주어 problems(문제들)는 의미상 '해결되다'가 적절하므로 수동형이 필요하다.
[해석] 교육 문제는 사회 구성원들의 합의에 바탕을 두어 해결되어야 한다.

03 X
[해설] has described → has been described / 주어 phenomenon(현상)은 의미상 '묘사되다'가 적절하므로 수동형이 필요하다.
[해석] 이 현상은 너무 자주 묘사되어 그 주제에 대해 더 이상 말할 필요가 없다.

04 X
[해설] dispose of → be disposed of / 주어 waste(폐기물)은 의미상 '처분되다'가 적절하므로 수동형이 필요하다.
[해석] 방사성 폐기물은 안전하게 처리되어야 한다.

05 X
[해설] has not approved → has not been approved / 주어 loan application(대출 신청)은 의미상 '승인되다'가 적절하므로 수동형이 필요하다.
[해석] 당신의 대출 신청이 승인되지 않았음을 알리게 되어 유감입니다.

06 X
[해설] had been believed → had believed / 주어 scientists(과학자들)이 목적어인 that절을 '믿었다'가 적절하므로 능동형이 필요하다.
[해석] 이전에 많은 과학자들은 상어의 아가미는 현대의 물고기를 앞서는 고대의 한 시스템이었다고 믿은 적이 있었다.

07 X
[해설] has been protected → has protected / 주어인 Dam(댐)이 목적어인 Egypt를 '보호하다'가 적절하므로 능동형이 필요하다.
[해석] 아스완하이댐은 이웃 국가들의 기근으로부터 이집트를 보호해주었다.

08 O
[해설] 주어 holiday(휴가)가 '직원들에게 약속되다'가 의미상 적절하므로 수동형이 필요하다.
[해석] 일주일의 휴가가 모든 사무직 직원들에게 약속되었다.

09. By 1955, Nikita Khrushchev had been emerged as Stalin's successor in the USSR. 〈19 서울 9급〉

[10~11] 밑줄 친 부분에 들어갈 말로 가장 적절한 것을 고르시오.

10.
> In many cases, the formerly mysterious origins of diseases _____ through modern scientific techniques.

① have now identified
② have now been identified
③ have now being identified
④ have now been identifying

11.
> Our hearers might be doubtful whether a sea-anemone or a slug _____ in the class of animals.

① has included
② had been including
③ was to be included
④ had included

[12~14] 다음 중 어법상 가장 어색한 것을 고르시오.

12.
> Applicants were seen ① to struggle with time constraints, so they were allowed ② to complete the task in smaller parts. Later, the top candidates ③ were elected finalists, and a few were made ④ present their ideas before a panel.

---

09 X

[해설] had been emerged → had emerged / emerge(등장하다)는 자동사이므로 수동태가 불가하다.

[해석] 1955년까지 니키타 흐루시초프는 소련 연방에서 스탈린의 후계자로 등장하였다.

10 ②

[해설] • 동사 identify(확인하다)는 목적어가 필요한데, 뒤에 목적어가 없으므로 수동임을 추리할 수 있다. ②만이 수동의 표현이다.

[해석] 많은 경우에 있어서, 전에는 신비스러웠던 병의 근원들이 현대 과학 기술을 통해서 밝혀져 왔다.

[어휘] formerly 이전에   origin 기원   identify ~을 확인하다

11 ③

[해설] • slug(민달팽이)와 include(포함하다)는 수동의 관계이다. 또한 목적어가 없다는 것도 수동을 뒷받침한다.
• ③의 was to be included는 수동태가 [to be] 용법으로 연결되어 '포함될 수 있다'로 해석된다.

[해석] 우리 청취자들은 말미잘이나 민달팽이가 동물과에 포함되는지를 의심할 수도 있다.

[어휘] hearer 청취자   be doubtful 의심하다   sea-anemone 말미잘   slug 달팽이

12 ④

[해설] ① 지각동사의 수동태인 [be seen to부정사](~하는 것이 목격되다) 구문이다.
② [be allowed to부정사](~하도록 허락받다) 구문이다.
③ 5형식의 수동태로 [be elected + 명사](~로 선출되다) 구문이다.
④ present → to present / [make + 목적어 + 원형부정사]를 수동태로 바꾸면, 원형부정사가 to부정사로 변하여 [be made to부정사]가 된다.

[해석] 지원자들이 시간 제약으로 어려움을 겪는 모습이 보여서, 그들은 작업을 보다 작은 부분으로 나누어 수행할 수 있도록 허용되었다. 이후 우수 후보자들이 결선 진출자로 선정되었고, 몇몇은 심사위원 앞에서 아이디어를 발표해야 했다.

[어휘] applicant 지원자   struggle with ~로 고생하다, 씨름하다   constraint 제약   finalist 결선 진출자

13.
> The manager ① has repeatedly requested that employees log their hours accurately. Staff had better ② not ignore this policy, especially since several reports ③ have been audited in recent weeks and inconsistencies ④ have discovered.

14.
> The Apollo Theater, the Harlem landmark in New York, ① has been a major showcase for top black entertainers since the 1930s. Built in 1913, it began as a comedy house where blacks ② didn't allow as an audience. But in 1920 it was offering shows that usually ③ included Jazz and in 1932 it became a black comedy house. It wasn't until renovations ④ were made in the mid-1930s that the Apollo became a world-renowned place for Jazz musicians. Recently the Apollo has been operating as a nonprofit performance center.

---

13 ④

해설 ① that절이 목적어이므로 능동의 형태이다.
② [had better 원형부정사](~하는 게 더 낫다)의 부정 표현으로, [had better not 원형부정사]의 형태이다.
③ audit의 목적어가 없고, 의미상 '보고서가 감사를 받다'의 수동 의미가 필요하므로 수동으로 표현했다.
④ have discovered → have been discovered / discover의 목적어가 없고, '불일치가 발견되다'라는 수동 의미가 필요하므로 수동태로 써야 한다.

해석 관리자는 직원들이 근무 시간을 정확하게 기록할 것을 반복적으로 요청해 왔다. 최근 몇 주 동안 여러 보고서가 감사를 받았고 불일치가 발견되었기 때문에, 직원들은 이 방침을 무시하지 않는 것이 좋다.

어휘 log 기록하다, 일지를 작성하다   ignore 무시하다   audit 회계 감사를 하다   inconsistency 불일치

14 ②

해설 ① 뒤에 since the 1930s가 있으므로 현재완료 시제는 적절하다.
② didn't allow → weren't allowed / allow는 타동사로 목적어가 필요한데 뒤에 목적어가 없다. 의미상 '흑인들은 허용되지 않는다'의 수동 의미로 쓰여야 한다.
③ included 뒤에 목적어가 있고, 의미상 '재즈를 포함하다'로 능동이 필요하다. in 1920가 있으므로 과거 시제가 쓰였다.
④ made의 목적어가 없고, 의미상 '보수가 만들어지다(보수되다)'의 수동 표현이 필요하다. in the mid-1930이 있으므로 과거 시제가 쓰였다.

해석 뉴욕 할렘의 랜드마크인 아폴로 극장은 1930년대 이래로 정상급 흑인 연예인들을 위한 주요 공연장이었다. 1913년에 건설된 이 극장은 흑인을 관객으로 허용하지 않는 코미디 극장으로 시작되었다. 그러나 1920년에 주로 재즈를 포함하는 쇼를 제공했고, 1932년엔 흑인 코미디 극장이 되었다. 1930년대 중반에 보수가 이루어지고 나서야 비로소 아폴로 극장은 재즈 음악가들을 위한 세계적으로 유명한 장소가 되었다. 최근에 아폴로는 비영리 공연 센터로 운영되고 있다.

어휘 showcase 공연장   comedy house 코미디 극장   black 흑인   not until ~ ~하고서야 비로소   world-renowned 세계적으로 유명한   operate 운영되다, 운영하다   nonprofit 비영리

PART 06

to부정사와 동명사

20 to부정사와 동명사의 해석
21 to부정사와 동명사의 구별
22 to부정사와 동명사의 주어, 능동과 수동, 시제
PART TEST

to부정사와 동명사의 해석

📖 to부정사와 동명사는 상황에 따라 의미가 달라질 수 있어, 올바른 이해를 위해 정확한 구문분석이 요구된다.

1 동명사의 해석

① 동명사는 '~하는 것'으로 해석하지만, -ing로 형태가 같은 분사와 구별하여 해석할 수 있어야 한다. 여기서는 기본적인 것만 확인하자.

- Writing a letter is not easy. 편지를 쓰는 것은 / 쉽지 않다. (주어 기능)

- He enjoys writing a letter. 그는 즐긴다 / 편지 쓰는 것을. (목적어 기능)

- His hobby is writing a letter. 그의 취미는 ~이다 / 편지 쓰는 것. (보어 기능)

- He is fond of writing a letter. 그는 좋아한다 / 편지 쓰는 것을. (전치사의 목적어 기능)

② 분사, 분사구, 분사구문, 진행형과 구별하자.

- Writing a letter, he had a good time. 편지를 쓰면서 / 그는 좋은 시간을 보냈다. (분사구문)

- He sat writing a letter. 그는 앉았다 / 편지를 쓰면서(편지를 쓰는 상태로). (자동사 + 분사구)

- He is writing a letter. 그는 쓰고 있는 중이다 / 편지를. (진행형)

- The man writing a letter is John. 편지를 쓰는 그 남자는 / John이다. (분사구: 후치 수식)

- The writing man is John. 쓰는 남자는 / John이다. (분사: 전치 수식)

2 to부정사의 해석

to부정사는 해석하는 방법이 다양하다. 명사적 용법, 형용사적 용법, 부사적 용법 외에도 관용어구로 쓰이는 많은 표현이 있다.

① **명사적 용법**: ~하는 것

- To learn a foreign language is useful. 외국어를 배우는 것은 유용하다.

- She wants to take a trip around the world. 그녀는 세계 여행하는 것을 원한다.

- My dream is to become a famous musician. 내 꿈은 유명한 음악가가 되는 것이다.

② **형용사적 용법**: ~할, ~하려는

- I have a lot of papers to read today. 나는 오늘 읽을 서류가 많다.

- Give me a chair to sit on. 나에게 앉을 의자를 주세요.

③ 부사적 용법

- He went to America to learn English. 그는 영어를 배우기 위해서 미국에 갔다. (목적: ~하기 위해서)

- I was surprised to get his letter. 나는 그의 편지를 받게 되어 놀랐다. (이유: ~해서)

- She must be foolish to believe such a thing. 그런 것을 믿다니 그녀는 어리석은 것이 분명하다. (판단: ~하다니)

- He grew up to be a teacher. 그는 자라서 교사가 되었다. (결과: 그래서 ~했다)

④ be to 용법

- They are to visit the castle. 그들은 그 성을 방문할 예정이다. (예정: ~할 예정이다)
  = be going to R

- You are to knock before you come in. 너는 들어오기 전에 노크를 해야 한다. (의무: ~해야 한다)
  = have to R

- If you are to succeed, you must work hard. 너는 성공하려면 열심히 일해야 한다. (의도: ~하려 하다)
  = mean to R

⑤ [자동사 + to부정사]

- He seems to write a letter. 그는 편지를 쓰는 것으로 보인다. (~하는 것으로 보이다 = appear to부정사)

- He seeks to meet her. 그는 그녀를 만나려 한다. (~하려 하다 = intend to부정사)

- The students struggled to understand it. 학생들은 그것을 이해하려 애썼다. (~하려 애쓰다 = strive to부정사)

- He happened to meet her yesterday. 그는 어제 우연히 그녀를 만났다. (우연히 ~하다 = chance to부정사)

- He managed to finish the work. 그는 용케 그 일을 끝냈다. (용케 ~하다 = make do to부정사)

- We waited to speak with the doctor. 우리는 의사와 이야기를 하기 위해 기다렸다. (~하기를 기다리다)

- Many people long to travel freely again. 많은 사람들은 다시 자유롭게 여행하기를 갈망한다. (~하기를 갈망하다)

- He will learn to drive a manual car. 그는 수동 차를 운전하는 것을 배울 것이다. (~할 것을 배우다)

- She agreed to join the team. 그녀는 팀에 합류하기로 동의했다. (~하기를 동의하다)

⑥ [be + 형용사 + to부정사]

- He is able to solve the problem. 그는 그 문제를 해결할 수 있다. (~할 수 있다)

- He is going to visit the castle. 그는 그 성을 방문할 예정이다. (~할 예정이다)

- He is likely to come back early. 그는 일찍 돌아올 것 같다. (~할 것 같다)

- He is sure to come back early. 그는 확실히 일찍 돌아올 것이다. (확실히 ~할 것이다, = be certain to부정사)

- He is willing to pay the bill. 그는 기꺼이 청구서를 납부할 것이다. (기꺼이 ~하려 하다, ↔ be reluctant to부정사)

- He is apt to think of bygone days fondly. 그는 지나간 날들을 애틋하게 생각하는 경향이 있다. (~하는 경향이 있다, = be inclined to부정사)

- The team is ready to launch the product. 그 팀은 제품을 출시할 준비가 되어 있다. (~할 준비가 되다, ~하기 쉽다)

⑦ 필수 관용어구

- He is rich enough to buy a new car. 그는 새 차를 살 수 있을 만큼 충분히 부유하다. (~할 만큼 충분히 …한)

- I was too tired to work more. 나는 너무 피곤해서 더 이상 일을 할 수 없었다. (너무 ~해서 …할 수 없는)
  = I was so tired that I couldn't work more.

- She was so angry as to throw the ring. 그녀는 너무 화가 나서 그 반지를 던져버렸다. (너무 ~해서 …하다)
  = She was so angry that she threw the ring.

- She studied hard so as to pass the exam. 그녀는 시험에 합격하기 위해 열심히 공부했다. (~하기 위해서)
  = She studied hard in order to pass the exam.
  = She studied hard so that she might pass the exam. (= in order that)

3 to부정사와 동명사를 모두 목적어로 취할 수 있는 동사

다음 동사들은 to부정사와 동명사를 목적어로 취할 수 있다. 문법 문제 출제 대상이므로 의미 변화에 주의하자.

① 형태 변화에도 의미 차이가 없는 동사

start(시작하다), begin(시작하다), continue(계속하다), cease(멈추다), like(좋아하다), love(사랑하다), prefer(선호하다), hate(싫어하다), dread (두려워하다) 등의 동사는 to부정사와 동명사에 의미 차이가 없다.

- She started to read the book. 그녀는 그 책을 읽기 시작했다.
  = She started reading the book.

② to부정사와 동명사가 미래와 과거를 나타내는 경우

to부정사는 '~할 일을', -ing는 '~했던 일을'로 해석된다. 대표적인 동사에는 remember(기억하다)와 forget(잊다)이 있다.

- I remember to mail the letter to her soon. 나는 그 편지를 곧 그녀에게 부칠 것을 기억한다. (~할 것을)

- I remember mailing the letter to her before. 나는 전에 그녀에게 편지를 부쳤던 것을 기억한다. (~했던 것을)

③ to부정사와 동명사의 의미가 각각 다른 경우

- I regret to say that he didn't pass the exam. 그가 시험에 합격하지 못했다는 것을 말하게 되어 유감입니다. (to부정사: ~하게 되어 유감이다)
  cf. I regret spending money last night. 나는 지난밤에 돈을 쓴 것을 후회한다. (동명사: ~한 것을 후회하다)

- He stopped to smoke. 그는 담배를 피우기 위해 멈춰 섰다. (to부정사: ~하기 위해서 멈춰 서다)
  cf. He stopped smoking. 그는 담배 피우는 것을 그만두었다. (동명사: ~하는 것을 멈추다)

- Don't try to excuse it. 그것에 대한 변명을 하려고 애쓰지 마. (to부정사: ~하려 애쓰다)
  cf. Try feeling the surface. 시험 삼아 표면을 느껴 보세요. (동명사: 시험 삼아 ~해보다)

- I mean to stay here with you. 너와 함께 이곳에 머물려고 해. (to부정사: ~하려 하다)
  cf. His gesture meant helping you. 그의 제스처는 너를 돕겠다는 것을 의미했어. (동명사: ~을 의미하다)

Exercise

[01~02] 밑줄 친 부분에 들어갈 말로 가장 적절한 것을 고르시오.

01

> _____ a consistent sleep schedule plays a crucial role in improving both mental clarity and overall physical health.

① Maintain
② To be maintained
③ Maintaining
④ Maintained

02

> He regretted _____ his friend's invitation, especially after realizing how much effort had gone into planning the event.

① to be declined
② to decline
③ declining
④ being declined

---

01 정답 ③

해설 • [___ ~ + plays(동사) a crucial role(목적어) ~]의 구조이므로 주어 역할을 하는 준동사인 동명사나 to부정사가 들어가야 한다. 따라서 ①과 ④는 후보에서 제외된다.
• 뒤에 목적어가 있고, 의미상 '일관된 수면 일정을 유지하는 것'으로 능동이므로 능동의 준동사를 사용해야 한다. 따라서 ③이 가장 적절하다.

해석 일관된 수면 일정을 유지하는 것은 정신적 명료성과 전반적인 신체 건강을 향상시키는 데 중요한 역할을 한다.

어휘 crucial 중요한   overall 전반적인   physical health 신체적 건강

02 정답 ③

해설 • [regret + -ing](~을 후회하다)와 [regret + to부정사](~하게 되어 유감이다)를 구별하는 문제이다. 문장 뒷부분의 'especially after realizing ~(~을 깨닫고 난 후에)'는 이미 일어난 일에 대한 후회를 나타내므로 -ing 형태인 ③과 ④가 적절하다.
• decline은 자동사로는 '감소하다', 타동사로는 '~을 거절하다'라는 의미이다. 뒤에 목적어가 있으므로 타동사이며 능동으로 써야 한다. 따라서 ③이 정답이다.

해석 그는 친구의 초대를 거절한 것을 후회했는데, 특히 그 행사를 준비하는 데 얼마나 많은 노력이 들어갔는지를 깨달은 후에는 더욱 그랬다.

어휘 regret 후회하다, 유감으로 여기다   decline 거절하다, 감소하다   especially 특히   realize 깨닫다   go into (노력 등이) 들어가다

03 밑줄 친 부분 중 가장 적절한 것은?

① 나의 이모는 파티에서 그녀를 만난 것을 기억하지 못했다. ⟨16 국가 9급⟩
→ My aunt didn't remember meeting her at the party.

② 그녀는 어젯밤에 음식을 사는 것을 잊어버려서, 그녀의 남편은 먹을 것이 없었다.
→ She forgot buying some food last night, so her husband had nothing to eat.

③ 나는 네 열쇠를 잃어버렸다고 네게 말한 것을 후회한다. ⟨20 지방 9급⟩
→ I regret to tell you that I lost your key.

④ 나는 책 읽는 것을 멈추고 산책을 했다. ⟨21 지역인재⟩
→ I stopped to read a book and took a walk.

⑤ 정치에서 은퇴하려는 Harry의 계획은 완전히 예상치 못한 것은 아니었다. ⟨20 지역인재⟩
→ Harry's decision retire from politics was not completely unexpected.

---

03 정답 ①

해설 ① [remember -ing](~한 것을 기억하다)를 사용하는 것은 적절하다.

② buying → to buy / [forget to부정사](~할 것을 잊다)를 사용하는 것이 적절하다. 남편이 먹을 것이 없었다는 것은 음식을 사오지 않았다는 의미이므로, '사올 것을 잊다'로 표현해야 한다.

③ to tell → telling / [regret to부정사](~하게 되어 유감이다)와 [regret -ing](~한 것을 후회하다)를 구별하는 문제이다. '열쇠를 잃어버렸다는 말을 한 것' 자체를 후회하는 상황이므로 telling이 맞다.

④ to read → reading / [stop -ing](~하는 것을 멈추다), [stop to부정사](~하기 위해서 멈춰 서다)를 구별하는 문제이다. 여기서는 '책 읽기를 멈추고 산책했다'는 뜻이므로 stop reading(읽는 것을 멈추다)이 적절하다.

⑤ retire → to retire / [명사 + to부정사]는 '~할 …' 또는 '~하려는 …'의 의미이므로, 'decision to retire from politics'로 표현하여 [주어 + 수식어]의 구조로 만들어야 한다.

to부정사와 동명사의 구별

to부정사와 동명사의 구별하는 것은 다양한 문법 요소가 관련되며, 출제 비중도 높으므로 암기해야 한다.

1 [전치사 + 동명사]

① 전치사 뒤에는 부정사가 올 수 없고 동명사가 나와야 한다.

- (x) The thunderstorm stopped the hiker from to climb the mountain.
  ➡ from climbing

  폭풍은 등산객으로 하여금 산을 오르지 못하도록 하였다.

② [전치사 + 동명사구]는 영어에서 전명구로 기능하여 부사어나 수식어로 사용된다.

- **in -ing:** ~하는 것에 있어서 → ~함에 있어

  The government will play a key role (in solving the unemployment problem).

  정부는 핵심 역할을 할 것이다 / (실업 문제를 해결함에 있어).

- **for -ing:** ~하는 것에 대해, ~을 위해

  The government has collected funds (for developing an efficient public transportation system).

  정부는 자금을 모았다 / (효율적인 대중교통 시스템을 개발하는 것을 위해).

- **by -ing:** ~하는 것에 의해 → ~함으로써

  (By reducing our carbon footprint), we can contribute (to saving our planet).

  (탄소 발자취를 줄임으로써) / 우리는 기여할 수 있다 / (우리 행성을 살리는 것에).

- **to -ing:** ~하는 것에, ~하는 것에 대해

  Many students are accustomed (to using technology for learning).

  많은 학생들은 익숙하다 / (학습을 위해 기술을 사용하는 것에).

- **of -ing:** ~하는 것에 관해, ~에 대해

  The idea (of using technology in education) became popular among teachers.

  그 생각 / (교육에 기술을 사용하는 것에 대한) / 교사들 사이에서 유행하게 되었다.

- **on -ing:** ~하자마자, ~하는 것에 대해

  (On seeing me), he ran away.

  (나를 보자마자), / 그는 도망갔다.

  The company is focusing (on improving customer service).

  그 회사는 집중하고 있다 / (고객 서비스를 향상시키는 것에 대해).

- **with -ing:** ~하는 것과 함께 → ~하면서, ~해서

  The chef impressed everyone (with cooking various dishes).

  그 요리사는 모든 사람들에게 깊은 인상을 남겼다 / (다양한 음식을 요리하면서).

- without -ing: ~하는 것 없이 → ~하지 않고

  She finished the project on time (without sacrificing quality).

  그녀는 그 프로젝트를 제시간에 끝냈다 / (품질을 희생시키지 않고).

- besides -ing: ~하는 것 이외에도

  (Besides going to the gym twice a week), Joan climbs mountains on Saturdays.

  (일주일 두 번 체육관에 가는 것 이외에도) / Joan은 토요일마다 등산을 한다.

> **TIP** [전치사 + 동사원형]의 형태
>
> ① [do nothing but + 원형부정사] ~만 하다
> - She did nothing but cry. 그녀는 울기만 했다.
>
> ② [cannot but + 원형부정사] ~할 수밖에 없다
> - I cannot but wait outside. 나는 밖에서 기다릴 수 밖에 없다.
>   = I cannot help waiting outside.
>   = I have no choice but to wait outside.
>
> ③ [be about to 원형부정사] 막 ~하려 하다
> - They are about to leave for their home. 그들은 그들의 집을 향해 막 떠나려 한다.
>   = They are on the point of leaving for their home.

2 동사와 궁합 관계

① [동사 + to부정사]: 미래적, 선택적, 지향적 의미

fail to(~을 하지 않다), afford to(~을 감당하다), seem to(~하게 보이다), seek to(~하려 하다), hope to(~을 희망하다), hesitate to(~하기를 주저하다), happen to(우연히 ~하다), intend to(~하려 하다), tend to(~하는 경향이 있다), offer to(~을 제안하다), manage to(간신히 ~하다), promise to(~을 약속하다), pretend to(~인 체하다), plan to(~을 계획하다), refuse to(~을 거절하다), decide to(~을 결심하다) 등

- (o) They decided to attack the enemy. 그들은 적을 공격하기로 결정했다.

  (x) They decided attacking the enemy.

② [동사 + -ing]: 과거적, 진행적, 지속적, 회피적 의미

mind(꺼리다), enjoy(즐기다), deny(부인하다), delay(연기하다), admit(인정하다), appreciate(고맙게 여기다), avoid(피하다), postpone(연기하다), finish(끝마치다), suggest(제안하다), propose(제안하다), consider(고려하다), stop(멈추다 = quit, abandon, give up) 등

cf. stop to부정사: ~하기 위해 멈춰 서다

- (o) He enjoys playing baseball. 그는 야구하는 것을 즐긴다.

  (x) He enjoys to play baseball.

③ [동사 + to부정사/원형부정사]

동사 help와 bid는 to부정사와 원형부정사를 모두 취할 수 있다.

- He helped (to) push her car. 그는 그녀의 차를 미는 것을 도왔다. (3형식)

- He helped her (to) push the car. 그는 그녀가 그 차를 미는 것을 도왔다. (5형식)

④ [동사 + to부정사/-ing]
- to부정사와 -ing 사이에 의미 차이가 없는 동사: start(시작하다), begin(시작하다), continue(계속하다), cease (멈추다), like(좋아하다), love(사랑하다), prefer(선호하다), hate(싫어하다), dread (두려워하다) 등
- remember to부정사(~할 것을 기억하다) cf. remember -ing(~했던 것을 기억하다)
- forget to부정사(~할 것을 잊어버리다) cf. forget -ing(~했던 것을 잊어버리다)
- regret to부정사(~하게 되어 유감이다) cf. regret -ing (~을 후회하다)
- stop to부정사(~하기 위해 멈춰 서다) cf. stop -ing(~하는 것을 멈추다)
- try to부정사(~하려 애쓰다) cf. try -ing (~을 시도하다)
- mean to부정사(~하려 하다) cf. mean -ing(~을 의미하다)

⑤ [동사 + 목적어 + to부정사]
'목적어가 ~하도록(~할 것을) ~하다'로 해석하며, 5형식 구조이다.
시킴, 부탁: get(시키다), ask(부탁하다), allow(허락하다) 등
권장, 유발: enable(가능하게 하다), encourage(격려하다), cause(유발하다), lead(유도하다) 등
바람, 기대: want(원하다), like(좋아하다), expect(기대하다), wish(바라다) 등
충고, 명령: advise(충고하다), order(명령하다), require(요구하다), forbid(금지하다), tell(말하다) 등
강요, 강제: force(강제하다), compel(강요하다), oblige(강제하다) 등

- She asked me to help her. 그녀는 나에게 자신을 도와줄 것을 요청했다.

- She got her husband to repair the roof. 그녀는 남편에게 지붕을 수리하도록 시켰다.

- The noise caused him to get angry. 그 소음은 그가 화나도록 유발시켰다.

3 필수 관용어구

① 필수 숙어

- He was busy doing his homework. 그는 숙제를 하느라 바빴다.
  → be busy -ing: ~하느라 바쁘다

- He can't spend much money buying new books. 그는 새 책을 사는 데 많은 돈을 지출할 수 없다.
  → spend -ing: ~하는 데 돈을 쓰다

- He had a good time talking with her. 그는 그녀와 이야기하면서 좋은 시간을 보냈다.
  → have a good time -ing: ~하면서 좋은 시간을 보내다

- He had difficulty solving the problem. 그는 그 문제를 풀면서 어려움을 겪었다.
  → have difficulty -ing: ~하면서 어려움을 겪다

② 전치사 to가 들어간 숙어

- I look forward to meeting you again in a few days. 며칠 후에 당신을 다시 만날 것을 기대합니다.
  → look forward to -ing: ~을 기대하다 (= anticipate)

- She was used to speaking English. 그녀는 영어를 말하는 데 익숙했다.
  → be used to -ing: ~하는 데 익숙하다 (= be accustomed to -ing)

- He contributed to relieving the poor. 그는 가난한 사람을 구제하는 것에 공헌했다.
  - ➡ contribute to -ing: ~에 공헌하다

- He was devoted to solving the problem. 그는 그 문제를 푸는 것에 전념했다.
  - ➡ be devoted to -ing: ~에 헌신하다 (= be committed to -ing)

- He objected to being treated like that. 그는 그렇게 취급 당하는 것을 반대했다.
  - ➡ object to -ing: ~에 반대하다 (= oppose, be opposed to -ing)

- He confessed to cheating on the exam. 그는 시험에서 부정 행위를 한 것을 자백했다.
  - ➡ confess to -ing: ~한 것을 털어놓다

- He went abroad with a view to studying English. 그는 영어를 공부할 취지로 해외로 나갔다.
  - ➡ with a view to -ing: ~할 목적으로 (= for the purpose of -ing)

- When it comes to speaking English, he is the best. 영어를 말하는 데 관한 한 그가 최고이다.
  - ➡ when it comes to -ing: ~에 관해서는 (= in regard to -ing)

- He is equal to doing the job. 그는 그 일을 하는 것을 감당할 수 있다.
  - ➡ be equal to -ing: ~을 감당하다

③ 동명사의 관용어구

- It is no use trying to persuade her. 그녀를 설득하려고 해도 소용없다.
  - ➡ it is no use -ing: ~해봐야 소용없다
  - = It is no good trying to persuade her.

- He was on the point of leaving the room. 그는 막 방을 떠나려는 찰나였다.
  - ➡ be on the point of -ing: ~할 찰나이다
  - = He was on the verge/edge/brink of leaving the room.

- He came near (to) being drowned. 그는 하마터면 익사할 뻔했다.
  - ➡ come near (to) -ing: 거의 ~할 뻔하다
  - = He narrowly escaped being drowned.

- I feel like sleeping now. 나는 지금 자고 싶다.
  - ➡ feel like -ing: ~하고 싶다
  - = I would like to sleep now.

- He makes a point of getting up at six. 그는 6시에 일어나는 것을 규칙으로 삼는다.
  - ➡ make a point of -ing: ~하는 것을 규칙으로 삼다
  - = He makes it a rule to get up at six.

- How about having lunch together? 점심을 함께 먹는 게 어때?
  - ➡ How about -ing?: ~하는 게 어때?
  - = What about having lunch together?
  - = What do you say to having lunch together?

Exercise

[01~19] 밑줄 친 부분이 맞으면 O, 틀리면 X를 쓰시오.

01 Instead of <u>to blame</u> others for the mistake, he took full responsibility.
02 He <u>was used to the pattern</u> of their behaviors.
03 <u>Besides explaining</u> the theory, he also showed many examples.
04 They gathered together to talk <u>about what they missed</u>.
05 The photo reminded them <u>of that</u> they had enjoyed themselves together.
06 Let's talk <u>about how to solve the problem</u>.
07 These cards are for <u>newly qualified players</u>.
08 Are you interested in <u>share</u> a room with me?
09 He refused <u>attending</u> the meeting.
10 I would appreciate <u>for you to keep</u> it a secret.
11 I have delayed <u>to write</u> to Mr. Kim till now.
12 The couple considered <u>moving</u> to the village.
13 Last night I was busy <u>to prepare</u> for the examination.

---

01 정답 X
해설 to blame → blaming / 전치사 뒤에는 to부정사를 쓰지 못한다.
해석 실수에 대해 남을 비난하는 대신에, 그는 전적인 책임을 졌다.

02 정답 O
해설 [be used to -ing](~에 익숙하다) 구문에서 to는 전치사이므로 뒤에 명사(구) 또는 동명사가 나올 수 있다.
해석 그는 그들의 행동 패턴에 익숙했다.

03 정답 O
해설 [Besides -ing](~하는 것 외에도)에서 besides는 전치사이다.
해석 이론을 설명하는 것 외에도, 그는 많은 예시를 보여주었다.

04 정답 O
해설 what절은 명사절이므로 전치사 about의 목적어로 올 수 있다.
해석 그들은 자신들이 놓친 것에 대해 이야기하기 위해서 모였다.

05 정답 X
해설 of that → that / 전치사 다음에 that절을 사용하지 못한다.
해석 그 사진은 그들이 함께 즐거운 시간을 보냈다는 것을 상기시켰다.

06 정답 O
해설 [의문사 + to부정사]는 간접의문문의 축약형으로, 문장 내에서 명사구처럼 쓰인다. 따라서 [전치사 + 의문사 + to부정사] 형태는 전치사구(전명구)로 볼 수 있다. 다른 해석으로는, 의문사(how)가 명사 역할을 하고, to부정사는 이를 뒤에서 수식하는 구조이다.
해석 그 문제를 어떻게 풀어야 하는지에 대해 이야기하자.

07 정답 O
해설 newly qualified players는 명사구이므로 전치사 뒤에 올 수 있다.
해석 이런 카드들은 새롭게 자격을 얻은 선수들을 위한 것이다.

08 정답 X
해설 share → sharing / 전치사 in 다음에는 동사가 아닌 동명사를 써야 한다.
해석 나와 방을 나눠 쓰는 데 관심이 있니?

09 정답 X
해설 attending → to attend / [refuse to부정사]: ~할 것을 거절하다
해석 그는 회의에 참석하는 것을 거절했다.

10 정답 X
해설 for you to keep → your keeping / [appreciate -ing](~을 고맙게 여기다)에서 동명사의 의미상 주어는 소유격을 사용하므로 for you를 your로 고쳐 써야 한다.
해석 당신이 그것을 비밀을 지켜 주면 고마울 것이다.

11 정답 X
해설 to write → writing / [delay -ing]: ~하는 것을 미루다
해석 나는 지금까지 김씨에게 편지 쓰는 것을 미뤘다.

12 정답 O
해설 [consider -ing]: ~할 것을 고려하다
해석 그 부부는 그 마을로 이사할 것을 고려했다.

14 I little dreamt to see you here.
15 Here you are allowed talking in a loud voice.
16 He succeeded to swim across the river.
17 Do you mind my smoking in this room?
18 They could not but evacuating the place.
19 He does nothing but to complain.

[20~25] 다음 중 어법상 옳은 것을 고르시오.

20 I spent the whole week [get / to get / getting] ready for an important interview.
21 They failed [return / to return / returning] to the port.
22 The office workers are looking forward to [attend / attending] the Christmas party.
23 The teacher made the student [stay / to stay / staying] after class for coming late to school.
24 Mary forgot [meet / to meet / meeting] the professor, so she will have to set a new appointment.
25 The security guard told the shoplifter [stop / to stop / stopping], but he kept [run / to run / running].

---

13 **정답** X
    해설 to prepare → preparing / [be busy -ing]: ~하느라 바쁘다
    해석 어젯밤에 나는 시험을 준비하느라 바빴다.

14 **정답** X
    해설 to see → of seeing / [dream of -ing]: ~할 것을 꿈꾸다
    해석 이곳에서 너를 볼 거라고는 거의 생각하지 않았다.

15 **정답** X
    해설 talking → to talk / [be allowed to부정사]: ~할 것을 허락받다
    해석 이곳에서 당신은 큰 소리로 이야기할 수 있다.

16 **정답** X
    해설 to swim → in swimming / [succeed in -ing]: ~에 성공하다
    해석 그는 수영으로 그 강을 건너는 것에 성공했다.

17 **정답** O
    해설 [mind -ing]: ~하는 것을 꺼리다
    해석 내가 이 방에서 담배 피우는 걸 싫어하세요?

18 **정답** X
    해설 evacuating → evacuate / [cannot but 원형부정사]: ~할 수밖에 없다
    해석 그들은 그 자리를 피할 수밖에 없었다.

19 **정답** X
    해설 to complain → complain / [do nothing but 원형부정사]: ~만 하다
    해석 그는 불평만 한다.

20 **정답** getting
    해설 [spend + 시간 + -ing]: ~하는 데 시간을 보내다
    해석 나는 중요한 면접을 준비하면서 일주일 내내 시간을 보냈다.

21 **정답** to return
    해설 [fail to부정사]: ~하지 않다
    해석 그들은 항구로 돌아가지 않았다.

22 **정답** attending
    해설 [look forward to -ing]: ~을 기대하다
    해석 사무실 직원들은 크리스마스 파티를 기대하고 있다.

23 **정답** stay
    해설 [사역동사 make + 목적어 + 원형부정사]: 목적어가 ~하도록 만들다
    해석 선생님은 학생들이 지각한 것에 대해 수업 후에 남아 있도록 시켰다.

24 **정답** to meet
    해설 [forget to부정사]: ~할 것을 잊다
    해석 Mary는 교수를 만날 것을 잊어버려서, 그녀는 새로운 약속을 잡아야 한다.

25 **정답** to stop, running
    해설 [tell + 목적어 + to부정사]: 목적어에게 ~하라고 말하다 / [keep -ing]: 계속 ~하다
    해석 경비원은 상점 도둑에게 멈추라고 말했지만, 그는 계속 도망갔다.

[26~27] 밑줄 친 부분 중 가장 적절한 것을 고르시오.

26 ① 그녀는 나에게 그녀의 고충을 털어놓을 수밖에 없다.
→ She has no alternative but <u>confide</u> her trouble to me.

② 손님들을 접대하는 데 조금도 소홀한 점이 없었다. 〈13 국가 7급〉
→ The best possible care was taken in <u>receive</u> the guests.

③ 그는 약학을 공부하려고 독일에 갔다.
→ He went to Germany with a view to <u>studying</u> medicine.

④ 네가 통제하지 못하는 과거의 일을 걱정해봐야 소용없다. 〈16 지방 9급〉
→ It's no use <u>to worry</u> about past events over which you have no control.

27 ① 그 신문은 그녀가 자신의 목적을 위해 회사 돈을 유용한 것을 비난했다. 〈19 지방 9급〉
→ The paper charged her with <u>use</u> the company's money for her own purposes.

② 이 사고로 인한 손해는 모두 당신이 보상한다고 약속해 주십시오. 〈10 국가 7급〉
→ I want you to promise <u>to compensate</u> me for all the damage caused by this accident.

③ 그녀는 회의 후에 저녁 식사를 하러 나갈 것을 제안했다. 〈16 지방 9급〉
→ She suggested <u>to go</u> out for dinner after the meeting.

④ 그녀는 직장 사람들과 데이트하는 것을 반대한다. 〈11 국가 9급〉
→ She objects to <u>be asked</u> out by people at work.

⑤ 그 가난한 여성은 스마트폰 사는 것을 감당할 수 없었다. 〈16 지방 9급〉
→ The poor woman couldn't afford <u>getting</u> a smartphone.

---

26 정답 ③
해설 ① confide → to confide / [have no alternative but to부정사]: ~할 수밖에 없다
② receive → receiving / [in -ing]: ~함에 있어
③ [with a view to -ing]: ~할 목적으로
④ to worry → worrying / [It is no use -ing]: ~해봐야 소용없다

27 정답 ②
해설 ① use → using / [charge A with B](B에 대해 A를 비난하다)에서 with가 전치사이므로 동사 use를 동명사 using으로 바꿔야 한다.
② [promise + to부정사]: ~할 것을 약속하다
③ to go → going / [suggest -ing] 구조이고, suggest는 동명사를 목적어로 취한다.
④ to be → to being / [object to -ing]: ~을 반대하다
⑤ getting → to get / [afford to부정사]: ~을 감당할 수 있다

22 to부정사와 동명사의 주어, 능동과 수동, 시제

📖 문법 문제에서 출제 빈도가 높은 영역이므로 정확한 원리를 이해하자.

1 to부정사의 의미상의 주어

- **She wants to play the game.** 그녀는 그 게임을 하길 원한다.
  → to play의 행위의 주체가 she라는 것을 알 수 있으므로, to부정사의 의미상 주어를 별도로 표시하지 않는다.

- **She wants him to participate in the party.** 그녀는 그가 파티에 참석하길 바란다.
  → to participate의 행위의 주체(him)가 목적어라는 것을 알 수 있으므로 to부정사의 의미상 주어를 별도로 표시하지 않는다.

- **It is fun to learn English.** 영어를 배우는 것은 즐거운 일이다.
  → to learn의 행위 주체는 일반인으로, to부정사의 의미상 주어를 별도로 표시할 필요가 없다.

- **It was difficult for him to learn English.** 그가 영어를 배우는 것은 어려운 일이었다.
  → to learn의 행위 주체를 밝히기 위해 [for + 목적격]의 형태를 사용했다.

- **It was foolish of him to do such a thing.** 그가 그런 일을 한 것은 어리석다.
  → [It is + 사람 판단 형용사]가 나온 구문에서는 [of + 목적격]을 의미상 주어로 사용한다.

> **TIP** [It is + 사람 판단 형용사 + of 목적격 + to부정사] (~하다니 …하다)
>
> 〈사람 판단 형용사〉: kind(친절한), considerate(사려 깊은), thoughtful(사려 깊은), careless(경솔한), polite(공손한), rude(무례한), clever(현명한), wise(현명한), sensible(분별력 있는), stupid(어리석은), silly(어리석은), mean(비열한) 등
>
> - It was foolish of you to make such a mistake. 그런 실수를 하다니 당신은 어리석었다.
> - It was considerate of you to put off the decision. 판단을 미루다니 당신은 사려심이 깊었네요.
> - It was cruel of you to punish her so severely. 그녀를 그렇게 가혹하게 처벌하다니 당신은 잔인했네요.

2 동명사의 의미상의 주어

- **Learning a musical instrument is fun.** 악기를 배우는 것은 재미있다.
  → 동명사 learning의 행위의 주체는 일반적인 '사람'이므로 별도의 주어를 필요로 하지 않는다.

- **She enjoyed playing chess with Tom.** 그녀는 Tom과 체스하는 것을 즐겼다.
  → playing의 의미상의 주어는 문장의 주어인 she와 같다.

- **I don't like his coming here.** 나는 그가 이곳에 오는 것이 싫다.
  → 동명사 coming의 의미상의 주어는 동명사 앞의 소유격을 원칙으로 한다.

- **She is proud of her son's being clever.** 그녀는 아들이 똑똑한 것을 자랑스러워 한다.
  → 동명사 being의 의미상의 주어는 동명사 앞의 소유격을 원칙으로 한다.

3 to부정사/ 동명사의 시제와 태

① to부정사

구분	해석과 예문
주어 + 동사 ⋯ (to부정사 ~)	~하는 것(처럼) / 능동 / 주절과 동일 시점 He seems to write a letter. 그는 (현재) 보인다 + (현재) 편지를 쓰는 것으로.
주어 + 동사 ⋯ (to be pp ~)	~당하는 것(처럼) / 수동 / 주절과 동일 시점 A letter seems to be written by him. 편지가 (현재) 보인다 + (현재) 그에 의해 쓰이는 것으로.
주어 + 동사 ⋯ (to have pp ~)	~했던 것(처럼) / 능동 / 주절보다 앞선 시점 He seems to have written a letter last night. 그는 (현재) 보인다 + (과거에) 편지를 썼던 것으로.
주어 + 동사 ⋯ (to have been pp ~)	~당했던 것(처럼) / 수동 / 주절보다 앞선 시점 A letter seems to have been written by him last night. 편지가 (현재) 보인다 + (과거에) 그에 의해 쓰였던 것으로.

② 동명사

구분	해석과 예문
주어 + 동사 ⋯ (-ing ~)	~하는 것(처럼) / 능동 / 주절과 동일 시점 He is capable of making a program. 그는 (현재) 할 수 있다 + (현재) 프로그램 만드는 것을.
주어 + 동사 ⋯ (being pp ~)	~당하는 것(처럼) / 수동 / 주절과 동일 시점 He is aware of being promoted to the manager. 그는 (현재) 알고 있다 + (현재) 관리자로 승진되는 것을.
주어 + 동사 ⋯ (having pp ~)	~했던 것(처럼) / 능동 / 주절보다 앞선 시점 He is aware of having made a few mistakes before. 그는 (현재) 알고 있다 + (과거) 전에 몇 가지 실수를 했던 것을.
주어 + 동사 ⋯ (having been pp ~)	~당했던 것(처럼) / 수동 / 주절보다 앞선 시점 He is ashamed of having been beaten by his opponent before. 그는 (현재) 부끄러워 한다 + (과거) 전에 상대방에게 패했던 것을.

4 to부정사/동명사의 부정

① to부정사와 동명사를 부정할 때는 not을 부정사나 동명사 바로 앞에 붙인다. 이 규칙은 분사구나 원형부정사구를 부정할 때도 동일하게 적용된다.

not + to부정사	not + 동명사
• He walked quietly not to wake her up. 그는 그녀를 깨우지 않기 위해서 조용히 걸었다.	• I considered not voting. 난 투표를 하지 않을 것을 고려했다.
• He decided never to smoke. 그는 금연하기로 결심했다.	• The doctor suggested never drinking. 의사는 금주할 것을 제안했다.

② not의 위치에 따라 to부정사에 대한 부정인지, 동사에 대한 부정인지 다르게 해석된다.

- He decided not to smoke. 그는 담배를 피우지 않기로 결심했다. (to부정사에 대한 부정)

- He didn't decide to smoke. 그는 담배를 피우기로 결심하지 않았다. (동사에 대한 부정)

TIP   to부정사/동명사 문제 해결의 논리적 흐름

아래와 같은 논리적인 사고 방식을 습관화하여 효과적인 문제 해결 능력을 갖추자.

① 문장 구조상 어떤 형태가 필요한 자리인가?
- to부정사 / 동명사 / 원형부정사 중 선택

② 능동 표현인가, 수동 표현인가?
- 능동: to부정사(to + 동사원형), 동명사(-ing)
- 수동: to be pp, being pp

③ 시제가 주절과 같은가, 앞선 시제인가?
- 현재 시점: to + 동사원형, to be pp
- 과거 시점: to have pp, to have been pp

Exercise

[01~04] 다음 중 어법상 옳은 것을 고르시오.

01 It's impossible [for him / of him] to stop smoking.

02 It was thoughtless [for her / of her] to speak ill of him.

03 This book is too difficult [for me / of me] to understand.

04 It's very stupid [for him / of him] to refuse the job offer.

05 밑줄 친 부분에 들어갈 말로 가장 적절한 것은?

> The salesman said he was very glad _____ the day before.

① to receive the order
② to be received the order
③ to have received the order
④ receiving the order

[06~09] 다음 중 어법상 옳은 것을 고르시오.

06 The manager seems [to respect / to be respected] by all the employees for her fairness and excellent leadership skills.

07 He pretends [to finish / to have finished / to have been finished] the report yesterday, but it is clear that most of the work remains incomplete.

---

01 정답 for him
해설 impossible(불가능한)은 상황 판단 형용사. to부정사의 의미상의 주어는 [for + 목적격]이지만, [It is 사람 판단 형용사]가 나오면 to부정사의 의미상의 주어를 [of + 목적격]으로 쓴다.
해석 그가 금연하는 것은 불가능하다.

02 정답 of her
해설 thoughtless(경솔한)는 사람 판단 형용사이다.
해석 그녀가 그를 욕한 것은 경솔했다.

03 정답 for me
해설 difficult(어려운)는 상황 판단 형용사이다.
해석 이 책은 내가 이해하기에는 너무 어렵다.

04 정답 of him
해설 stupid(어리석은)는 사람 판단 형용사이다.
해석 그가 그 일의 제안을 거절한 것은 매우 어리석다.

05 정답 ③
해설 • [be glad to부정사](~해서 기쁘다)이므로 ④는 후보에서 제외된다.
• the order가 목적어로 있으므로 능동을 사용하여 ②는 후보에서 제외된다.
• before가 나와서 '주문을 받은 것'이 '기뻤던 것'보다 앞선 시제이므로 ③이 정답이다.
해석 그 판매원은 그 전날 주문을 받아서 기뻤다고 말했다.

06 정답 to be respected
해설 respect의 목적어가 없고, 의미상 '매니저가 존경받다'의 수동의 의미가 적절하다.
해석 그 관리자는 그녀의 공정함과 뛰어난 리더십 덕분에 모든 직원들에게 존경받는 것처럼 보인다.
어휘 employees 직원들   fairness 공정함

07 정답 to have finished
해설 finish의 목적어가 있고, '보고서를 끝마치다'로 능동의 의미가 적절하다. 주절보다 앞선 시점을 알려주는 yesterday가 있으므로 to have finished를 사용한다.
해석 그는 어제 보고서를 끝낸 척하지만, 대부분의 작업이 미완성 상태로 남아 있는 것이 분명하다.

08 The witness claims [to see / to have seen / to have been seen] the suspect at the crime scene two hours before the incident occurred.

09 The painting appears [to steal / to have stolen / to have been stolen] during the night.

[10~13] 다음 중 어법상 옳은 것을 고르시오.

10 The team succeeded in [improve / improving / being improved] their product after months of research and countless attempts.

11 She apologized for [interrupt / interrupting / being interrupted] the speaker during the meeting and promised to wait until the presentation ended.

12 He was rewarded for [choose / choosing / being chosen] as the top performer of the year by the company's executive board.

13 The scientist gained recognition after [invite / inviting / being invited] to speak at one of the most prestigious international conferences on climate change.

---

08 정답 to have seen
해설 see의 목적어가 있고, '용의자를 목격하다'로 능동의 의미가 적절하다. two hours before가 있어 주절보다 앞선 시점을 알려주므로 to have seen을 사용한다.
해석 목격자는 사건 발생 두 시간 전에 범인을 범죄 현장에서 보았다고 주장했다.
어휘 witness 목격하다 the suspect 용의자 incident 사건

09 정답 to have been stolen
해설 steal의 목적어가 없고, '그림이 도난당하다'로 수동의 의미가 적절하다. 주절보다 앞선 시점임을 알려주는 during the night가 있으므로 to have been stolen을 사용한다.
해석 그 그림은 밤 사이에 도난당한 것으로 보인다.

10 정답 improving
해설 전치사 in이 있으므로 동명사를 사용한다. improve(개선하다)의 목적어가 있으므로 능동 표현이 적절하다.
해석 그 팀은 몇 달간의 연구와 수많은 시도 끝에 그들의 제품을 개선하는 데 성공했다.
어휘 countless 수많은 attempt 시도

11 정답 interrupting
해설 전치사 for가 있으므로 동명사를 사용한다. interrupt의 목적어가 있으므로 능동 표현이 적절하다.

해석 그녀는 회의 중 발표자의 말을 끊은 것에 대해 사과했고, 발표가 끝날 때까지 기다리겠다고 약속했다.
어휘 apologize 사과하다 presentation 발표

12 정답 being chosen
해설 전치사 for가 있으므로 동명사를 사용한다. choose의 목적어가 없고, 의미상 '그가 최고 성과자로 선정되다'라는 수동 표현이 필요하므로 being chosen을 사용한다.
해석 그는 회사 임원진에 의해 올해의 최고 성과자로 선정된 것에 대해 보상을 받았다.
어휘 be rewarded 보상을 받다 performer 성과자 executive board 임원진, 이사회

13 정답 being invited
해설 전치사 after가 있으므로 동명사를 사용한다. invite의 목적어가 없고, 의미상 '그 과학자가 초대되다'라는 수동 표현이 필요하므로 being invited를 사용한다.
해석 그 과학자는 기후 변화에 대한 가장 권위 있는 국제 회의 중 하나에서 연설자로 초청된 후 인정을 받았다.
어휘 recognition 인정 prestigious 권위 있는, 일류의 conference 회의

PART TEST

[01~03] 밑줄 친 부분에 들어갈 말로 가장 적절한 것을 고르시오.

01.
> A: Is Randy sick?
> B: Yes, _____ all night in the rain caused him to catch a cold.

① he worked ② him to work
③ he working ④ his working

02.
> Here's another way to look at it: if you are trying to comfort people who are dealing with difficult situations, they will bless you for _____ the "How are you" question the first one.

① not to make ② not making
③ to not make ④ making not

03.
> All assignments are expected _____ on time, as punctuality is crucial for maintaining the flow of the course and ensuring fairness.

① to turn in ② to be turned in
③ to have turned in ④ being turned in

---

01 ④
해설 문장 구조를 보면, [_____ all night in the rain+ cause(동사) + him(목적어) + to catch ~(목적격보어)]이고 주어 역할을 하는 것이 들어가야 하므로 ④의 동명사구를 사용한다. 참고로 동명사의 의미상의 주어는 소유격이다.
해석 A: Randy가 아파요?
B: 네, 그가 빗속에서 밤새 일한 것이 감기에 걸리게 했답니다.

02 ②
해설 • [bless A for B](B에 대해 A를 축복하다)의 표현이며, for가 전치사이므로 뒤에 동명사를 써야 한다.
• 준동사를 부정할 때 not은 준동사 앞에 쓴다.
해석 여기에 이것을 다르게 볼 수 있는 방법이 있다. 만약 당신이 어려운 상황에 대처하기 위해 노력하는 사람들에게 위안을 주기를 원한다면, 그들은 당신이 "어떻게 지내"라는 질문을 첫 번째로 하지 않은 것에 대해 당신에게 고마워할 것이다.

03 ②
해설 • [be expect to부정사](~할 것으로 기대되다)이므로 ④는 후보에서 제외된다.
• to부정사의 주어는 assignments(과제물)이다. 과제물은 '제출되다'의 표현이 적절하므로 수동 표현을 써야 한다. ①, ③은 둘 다 능동 표현이므로 정답은 ②이다.
해석 모든 과제물은 제시간에 제출될 것으로 기대되는데, 시간 엄수는 수업의 흐름을 유지하고 공정성을 보장하는 데 매우 중요하기 때문이다.
어휘 assignment 과제물 turn in ~을 제출하다
punctuality 시간 엄수

04 ③
해설 ① in addition to(~에 더해서)에서 to는 전치사이므로 뒤에 동명사를 사용한 것은 적절하다.
② adapt to(~에 적응하다)에서 to는 전치사이므로 뒤에 동명사를 사용한 것은 적절하다.
③ manage → managing / [from A to B](A에서 B까지)에서 to는 전치사이므로 뒤에 동명사를 사용해야 한다.
④ [seem to부정사](~하는 것으로 보이다)로 적절하다.
해석 일일 보고서를 작성하는 것 외에도, 인턴들은 주간 회의에 참석하고 프로젝트 일정을 수정하는 것이 기대된다. 관리자는 명확한 의사소통을 유지하는 것부터 혼란 없이 마감일을 관리하는 데 이르기까지, 각 팀이 원격 근무에 얼마나 잘 적응하는지를 파악하지 않을 수 없다. 이러한 유연성은 부서 간 협업을 놀라울 정도로 효율적으로 개선하는 듯하다.

[04~06] 다음 중 어법상 가장 어색한 것을 고르시오.

04.
In addition to ① completing their daily reports, interns are expected to attend weekly meetings and revise project schedules. The supervisor cannot help noticing how well each team adapts to ② working remotely, from maintaining clear communication to ③ manage deadlines without confusion. This flexibility seems to ④ improve collaboration across departments in a surprisingly efficient way.

05.
From writing research proposals to presenting polished findings, the colleagues demonstrated professionalism and initiative. One researcher happened ① to mention that he had trouble ② integrate large data, which prompted the advisor to suggest ③ taking a structured approach. In addition to developing technical skills, they practiced ④ managing timelines and team dynamics under pressure without direct supervision.

06.
① To meet new sustainability goals, it is necessary that each team ② update its resource management practices without delay. ③ Make a habit of saving materials supports this effort, and departments that consistently belong to proactive networks usually ④ manage to reduce waste more efficiently than those relying on outdated systems or ignoring modern standards.

어휘 revise 수정하다 supervisor 관리자, 감독관 notice 파악하다 remotely 멀리 떨어져서 confusion 혼동 flexibility 유연성

05 ②

해설 ① [happen to부정사](우연히 ~하다)로 적절하다.
② integrate → integrating / [have trouble -ing](~하면서 어려움을 겪다)이므로 integrating을 써야 한다.
③ [suggest -ing](~하는 것을 제안하다)로 적절하다.
④ [practice -ing](~하는 것을 연습하다)로 적절하다.

해석 연구 제안서를 작성하는 것부터 다듬어진 결과를 발표하는 것에 이르기까지, 동료들은 전문성과 진취성을 보여주었다. 한 연구원은 대형 데이터를 통합하는 것에 어려움을 겪었다고 우연히 언급했고, 이는 지도 교수가 구조적인 접근 방식을 취할 것을 제안하게 만들었다. 기술 능력 개발 외에도, 그들은 직접적인 감독 없이 일정과 팀 역학 관계를 관리하는 연습을 했다.

어휘 polished 다듬어진, 광택이 나는 findings 결과물 colleague 동료 initiative 적극성, 진취성 integrate 통합하다 prompt 재촉하다 structured approach 구조적인 접근 dynamics 역학 관계

06 ③

해설 ① to부정사의 부사적 용법으로 '~하기 위해서'라는 의미이다.
② [It is necessary that + 주어 + (should) 동사 ~] 구문이다. update는 동사원형이 적절하다.
③ Make → Making / [_____ ~ + supports(동사) + this effort(목적어)]로 make가 주어가 되어야 한다. 따라서 동명사 making을 사용해야 하며, to make도 가능하다.

해석 새로운 지속 가능성 목표를 달성하기 위해, 각 팀은 각자의 자원 관리 방식을 지체 없이 갱신해야 한다. 재료 절약을 습관화하는 것은 이 노력을 뒷받침하며, 대비적인 네트워크에 속해 있는 부서들은 구식 시스템에 의존하거나 현대적 기준을 무시하는 부서보다 폐기물을 더 효율적으로 줄이는 경우가 많다.

어휘 sustainability 지속 가능성 update ~을 갱신하다, 최신화하다 materials 자료, 재료 proactive 미리 대비하는 outdated 구식의

PART

07

분사

23 명사를 수식하는 분사
24 보어로 사용되는 분사
25 감정 동사의 분사 사용
PART TEST

명사를 수식하는 분사

> 명사를 수식하는 분사를 파악하는 것은 구문 분석에 필수이다. -ing와 pp의 원리를 정확히 이해하자.

1 명사를 앞에서 수식

① 분사는 형용사의 기능을 한다. 따라서 명사를 수식하며, -ing는 능동의 의미를, pp는 수동의 의미를 지닌다. 이때, 명사와 분사의 관계는 주어와 동사의 관계로 이해하면 된다.

- a **sleeping** baby 잠자는 아이 ➡ baby + is sleeping (명사와 분사는 능동 관계)

- a **scolded** boy 야단맞은 소년 ➡ boy + is scolded (명사와 분사는 수동 관계)

② 자주 출제되는 전치 수식 분사

분사가 명사를 앞에서 수식하는 경우 능동과 수동 구별이 헷갈리는 경우가 많다. 아래의 표현들은 시험에서 곧잘 등장하므로 기억해 두어야 한다.

- **-ed는 수동의 의미, -ing는 능동의 의미를 나타내는 경우**

  the recommended method(추천된 방법), an attached document(첨부 파일), an established procedure(기존 절차), the endangered animal(멸종 위기 동물), the designated driver(당번 운전사)

- **-ed는 완료된 상태, -ing는 진행 중인 상태를 나타내는 경우**

  the missing girl(실종된 소녀), an experienced programmer(경험 많은 프로그래머), the complicated situation(복잡한 상황), the skilled carpenter(숙련된 목수)

2 명사를 뒤에서 수식

분사가 다른 단어를 동반하는 경우 명사를 뒤에서 수식하며, 이 경우 관계사절로 바꿀 수 있다. 그래서 관계사절과의 전환 관계를 이해하는 것이 매우 중요하다.

- The baby **sleeping in the cradle** is my brother. 요람에서 자고 있는 아기는 내 남동생이다.
  = who is sleeping in the cradle (능동의 의미)

- The boy **scolded by the teacher** was my brother. 선생님에게 야단맞은 소년은 내 남동생이었다.
  = who was scolded by the teacher (수동의 의미)

- The boy **scolding his brother** was John. 자신의 남동생을 야단치는 소년은 John이었다.
  = who scolded his brother

TIP 동사 자리 vs 분사 자리

분사 문제를 해결할 때는 문장의 구조 분석을 통해 [동사 자리]와 [분사 자리]를 판단해야 한다.

① [주어 + _____ + ~]
- The drivers _____ from hard work then. (exhaust)
  ➡ The drivers <u>were exhausted</u> from hard work then. 그때 운전자들은 힘든 일로 지쳤다.
  빈칸은 동사 자리이며, 시제는 과거다. 동사 exhaust는 '지치게 하다'라는 의미로, 주어 the drivers는 '지친 상태'이므로 수동(pp)인 exhausted가 적절하다.

② [주어 + _____ + 동사 ~]
- The drivers _____ from hard work then had slow reactions.
  ➡ The drivers <u>exhausted from hard work then</u> had slow reactions. 그때 힘든 일로 지친 운전자들은 느린 반응을 보였다.
  빈칸은 수식어의 자리이므로 분사가 필요하다. 수동의 의미이므로 pp인 exhausted를 사용한다.

③ [주어 + 관계사 _____ + 동사 ~]
- The drivers who _____ from hard work then had slow reactions.
  ➡ The drivers <u>who were exhausted</u> from hard work then had slow reactions. 그때 힘든 일로 지친 운전자들은 느린 반응을 보였다.
  빈칸은 관계사절 안에 있고, 관계사가 주어의 역할을 하고 있으므로 동사가 필요하다. 시제는 과거이고, 수동으로 써야 적절하다.

Exercise

[01~08] 다음 중 어법상 옳은 것을 고르시오.

01 The [approaching / approached] storm caused the residents to evacuate.

02 The [fascinating / fascinated] novel written by the new author has captivated the readers.

03 The [assigning / assigned] task brought him great satisfaction upon completion.

04 The [sharing / shared] experiences fostered a deep bond between them.

05 The [surrounding / surrounded] mountains provided a majestic background for our camping trip.

06 The cake [decorating / decorated] with fresh strawberries looked absolutely delicious.

07 The tourists [waiting / waited] outside the museum entrance took photos and chatted to pass the time.

08 The report [preparing / prepared] by the finance team revealed unexpected losses in the final quarter.

---

01 **정답** approaching
   해설 approach(접근하다)와 storm(폭풍)은 능동 관계이다.
   해석 다가오는 폭풍은 주민들이 대피하게 만들었다.
   어휘 evacuate 대피하다

02 **정답** fascinating
   해설 fascinate(매료시키다)와 novel(소설)은 능동 관계이다.
   해석 새로운 작가가 쓴 매혹적인 소설은 독자들을 사로잡았다.

03 **정답** assigned
   해설 assign(할당하다)과 task(과제)는 수동 관계이다.
   해석 할당된 과제는 완료 후에 그에게 큰 만족감을 가져다 주었다.

04 **정답** shared
   해설 share(공유하다)와 experiences(경험)은 수동 관계이다.
   해석 공유된 경험들은 그들 사이에 깊은 유대를 형성했다.

05 **정답** surrounding
   해설 surround(에워싸다, 둘러싸다)와 mountains(산)은 능동 관계이다.

   해석 주변의 산들은 우리의 캠핑 여행에 웅장한 배경을 제공했다.
   어휘 majestic 웅장한 background 배경

06 **정답** decorated
   해설 decorate(장식하다)와 cake(케이크)는 수동 관계이다.
   해석 신선한 딸기로 장식된 케이크는 정말 맛있어 보였다.

07 **정답** waiting
   해설 wait(기다리다)와 tourist(관광객)는 능동 관계이다.
   해석 박물관 입구 밖에서 기다리던 관광객들은 시간을 보내기 위해 사진을 찍고 대화를 나눴다.
   어휘 entrance 입구 chat 대화를 나누다
   pass the time 시간을 보내다

08 **정답** prepared
   해설 prepare(준비하다)와 report(보고서)는 수동 관계이다.
   해석 재무팀에 의해 준비된 그 보고서는 마지막 분기에 예기치 않은 손실을 드러냈다.

[09~12] 다음 중 어법상 옳은 것을 고르시오.

09 The [collecting / collected] data offered valuable insights into customer behavior.

10 The researcher [collecting / collected] samples from the wetland recorded new data every thirty minutes.

11 The intern in charge of documentation [collecting / collected] all the signed forms by noon.

12 The scientist that [collecting / collected] air samples from the site publishes her findings monthly.

[13~16] 다음 중 어법상 옳은 것을 고르시오.

13 The officer responsible for safety inspections [requiring / required] a full report before approving the project.

14 The [requiring / required] materials were all available at the local store.

15 It is a task [requiring / required] meticulous attention and deep understanding.

16 The course that is [requiring / required] for graduation includes both lectures and practical work.

---

09 정답 collected
해설 data를 수식하는 분사를 고르는 문제이며, '수집된 데이터'로 수동 관계이다.
해석 수집된 데이터는 고객 행동에 대한 귀중한 통찰력을 제공했다.

10 정답 collecting
해설 researcher를 뒤에서 수식하는 분사를 고르는 문제이며, '표본을 모으는 연구자'로 능동 관계이다.
해석 습지에서 표본을 모으는 그 연구자는 30분마다 새로운 데이터를 기록했다.

11 정답 collected
해설 주어 intern에 대한 동사를 고르는 문제이다. '인턴이 자료를 수집했다'로 능동이며 과거 시제이다.
해석 문서 작업을 담당한 인턴은 모든 서명된 양식을 정오까지 수집했다.

12 정답 collected
해설 주격 관계사 다음의 동사를 고르는 문제이다. '과학자들이 샘플을 수집했다'로 능동이며 과거 시제이다.
해석 그 현장에서 공기 샘플을 채집한 과학자는 매달 자신의 연구 결과를 발표한다.

13 정답 required
해설 주어 officer에 대한 동사 자리를 묻는 문제이다. '담당자는 전체 보고서를 요구했다'는 능동이며 과거 시제이다.
해석 안전 점검을 담당한 그 담당자는 프로젝트를 승인하기 전에 전체 보고서를 요구했다.

14 정답 required
해설 명사 materials를 수식하는 분사를 묻는 문제이다. '요구되는 자료, 필수적인 자료'로 수동 관계이다.
해석 필요한 자료들은 모두 지역 상점에서 입수 가능했다.

15 정답 requiring
해설 명사 task를 뒤에서 수식하는 분사를 묻는 문제이며, '세심한 주의를 요구하는 임무'로 능동 관계이다.
해석 그것은 세심한 주의와 깊은 이해를 필요로 하는 임무이다.

16 정답 required
해설 주격 관계사 다음의 동사 자리를 묻는 문제이며, '그 수업은 졸업을 위해 요구된다'는 수동 관계이다. 앞의 동사 is와 연결해서 is required로 수동태가 된다.
해석 졸업에 필수인 그 과목은 강의와 실습을 모두 포함한다.

보어로 사용되는 분사

📖 분사는 형용사이므로 주격보어, 목적격보어 자리에 사용된다. 이때 -ing와 pp를 바르게 구별하자.

1 2형식

[주어 + 자동사 + 분사] 구조에서, 분사는 주어의 상태를 나타내며 주격보어 역할을 한다. 분사가 -ing인지 pp인지는 주어와의 관계가 능동인지 수동인지에 따라 결정된다.

① **[자동사 + -ing]**: -ing하는 상태로 ~하다, -ing하면서 ~하다

- She stood watching the sunset in silence. 그녀는 조용히 일몰을 보면서 서 있었다.
  ➡ she(그녀)와 watch(보다)는 '그녀가 지켜보다'로 능동 관계

② **[자동사 + pp]**: pp된 상태로 ~하다

- The door remained locked until the manager arrived. 관리자가 도착할 때까지 그 문은 잠긴 상태로 있었다.
  ➡ door(문)와 lock(잠그다)은 '문이 잠기다'로 수동 관계

2 5형식

[주어 + 동사 + 목적어 + 분사]의 구조에서, 분사는 목적어의 상태를 나타내며 목적격보어 역할을 한다. 이때도 -ing인지 pp인지는 목적어와 분사 사이의 의미 관계를 보고 판단한다.

① **[동사 + 목적어 + -ing]**: 목적어가 ~하는 것을 V하다, 목적어를 ~하는 상태로 V하다

- I saw the workers loading the equipment onto the truck. 나는 노동자들이 장비를 트럭에 싣는 것을 보았다.
  ➡ workers(노동자들)와 load(짐을 싣다)는 '일꾼들이 짐을 싣다'로 능동 관계

② **[동사 + 목적어 + pp]**: 목적어가 pp된 것을 V하다, 목적어를 pp된 상태로 V하다

- I found the report filled with outdated information. 나는 그 보고서가 오래된 정보로 가득 채워진 것을 발견했다.
  ➡ report(보고서)와 fill(채우다)은 '보고서가 정보로 채워지다'로 수동 관계

Exercise

[01~10] 다음 중 어법상 옳은 것을 고르시오.

01 The dog lay [exhausting / exhausted] in the corner after chasing birds all afternoon.
02 He stood [leaned / leaning] against the railing and watching the waves.
03 The student sat [surrounding / surrounded] by piles of books and notes.
04 The guests remained [seating / seated] throughout the entire ceremony.
05 The hikers remained [missed / missing] for two days before being located by a rescue team.
06 We heard the baby [crying / cried] in the next room and went in to check on her.
07 The storm left many homes [damaging / damaged], with roofs torn off and windows shattered.
08 She felt her heart [beating / beaten] faster as she walked onto the stage under the bright lights.
09 The coach kept the players [motivating / motivated] throughout the season by setting clear goals.
10 Can you make yourself [understand / understood] in English?

---

01 정답 exhausted
해설 dog와 exhaust(지치게 하다)는 '개가 지치게 되다'로 수동 관계이다.
해석 그 개는 오후 내내 새를 쫓은 후 지쳐서 구석에 누웠다.

02 정답 leaning
해설 he와 lean(기대다)은 '그가 기대다'로 능동의 관계이다.
해석 그는 난간에 기대어 서서 파도를 바라보고 있었다.

03 정답 surrounded
해설 student와 surround(둘러싸다)는 '학생이 책에 둘러싸이다'로 수동 관계이다.
해석 그 학생은 책과 노트 더미에 둘러싸인 채 앉았다.

04 정답 seated
해설 guests와 seat(앉히다)는 수동 관계이다. 여기서 중요한 점은 seat의 의미가 '앉다'가 아니라 타동사인 '앉히다'라는 것이다. 따라서 'guests remained seated'는 '손님들이 (누군가에 의해) 자리에 앉혀진 상태였다'라는 의미이며, 우리말로는 '앉아 있었다'로 해석된다.
해석 손님들은 전체 행사 내내 자리에 앉아 있었다.

05 정답 missing
해설 missing은 그 자체로 '실종된, 사라진'의 의미를 지닌다.
해석 구조대에 의해 위치가 발견되기 전까지 등산객들은 이틀 동안 실종된 상태였다.

06 정답 crying
해설 baby와 cry는 '아기가 울다'로 능동 관계이다.
해석 우리는 옆방에서 아기가 우는 소리를 듣고 확인하러 들어갔다.

07 정답 damaged
해설 home과 damage(훼손하다)는 '집이 훼손되다'로 수동 관계이다.
해석 그 폭풍은 많은 집들을 지붕이 날아가고 창문이 깨진 채 파손된 상태로 만들었다.

08 정답 beating
해설 heart와 beat(뛰다)는 '심장이 뛰다'로 능동 관계이다. heart가 주어로 '직접 뛰기' 때문에 능동 분사인 beating이 적절하다.
해석 그녀는 환한 조명 아래의 무대에 올랐을 때, 심장이 더 빠르게 뛰는 것을 느꼈다.

09 정답 motivated
해설 player와 motivate(동기를 부여하다)는 '선수가 동기를 부여 받다'의 수동 관계이다.
해석 그 코치는 명확한 목표를 설정하여 시즌 내내 선수들의 동기를 유지시켰다.

10 정답 understood
해설 make oneself understood는 '자신을 이해시키다'라는 관용적 표현이므로 알아 두어야 한다.
해석 당신은 영어로 의사소통을 할 수 있나요?

감정 동사의 분사 사용

📖 감정 동사는 타동사이므로 분사 파트에서 가장 많이 나오는 내용이다. 정확한 쓰임을 연습하자.

1 감정 동사의 쓰임

감정 동사는 '(감정)하게 하다'로 해석된다. 감정을 유발하는 주체(사물)는 -ing(~하게 하는)를, 감정을 느끼는 대상(사람)은 pp(~하게 된)를 주로 사용한다. [사물+-ing], [사람+pp]라고 기억하자.

- a boring job 지루한 일 ➡ 사물인 job을 수식

- a bored girl 지루하게 된 소녀 ➡ 사람인 girl을 수식

- The job is boring. 그 일은 지루하다.
  ➡ 사물인 job에 대한 보어

- The girl is bored. 그 소녀는 지루해 한다.
  ➡ 사람인 girl에 대한 보어

2 감정 동사의 종류

① **놀라게 하다**: surprise, shock, amaze, astonish, astound
② **실망시키다**: disappoint, discourage, frustrate
③ **당황하게 하다**: embarrass, bewilder, perplex, puzzle
④ **즐겁게 하다, 기쁘게 하다**: amuse, entertain, please, delight
⑤ **짜증나게 하다**: annoy, irritate, vex
⑥ **무섭게 하다**: frighten, horrify
⑦ **매료시키다**: fascinate, captivate, enchant
⑧ **흥분시키다**: excite
⑨ **흥미롭게 하다**: interest
⑩ **혼란스럽게 하다**: confuse
⑪ **만족시키다**: satisfy, gratify
⑫ **우울하게 하다**: depress

Exercise

[01~02] 밑줄 친 부분 중 가장 적절한 것을 고르시오.

01 ① 그 영화가 너무 지루해서 나는 삼십 분 후에 잠이 들었어. 〈17 지방 9급 2차〉
→ The movie was so <u>bored</u> that I fell asleep after half an hour.

② 그의 주장은 다른 후보자들의 주장만큼 설득력이 있는 것은 아니다.
→ His argument is not as <u>convincing</u> as the other candidate's.

③ 나는 아직 오늘 신문을 못 읽었어. 뭐 재미있는 것 있니? 〈18 지방 9급〉
→ I have not read today's newspaper yet. Is there anything <u>interested</u> in it?

④ 밤에 잠을 자지 못하는 것은 당신을 짜증나게 한다, 특히 절망스러운 상황에서. 〈19 서울 7급 변형〉
→ Sleep loss at night makes you angrier, especially in <u>frustrated</u> situation.

02 ① 동물학자들은 그 개가 집으로 어떻게 돌아올 수 있었는지 여전히 혼란스러워 하고 있다. 〈21 지역인재〉
→ Zoologists are still <u>confusing</u> about how the dog managed to find its way back home.

② 그 소설이 너무 흥미로워서, 나는 시간 가는 줄도 몰랐고 그래서 버스를 놓쳤다. 〈21 국가 9급〉
→ The novel was so <u>excited</u> that I lost track of time and missed the bus.

③ 우리는 그 제안이 흥미롭다고 생각해서 더 자세히 검토하기로 했다.
→ We considered the proposal <u>interesting</u> and decided to explore it further.

④ 수백 만 명의 보행자들이 부상을 당하고 그들 중 일부는 영구 장애를 입는다. 〈19 지방 9급 변형〉
→ Millions of pedestrians are <u>injuring</u>, some of them are left with permanent disabilities.

---

01 정답 ②
해설 ① bored → boring / 감정 동사의 분사 사용이다. 주어가 movie이므로 '지루함을 주는'의 의미를 지닌 boring을 쓴다.
② argument의 보어로 convince(확신시키다)의 분사인 convincing(확신시키는)은 적절하다.
③ interested → interesting / 사물 anything을 수식하려면 interested(흥미를 갖게 된)이 아닌 interesting(흥미로운)을 써야 한다. 뒤에 in it은 interesting과는 상관없이 anything을 수식하고 있다.
④ frustrated → frustrating / 감정 동사의 분사 사용이다. frustrating(좌절하게 하는)과 frustrated(좌절하게 된)를 구별하는 것으로, situation을 수식하기 위해선 frustrating이 적절하다.

02 정답 ③
해설 ① confusing → confused / confuse(혼란스럽게 하다)와 zoologists와의 관계는 수동이 적절하다.
② excited → exciting / novel에 대한 보어이므로 excited(흥분하게 된)가 아니라 exciting(흥미롭게 하는)을 써야 한다.
③ [consider + 목적어 + 목적격보어]의 구조이다. proposal에 대한 보어로 interesting(흥미로운)은 적절하다.
④ injuring → injured / '부상을 당하다'는 수동으로 써야 적절하다.

PART TEST

[01~02] 밑줄 친 부분에 들어갈 말로 가장 적절한 것을 고르시오.

01.

| The plan _____ was first proposed in the late eighteenth century. |

① connecting the Hudson River with Lake Erie by a canal
② which was connected the Hudson River with Lake Erie by a canal
③ connected the Hudson River with Lake Erie by a canal
④ which connect the Hudson River with Lake Erie by a canal

02.

| The repeated delays in the delivery of essential medical supplies were _____ to both patients and hospital staff. |

① frustrate
② to frustrate
③ frustrating
④ frustrated

[03~05] 다음 중 어법상 가장 어색한 것을 고르시오.

03.

| Scientists ① <u>working</u> in Central America have discovered ruins of one of the largest and most important palaces ② <u>build</u> by the ancient Mayan people at Cancun, Guatemala. It was built about 1,300 years ago. Jungle plants have covered the ruins for hundreds of years, and the area looks like a huge hill ③ <u>covered</u> by jungle. The palace has 170 rooms ④ <u>built</u> around 11 open areas. |

04.
> John was in a state of panic. His passport was ① <u>missed</u>. He remembered ② <u>having</u> it in his bag the night before his flight. But now, just a few hours before he was supposed ③ <u>to leave</u>, it was nowhere to be found. He turned his house upside down ④ <u>to look for</u> his passport, but all his efforts were in vain.

05.
> The researchers ① <u>involving</u> in the groundbreaking study on neuroplasticity ② <u>have been devoted</u> to ③ <u>analyzing</u> brain scans, ④ <u>convinced</u> that their work could revolutionize our understanding of the brain's ability to adapt and recover from injuries.

---

04 ①

해설 ① missed → missing / missing은 '분실된, 사라진' 상태를 나타내는 형용사로, 문맥상 '여권이 사라졌다'는 의미가 적절하다. 비록 수동의 의미로 느껴지지만, 관용적으로 -ing형인 missing을 사용한다는 점에 유의해야 한다.
② [remember + -ing]: ~했던 것을 기억하다
③ [be supposed to부정사]: ~할 것으로 여겨지다, ~하기로 되어 있다
④ '~하기 위해서'로 해석되는 to부정사의 부사적 용법이다.

해석 John은 패닉 상태에 있었다. 그의 여권이 사라져 있었다. 그는 그의 비행 전날 밤 그의 가방에 그것이 있었던 것을 기억하고 있었다. 하지만 이제, 그가 떠나야 할 몇 시간 전에, 그것은 어디에서도 찾을 수 없었다. 그는 그의 사라진 여권을 찾기 위해 집 안을 샅샅이 뒤졌지만 그의 모든 노력은 헛된 것이었다.

어휘 panic 공황   flight 비행   nowhere 어디에도 없는
turn ~ upside down (무엇을 찾느라고) 다 뒤집어엎다
in vain 허탕친

05 ①

해설 ① involving → involved / researchers를 수식하는 분사 자리이다. [be involved in ~: ~에 연루되다]가 되도록 involved를 써야 한다.
② 주어가 researchers로 복수이다. [be devoted to -ing; ~에 헌신하다]를 완료형으로 쓴 형태이다.
③ [be devoted to -ing]에서 to는 전치사이므로 다음에 동명사 analyzing은 적절하다.
④ [주어 + 동사 ~, ____ ...]으로 후치 분사구문이다. [be convinced that ~](~을 확신하다)을 분사로 사용한 형태이다.

해석 신경 가소성에 대한 혁신적인 연구에 관여한 연구자들은 뇌의 부상 적응 및 상해로부터의 회복 능력에 대한 우리의 이해를 혁명적으로 변화시킬 수 있다고 확신하며, 뇌 스캔을 세심하게 분석하는 데 헌신하여 왔다.

어휘 be involved in ~에 관련되다   groundbreaking 혁신적인
neuroplasticity 신경 가소성

PART 08

분사구문

26 분사구문의 형태와 특성

27 [with + 명사 + 분사] 구문

PART TEST

분사구문의 형태와 특성

📖 분사구문은 구문 분석 및 문법 문제에서 빈번하게 만나게 되는 구문이다. 특히 부사절과의 관계, 병치구조와의 관계를 잘 이해하자.

1 분사구문의 형태와 위치

분사구문은 분사로 시작하여, 주절과 독립되어 있는 구문을 말한다. 따라서 콤마(,)로 주절과 분리되어 있다. 분사구문은 문장 앞, 문장 중간, 문장 뒤에 나오는데, 문장 뒤에 나오는 경우 콤마가 생략되는 경우도 있다. 다음 문장을 보면서 그 특성을 이야기해 보자.

> - Walking along the street, I met a friend.
>   길을 걸어가다가, 나는 한 친구를 만났다.
> - This book, written in haste, has few mistakes.
>   이 책은 급하게 쓰여졌지만, 실수가 거의 없다.
> - They revealed their romantic relationship, surprising many people.
>   그들은 자신들의 연인 관계를 밝혔고, 많은 사람들을 놀라게 했다.

2 분사구문의 전환과 해석

① 분사구문은 '~할 때(시간)', '~하기 때문에(이유)', '~이지만(양보)', '~한다면(조건)' 등의 여러 의미로 사용된다.
② 분사구문은 부사절, 즉 [접속사 + 주어 + 동사 ~] 로 바뀔 수 있으며, 이때 접속사의 뜻은 문맥에 따라 추론할 수 있어야 한다.

- Walking along the street, I met a friend.
  = While I walked along the street, I met a friend.
    [접속사 + 주어 + 동사 ~]
  = While walking along the street, I met a friend.
    [접속사 + 분사구문]

- This book, written in haste, has few mistakes.
  = This book, though it is written in haste, has few mistakes.
      [접속사 + 주어 + 동사]
  = This book, though written in haste, has few mistakes.
      [접속사 + 분사구문]

- They revealed their romantic relationship, surprising many people.
  = They revealed their romantic relationship and they surprised many people.
              [and + 주어 + 동사 ~]
  = They revealed their romantic relationship and surprised many people.
              [and + 동사 ~]

3 [접속사 + 분사구문]

- Though he was injured in the previous game, the player was willing to participate in the final game.
  비록 그는 이전 경기에서 부상당했지만 / 그 선수는 기꺼이 결승전에 참여하려 했다.

  = Injured in the previous game, the player was willing to participate in the final game.
  → 접속사(Though)가 생략되고, 주어 he가 주절의 주어(the player)와 일치하므로 생략하고, 동사 was injured는 being injured로 바꾼다.
  → 분사구문에서 being, having been은 생략이 가능하다.

  = Though injured in the previous game, the player was willing to participate in the final game.
  → 분사구문 앞에 의미를 분명히 하기 위해 접속사(though)를 추가한 모습이다.

> **TIP** 분사 자리인가, 동사 자리인가
>
> ① [(____ ~), 주어 + 동사 + ~.] 형태의 문장에서,
> - 밑줄은 분사 자리이다.
> - 밑줄에 동사원형을 쓰게 되면, 접속사 없이 문장과 문장이 충돌하여 올바른 구조가 되지 않는다.
> - 분사를 쓸 땐, 능동(-ing)과 수동(pp)을 구별해야 한다.
>
> ② [(접속사 + 주어 + ____ ~), 주어 + 동사 + ~.] 형태의 문장에서
> - 밑줄은 동사 자리이다.
> - 접속사 다음에 주어가 있으므로 밑줄은 동사 자리이며,
> - 동사를 쓸 때는 단수/복수, 시제, 인칭, 수동/능동을 구별해야 한다.
>
> ③ [(접속사 + ____ ~), 주어 + 동사 ~.] 형태의 문장에서
> - 밑줄은 분사 자리이다.
> - 접속사 다음에 주어가 없다는 것은 [접속사 + 분사구문]의 형태로 쓰인다는 것이다.
> - 분사를 쓸 때는 능동(-ing)과 수동(pp)을 구별해야 한다.

> **TIP** [접속사 + -ed]의 해석
>
> ① [접속사 + 주어 + -ed + ~]에서 -ed는 과거 시제 동사이므로 능동으로 해석한다.
>
> ② [접속사 + -ed + ~]에서 -ed는 분사이므로 수동으로 해석한다.
> - If used properly, computers will be good for human's life. 적절히 사용되면, 컴퓨터는 인간의 삶에 이로울 것이다.
>
> ③ 다음에 나오는 [접속사 + -ed] 형태의 표현을 확인하자.
> - if handled 다뤄진다면
> - if deceived again 다시 속게 되면
> - when exposed 노출될 때
> - when left alone 혼자 남겨졌을 때
> - though injured 부상당했지만
> - though approved 승인되었지만
> - when read twice 두 번 읽혔을 때
> - when asked to부정사 ~할 것을 요청받았을 때

Exercise

[01~10] 밑줄 친 부분에 들어갈 말로 가장 적절한 것을 고르시오.

01

> While I _____ along the street yesterday, I met an old friend.

① walked　　　② walking　　　③ has walked　　　④ walk

02

> While _____ along the street yesterday, I met an old friend.

① walked　　　② walking　　　③ has walked　　　④ walk

03

> _____ along the street yesterday, I met an old friend.

① Walked　　　② Walking　　　③ Has walked　　　④ Walk

04

> _____ along the street, and you won't miss the post office.

① Walked　　　② Walking　　　③ Has walked　　　④ Walk

05

> _____ finished the work, I went to bed early.

① Had　　　② Having　　　③ Have　　　④ Has

---

01 정답 ①
해설 접속사 다음에 주어가 있으므로 완벽한 문장이 와야 한다. 밑줄 친 부분에는 동사가 필요한데, 시제가 과거이므로 과거 시제 동사 walked가 적절하다.
해석 어제 길을 따라 걷는 도중 오랜 친구를 만났다.

02 정답 ②
해설 접속사 뒤에 주어가 없으므로 분사구문이 온다. 밑줄 친 부분에는 분사가 필요하므로 능동의 분사인 walking이 적절하다.
해석 어제 길을 따라 걷는 도중 오랜 친구를 만났다.

03 정답 ②
해설 접속사도, 주어도 없으므로 분사가 필요하다. 따라서 능동의 분사인 walking이 적절하다.
해석 어제 길을 따라 걷는 도중 오랜 친구를 만났다.

04 정답 ④
해설 접속사 and가 있으므로 [명령문 + and] 구문이다. 따라서 동사원형인 Walk가 적절하다.
해석 길을 따라 걸으면 우체국을 찾게 될 것이다.

05 정답 ②
해설 접속사도, 주어도 없으므로 분사가 필요하다. 일을 끝낸 것은 잠자리에 든 것보다 이전 시점이므로 완료 분사구문이 되도록 Having이 적절하다.
해석 일을 끝마쳤기 때문에 나는 일찍 잠자리에 들었다.

06 _____ I finished the work at that time, I could have gone to bed early.

① Had   ② Having   ③ Hav   ④ Has

07 This book, which _____ in haste, has few mistakes.

① is written   ② written   ③ writing   ④ writes

08 This book, though _____ in haste, has few mistakes.

① is written   ② written   ③ writing   ④ writes

09 She shouted at him, _____ tears.

① weeps   ② weeping   ③ wept   ④ had wept

10 She shouted at him, and _____ tears.

① weeps   ② weeping   ③ wept   ④ had wept

---

06 정답 ①
해설 could have gone을 통해 가정법 과거완료임을 알 수 있고 가정법 도치 구문이므로 Had가 적절하다.
해석 내가 그때 일을 끝마쳤더라면 나는 일찍 잠자리에 들었을 텐데.

07 정답 ①
해설 주격 관계대명사 다음에는 동사가 필요하다. 책이 쓰여진 것으로 수동 관계이므로 is written이 적절하다.
해석 급하게 쓰여진 이 책은 오류가 거의 없다.

08 정답 ②
해설 접속사가 있으나 뒤에 주어가 없으므로 분사구문이 필요한 자리이다. 책이 쓰여진 것으로 수동 관계이므로 pp 형태인 written이 적절하다.
해석 이 책은 급하게 쓰여졌지만, 오류가 거의 없다.

09 정답 ②
해설 접속사도, 주어도 없으므로 분사가 필요하다. 그녀가 눈물을 흘리는 것은 능동 관계이므로 weeping이 적절하다.
해석 그녀는 눈물을 흘리면서 그에게 소리쳤다.

10 정답 ③
해설 접속사 and가 있고, 주어가 없다. 등위접속사가 있어 주어가 She로 공통된다고 볼 수 있으므로 동사가 필요하다. 동사 shouted가 과거 시제이므로 같은 시제인 wept가 적절하다.
해석 그녀는 그에게 소리쳤고 눈물을 흘렸다.

11 밑줄 친 부분 중 가장 어색한 것은?

① 커피 세 잔을 마셨기 때문에, 그녀는 잠을 이룰 수 없다. 〈22 국가 9급〉
→ <u>Having been drunk</u> three cups of coffee, she can't fall asleep.

② 실수했다고 확신했기에 그는 고객들에게 사과를 했다. 〈21 경찰〉
→ <u>Convinced</u> that he made a mistake, he apologized to his customers.

③ 이런 결론에 도착하였기에 우리는 이제 이해의 틀을 갖게 되었다. 〈19 법원 변형〉
→ <u>Having reached</u> this conclusion, we now have a set of understanding.

④ 그는 10년 동안 외국에 있었기 때문에 영어를 매우 유창하게 말할 수 있다. 〈17 국가 9급〉
→ <u>Having been</u> abroad for ten years, he can speak English very fluently.

12 밑줄 친 부분 중 가장 적절한 것은?

① 회의에서 논의된 바와 같이, 새로운 정책들은 상당한 이익을 가져다줄 것이다. 〈21 경찰〉
→ As <u>discussing</u> in the meeting, the new policies will bring significant benefits.

② 상층의 공기에 일단 끌려 들어가면 곤충, 씨앗 등은 쉽게 다른 곳으로 운반될 수 있다. 〈21 지역인재〉
→ Once <u>drawing</u> into the upper air, insects, seeds, and the like can easily be carried to other parts.

③ 그는 혼란에 빠진 채로 회의실을 떠났다. 〈15 지방 7급〉
→ <u>Covering</u> with confusion, he left the conference room.

④ 제비들은 둥지를 만들기 위하여 자신들의 부리를 바늘처럼 사용한다. 〈12 지방 7급〉
→ <u>To build</u> their nests, swallows use their bills as needles.

---

11 정답 ①

해설 ① Having been drunk → Having drunk / 주절의 주어인 she의 입장에서는 '커피를 마시다'라는 능동의 표현이 적절하므로 능동의 분사를 사용해야 한다.
② [be convinced that](~을 확신하다)이 분사구문인 Convinced that ~으로 사용되었다.
③ 분사구문의 위치이며, 뒤에 목적어가 있으므로 능동의 표현을 써야 한다. 결론에 도달한 것은 이해의 틀을 갖게 된 것보다 이전 시점이므로 현재완료형이 적절하다.
④ [Having been ~, 주어 + 동사]로 분사구문이 바르게 쓰였다.

12 정답 ④

해설 ① discussing → discussed / [접속사 + 분사구문]의 형태이다. 해석상 '논의된 바와 같이'로 수동의 의미이므로 discussed로 써야 한다.
② drawing → drawn / [접속사 + 분사구문]으로 once가 접속사로 기능하고 있다. 주절의 주어(insects, seeds, and the like)가 '끌려가다'라는 수동의 의미가 적절하므로 수동의 분사를 사용해야 한다.
③ Covering → Covered / 분사구문으로 주절의 주어 he는 혼란을 만드는 것이 아니라 혼란에 빠진 것이므로 수동의 의미가 필요하다. 뒤에 목적어가 없다는 것이 수동의 분사를 뒷받침한다.
④ to build의 행동의 주체와 주절의 주어 swallows가 일치하므로 올바른 문장이다.

[13~14] 밑줄 친 부분에 들어갈 말로 가장 적절한 것을 고르시오.

13

> Exhausted, the old ladies went directly to their bedrooms and _____.

① ignoring any knockings on their doors
② ignored any knockings on their doors
③ having ignored any knockings with their doors
④ having been ignored any knocking with their doors

14

> Sybilla Masters was among the earliest inventors in North America, _____ and marketing things she manufactured.

① securing patents in 1715 and 1716
② who securing patents in 1715 and 1716
③ secured patents in 1715 and 1716
④ and securing patents in 1715 and 1716

---

13 정답 ②

해설 [주어 + 동사 ~, and ____ ...]의 구조이다. 등위접속사 and가 있으므로 병치구조로 연결된다. 앞에 과거 시제 동사 went가 있으므로 같은 과거 시제인 ignored가 오는 것이 적절하다. 문장의 주어는 the old ladies이므로 동일하므로 생략 가능하다.

해석 나이 든 여인들은 지친 나머지 침실로 곧장 가서 어떤 노크도 무시한 채 잠이 들었다.

14 정답 ①

해설 [주어 + 동사 ~, _____ and marketing ~] 구조이다. 앞에 문장이 있으므로 동사가 나오지 못하고 분사구문으로 이어져야 한다. 또한 and 뒤의 marketing ~도 분사구문이 병치구조로 이어진다는 것을 보여주므로, marketing과 같은 능동의 분사인 securing이 적절하다.

해석 Sybilla Masters는 북미에서 가장 최초의 발명가들에 속했는데, 1715년과 1716년에 특허를 획득하고 그녀가 제조한 물건들을 판매했다.

어휘 secure 확보하다 patent 특허

27 [with + 명사 + 분사] 구문

📖 출제 빈도가 줄어들면서 중요도는 감소하고 있지만 몇몇 기본 표현은 암기하자.

1 [with + 명사 + 분사] 구문

전치사 with가 사용되었으므로 명사 다음에 동사 대신 분사를 사용한다. '[명사]가 [분사]하면서' 또는 '[명사]가 [분사]하기에'로 해석한다.

- She crossed the stream with her skirt raised to her knees. 치마가 무릎까지 올려진 채로 그녀는 개울을 건넜다.
  ➡ raise는 타동사이며, her skirt는 올려지는 것이므로 수동의 의미를 나타내기 위해 pp를 사용해야 한다.

- She crossed the stream with her skirt rising to her knees. 치마가 무릎까지 올라간 채로 그녀는 개울을 건넜다.
  ➡ rise는 자동사이므로 수동태를 사용할 수 없다. 따라서 -ing형으로 사용해야 한다.

- With winter coming on, it's time to buy warm clothes. 겨울이 다가오기 때문에, 따뜻한 옷을 사야 할 시기이다.
  ➡ 전치사 with가 있으므로 동사 comes를 쓰지 못하고 분사 coming을 쓴다.

2 [with + 명사 + 분사] 구문의 다양한 표현들

분사 자리에 분사 외에 형용사, 전명구 등의 다양한 표현이 올 수 있다.

- He stood leaning against the wall with his arms folded. 그는 팔짱을 끼고 벽에 기대면서 서 있었다.

- He sat on the chair with his legs crossed. 그는 다리를 꼬고 의자에 앉아 있었다.

- He sat on the chair with his eyes closed. 그는 눈을 감은 채로 의자에 앉아 있었다.

- He sat on the chair with his eyes open. 그는 눈을 뜬 채로 의자에 앉아 있었다.
  ➡ opened가 아닌 형용사 open을 사용하는 것이 일반적이다.

- Don't speak with your mouth full. 입에 음식을 가득 담은 채로 말하지 마라.
  ➡ 형용사 full 대신 filled를 쓸 수도 있다.

- He stood with his hands in his pockets. 그는 주머니에 손을 넣은 채로 서 있었다.

- He fell asleep with his hat on. 그는 모자를 쓴 채로 잠들었다.

3 분사구문의 부정

- As he did not receive the letter, he wrote her again. 편지를 안 받았기 때문에, 그는 그녀에게 다시 편지를 썼다.

  = Not receiving the letter, he wrote her again.
  ➡ 분사구문을 부정할 때 분사 앞에 not을 붙인다.

Exercise

[01~05] 밑줄 친 부분이 맞으면 O, 틀리면 X를 쓰시오.

01 With many people ill, the meeting was cancelled. ⟨16 국가 7급⟩

02 Recycling begins at home, with individuals separated wastes into various categories.

03 With her eyes wide open, she stared at the man. ⟨15 지방 7급⟩

04 He walked straight into the water with all of his clothes on. ⟨18 지방 7급 변형⟩

05 Sitting with the legs crossing for a long period can raise blood pressure. ⟨22 국가 9급⟩

[06~09] 밑줄 친 부분이 맞으면 O, 틀리면 X를 쓰시오.

06 They studied harder in order to not fail in the next exam.

07 He was used not to having a car.

08 Having not finished his homework, he went to bed early.

09 Hardly knowing what to say, I remained silent.

---

01 정답 O
해설 [with + 명사 + 분사] 구문이다. 분사 대신 형용사를 써도 된다.
해석 많은 사람들이 아파서 회의가 취소되었다.

02 정답 X
해설 separated → separating / [with + 명사 + 분사] 구문이다. individuals(개개인들)와 separate(분리하다)의 관계는 능동이고, 뒤에 목적어(wastes)가 있으므로 separating이 적절하다.
해석 재활용은 개개인이 쓰레기를 여러 범주로 분리하면서, 가정에서 시작된다.

03 정답 O
해설 [with + 명사 + 분사] 구문이다. 분사 대신 형용사(open)를 써도 무방하다.
해석 눈을 크게 뜬 채로 그녀는 그 남자를 응시했다.

04 정답 O
해설 [with + 명사 + 분사] 구문이며, [with + 옷 + on](옷을 입은 채로)의 의미가 된다.
해석 그는 옷을 모두 입은 채 물속으로 곧장 걸어갔다.

05 정답 X
해설 crossing → crossed / [with + 명사 + 분사] 구문으로 명사인 legs와 cross는 수동의 관계가 적절하므로 수동의 분사 crossed를 사용해야 한다.
해석 다리를 꼰 채로 오랫동안 앉아 있는 것은 혈압을 상승시킬 수 있다.

06 정답 X
해설 in order not to fail / to부정사를 부정할 때 not은 to부정사 바로 앞에 쓴다.
해석 그들은 다음 시험에 낙제하지 않기 위해서 더 열심히 공부했다.

07 정답 X
해설 to not having / 동명사 having을 부정할 때는 동명사 바로 앞에 not을 쓴다.
해석 그는 차를 가지고 있지 않은 것에 익숙하다.

08 정답 X
해설 Not having finished / 분사 having을 부정할 때는 분사 바로 앞에 not을 쓴다.
해석 숙제를 끝마치지 않았지만, 그는 일찍 잠자리에 들었다.

09 정답 O
해설 hardly와 같은 준부정어와 not 등은 준동사인 분사 바로 앞에 쓴다.
해석 무엇을 말해야 할지 거의 몰랐기에, 난 잠자코 있었다.

PART TEST

[01~02] 밑줄 친 부분에 들어갈 말로 가장 적절한 것을 고르시오.

01.
> When _____, most customers stated that quality was their first consideration and price their second.

① surveying
② it surveying
③ having surveyed
④ surveyed

02.
> Monkeys and apes are extraordinarily communicative, _____ to tell one another how they feel.

① they use body language and facial gestures
② have used body language and facial gestures
③ used body language and facial gestures
④ using body language and facial gestures

[03~05] 다음 중 어법상 가장 어색한 것을 고르시오.

03.
> The research team has published its findings in a peer-reviewed journal, ① placing an emphasis on unexpected trends. ② Having been examined over 500 cases, the leading scientist emphasized the importance of long-term observation. Some critics argued that the team seemed ③ to have overlooked variables that could ④ affect the accuracy of the final conclusions.

---

01 ④
해설 • [접속사 + 주어 + 동사] = [접속사 + 분사구문]이다. ②와 같은 [주어 + 분사]는 성립할 수 없다.
• ①과 ③은 능동의 분사이고, ④는 수동의 분사이다. 목적어가 없고, 주어인 customers는 '조사 받을 때'라는 수동의 의미가 적절하므로 ④가 적절하다.
해석 설문조사를 받았을 때, 대부분의 손님들은 품질이 우선이고 가격은 둘째라고 진술했다.
어휘 survey 조사하다 state 진술하다, 말하다

02 ④
해설 • [주어 + 동사 ~, _____~]의 구조이다. use의 목적어가 있으므로 능동의 분사를 사용해야 한다. ④의 using이 분사구문의 형태를 취하고 있다.
• ①, ②처럼 [주어 + 동사] 형태가 들어오려면 접속사(and 등)가 있어야 하므로 이 문장에서는 사용할 수 없다.
해석 원숭이들과 유인원들은 서로에게 자신의 감정을 전달하기 위해 몸짓과 얼굴 표정을 사용하면서 남들과 의사소통을 잘한다.
어휘 ape 유인원 extraordinarily 남다르게 communicative 소통을 잘하는

03 ②
해설 ① [주어 + 동사 ~, _____…]의 구조로 후치 분사구문이다. 뒤에 목적어가 되는 명사가 있으므로 능동의 분사 사용은 적절하다.
② Having been examined → Having examined / 숫자 앞에 사용되는 over는 '~ 넘게'를 의미하는 부사이므로 over 500 cases는 전명구가 아니라 명사구이며, examine의 목적어가 된다. 의미상 '과학자가 500개 넘는 사례를 검토하다'라는 능동의 표현이 필요하므로 능동의 분사를 사용해야 한다.
③ [seem to부정사](~하는 것으로 보이다) 구조이다. overlook(간과하다)의 목적어로 variables가 있으므로 능동의 표현이 필요하다. 시점에 대한 별도의 표현이 없으면 시점에 대한 고민은 하지 않는다.
④ affect는 타동사이므로 목적어 앞에 전치사 on을 사용하지 않는다.
해석 그 연구팀은 자신들의 결과를 동료들에 의해 검토되는 학술지에 발표했으며, 예기치 않은 경향을 강조했다. 500건 이상의 사례를 분석한 후, 선임 과학자는 장기 관찰의 중요성을 강조했다. 일부 비평가들은 그 팀이 최종 결론의 정확성에 영향을 줄 수 있는 변수들을 간과했던 것처럼 보인다고 주장했다.
어휘 publish 출판하다, 발표하다 findings 발견한 것들, 연구 결과 peer-reviewed 동료들에 의해 검토되는 place an emphasis on ~을 강조하다 observation 관찰 overlook 간과하다 variable 변수 affect 영향을 미치다 accuracy 정확성

04.
If ① handling with the appropriate care and attention to their specific needs, the worms demonstrate a remarkable ability ② to reproduce well in captivity, often doubling or even tripling their numbers within just a few months, showing their adaptability and resilience in ③ controlled environments. This prolific reproduction is crucial for research purposes and sustainable farming practices, where ④ maintaining a stable population is essential for ongoing studies and agricultural productivity.

05.
Recently ① released data from the University of Georgia indicate that student enrollment at the university ② has increased by more than 50 percent since 1970, with the most significant increase ③ occurred in African American students. Currently, the University of Georgia is the state's largest university, and if growth rates continue, it may well become the nation's largest university. ④ Founded in 1785, the university is one of the oldest in the United States and boasts many famous alumni. From the time the university was founded until the early 1960s, enrollment increased only minimally.

---

04 ①

해설 ① handling → handled / [접속사 + 분사구문]이다. 주절의 주어 (the worms)와 동사 handle(다루다)의 관계는 수동으로 '적절하게 다뤄진다면'이 적절하므로, 수동의 분사인 handled를 써야 한다.
② to부정사가 ability를 수식하는 형용사적 용법으로 '잘 번식하는 능력'의 의미이다.
③ 명사 environments를 수식하는 분사로 '통제된 환경'을 표현하는 수동의 분사는 적절하다.
④ maintaining a stable population(안정적인 개체군을 유지하는 것)이 동명사구로 where절의 주어로 사용되고 있다.

해석 그들의 특정한 요구에 주의를 기울여 적절하게 관리되면, 그 벌레들은 포획된 상태에서도 잘 번식하는 놀라운 능력을 보여주며, 종종 몇 달 내에 그 수를 두 배나 심지어 세 배까지 늘릴 수 있어, 조절된 환경에서의 적응력과 회복력을 과시한다. 이러한 풍부한 번식은 연구 목적과 지속 가능한 농업 관행에 있어서 중요한데, 지속적인 연구와 농업 생산성을 위해 안정적인 개체군을 유지하는 것이 필수적이다.

어휘 handle 다루다 specific 특정한 demonstrate 선보이다, 입증하다 reproduce 번식하다 in captivity 포획된 triple 세 배가 되다 adaptability 적응성 resilience 회복력 prolific 다산의 ongoing 지속적인

05 ③

해설 ① released(배포된)는 명사 data를 수식하는 분사로서 '최근에 배포된 데이터'를 의미한다.
② since 1970이 있어 현재완료 시제는 적절하다. increase는 '증가하다, 증가되다'로 자동사와 타동사로 기능하므로 능동의 표현도 적절하다.
③ occurred → occurring / [with + 명사 + 분사] 구문이다. occur는 수동태 불가 동사이고, 의미상 '가장 큰 증가가(흑인 학생들에게) 일어났다'는 능동의 의미이므로 능동의 분사 occurring을 쓴다.
④ [____ ~, 주어 + 동사 …]의 전치 분사구문이다. found(설립하다)의 목적어가 없고, 의미상 '1785년에 설립되어'가 적절하므로 수동의 분사를 사용한다.

해석 조지아 대학교에서 최근 발표한 자료에 의하면, 대학교의 학생 등록은 1970년 이래 50% 이상 증가했고, 특히 흑인 학생들의 증가세가 가장 두드러졌다. 현재, 조지아 대학교는 주에서 가장 큰 대학이며 지금과 같은 성장률을 계속 유지한다면 국내에서 가장 큰 대학이 될 만도 하다. 1785년에 설립된 그 대학교는 미국에서 가장 역사가 오래된 대학 가운데 하나이며 많은 유명한 동문을 자랑하고 있다. 설립 이래 1960년대 초까지 등록 학생 수는 미미한 수준으로만 증가했다.

어휘 enrollment 등록 boast 자랑하다 alumni 동창생들 minimally 조금씩

PART
09

접속사

28 등위접속사

29 that절과 what절

30 if절과 whether절

31 부사절과 as 구문

PART TEST

28 등위접속사

> 병치구조는 문장에서 가장 많이 보게 되는 구조이다. 공통 인수를 찾아 어느 부분이 병치인지 파악하자.

1 등위접속사의 종류

- She is very kind, and I like her very much. 그녀는 매우 친절하다. 그리고 난 그녀를 매우 좋아한다.
- I used to play the piano, but I have given it up. 나는 피아노를 연주하곤 했다. 그러나 포기했다.
- He can give a ring to you, or you may call him up. 그가 너에게 전화할 수 있다, 아니면 네가 그에게 전화할 수도 있다.
- I couldn't go there, for it was raining heavily. 나는 그곳에 갈 수 없었다. 비가 엄청 왔기 때문이다.
  → for는 전치사로 자주 쓰이지만, 접속사로 쓰이는 경우에는 for 다음에 문장이 나오고 '왜냐하면'의 뜻으로 쓰인다.
- I was very hungry, so I ate dinner early. 나는 배가 몹시 고팠다, 그래서 저녁을 일찍 먹었다.
  → so는 부사로도 쓰이므로 구별을 잘해야 한다. so가 접속사로 쓰이면 반드시 앞에 콤마가 나오고 뒤에는 완전한 문장이 나와서 '그래서'의 뜻으로 쓰인다.

2 병치구조

등위접속사는 문장과 문장을 연결하는 기능을 한다. and, but, or는 문장과 문장뿐만 아니라, 절과 절, 구와 구, 단어와 단어도 연결할 수 있으며, 대등한 구조(병치구조)를 이룬다.

- He was fond of playing baseball and watching movies. 그는 야구하는 것과 영화 보는 것을 좋아한다.
  → He was fond of playing baseball + He was fond of watching movies가 결합된 형태이다.
  cf. (x) He was fond of playing baseball and watch movies.

3 배열의 A, B, C (= A, B and C)

세 개 이상의 단어 또는 구를 배열할 때는 일반적으로 [A, B, and C]로 표현한다. A, B, C는 모두 병치구조를 이룬다.

> 공통 인수의 관계: X × A + X × B + X × C = X(A + B + C) → X (A, B, and C)

- He wants to play baseball, wants to watch movies, and wants to go fishing.
  그는 야구하는 것을 원하고, 영화를 보는 것을 원하고, 그리고 낚시를 가는 것을 원한다.
  = He wants to play baseball, to watch movies, and to go fishing.
  = He wants to play baseball, watch movies, and go fishing.

4 등위상관접속사

- Both garlic and onion have a strong smell. 마늘과 양파는 둘 다 강한 냄새를 가지고 있다.
  → both A and B(A와 B 둘 다)가 주어가 되는 경우 동사는 복수형을 사용한다.

- Either you or he has to go there. 당신이나 그 중 한 명이 그곳에 가야 한다.
  → either A or B(A와 B 둘 중 하나)가 주어가 되는 경우, B와 동사를 일치시킨다.

- **Neither** you **nor** I am wrong. 당신과 나는 둘 다 잘못이 없다.
  - ➡ neither A nor B(A와 B 둘 다 아니다)가 주어가 되는 경우, 뒤쪽의 B와 동사를 일치시킨다.

- **Not** you **but** I am to blame. 당신이 아니라 내가 비난받아야 한다.
  - ➡ not A but B(A가 아니라 B)가 주어가 되는 경우, 뒤쪽의 B와 동사를 일치시킨다.

- **Not only** my brother **but also** I am to go abroad in July. 내 형뿐만 아니라 나도 7월에 해외로 갈 것이다.
  - ➡ not only A but also B(A뿐만 아니라 B도)가 주어가 되는 경우, 강조하는 말인 B와 동사를 일치시킨다. also는 생략 가능하다.
  - = I **as well as** my brother am to go abroad in July.
  - ➡ B as well as A의 구조이며, B와 동사를 일치시킨다.

- He **not only** could do it **but (also)** wanted it. 그는 그것을 할 수 있었을 뿐만 아니라 그것을 원했다.
  - = **Not only** could he do it, **but** he **(also)** wanted it.
  - ➡ 부정 부사어인 not only가 문장 앞으로 오면 주어와 동사가 도치된다.
    도치 시 어순: [Not only + 조동사 + 주어 + 동사, but + 주어 + 동사]

Exercise

[01~06] 밑줄 친 부분이 맞으면 O, 틀리면 X를 쓰시오.

01 Jane, my neighbor is <u>young, beauty, tall and talented</u>.

02 German shepherd dogs are <u>smart, alert, and loyalty</u>. ⟨14 지방 9급⟩

03 When free at home, my mother likes <u>to knit, sew and cook</u>.

04 The value of precious gems is determined by <u>their hardness, color, and brilliant</u>.

05 In doing this he set a famous example of <u>courage, independence, and worthy</u>.

06 My home offers me a feeling of <u>security, warm, and love</u>. ⟨22 지방 9급⟩

[07~11] 밑줄 친 부분이 맞으면 O, 틀리면 X를 쓰시오.

07 That place is fantastic whether you like swimming or <u>to walk</u>. ⟨16 지방 9급⟩

08 A collaborative space program could build greater understanding, promote world peace, and <u>improving</u> scientific knowledge. ⟨17 서울 7급⟩

09 He studied medicine at university but <u>end up</u> working for an accounting firm. ⟨22 지방 9급⟩

10 I walked along the hall, <u>keeping</u> close to the side. ⟨20 지역인재⟩

11 Neither threat nor persuasion <u>hasn't forced</u> him to change his mind. ⟨13 지방 7급⟩

---

01 정답 X
해설 beauty(아름다움) → beautiful(아름다운) / 형용사 보어의 병치구조가 되어야 한다.
해석 나의 이웃인 Jane은 젊고, 아름답고, 키가 크고 재능이 많다.

02 정답 X
해설 loyalty (충성심) → loyal(충성스러운) / 형용사 보어의 병치구조가 되어야 한다.
해석 독일산 셰퍼드는 영리하고, 기민하고, 충성스럽다.

03 정답 O
해설 to 다음의 동사원형이 병치구조를 이루고 있다.
해석 집에서 한가할 때면, 어머니는 뜨개질하고, 바느질하고 요리하는 것을 좋아하신다.

04 정답 X
해설 brilliant(빛나는) → brilliance(광택) / 전치사 by 다음의 명사는 병치구조가 되어야 한다.
해석 값비싼 보석의 가치는 강도, 색, 그리고 광택에 의해 결정된다.

05 정답 X
해설 worthy(가치 있는) → worth(가치) / 전치사 of 다음의 명사는 병치구조가 되어야 한다.
해석 이것을 함으로써 그는 용기, 독립성, 가치에 대한 유명한 본보기를 만들었다.

06 정답 X
해설 warm(따뜻한) → warmth(따뜻함) / 전치사 of 다음의 명사는 병치구조가 되어야 한다.
해석 내 집은 나에게 안전함, 따뜻함, 사랑의 느낌을 준다.

07 정답 X
해설 to walk → walking / swimming과 walking으로 병치구조를 이뤄야 한다.
해석 당신이 수영을 좋아하든지 산책을 좋아하든지, 그곳은 환상적이다.

08 정답 X
해설 improving → improve / [build ~, promote ~ and improve]로 병치구조를 이뤄야 한다.
해석 협력 우주 프로그램은 더 큰 이해의 틀을 만들고, 세계 평화를 촉진시키며, 과학 지식을 향상시킬 수 있을 것이다.

09 정답 X
해설 end up → ended up / [He + studied ~ but ended up ~]이 병치구조를 이뤄야 한다.
해석 그는 대학에서 의학을 공부했으나 결국 회계 회사에서 일하게 되었다.
어휘 **end up -ing** 결국 ~하게 되다. ~하는 상태로 끝나다

10 정답 O
해설 [주어 + 동사 ~, _____ ...]으로 후치 분사구문이다. '유지하면서'를 의미하는 능동의 분사가 적절하다.
해석 나는 측면에 붙어서 복도를 따라 걸어갔다.

12 밑줄 친 부분에 들어갈 말로 가장 적절한 것은?

> _____, but also they are made to feel that they no longer have a function in the community.

① Not they only suffer a variety of ailments
② Not do only they suffer a variety of ailments
③ Not only suffer they from a variety of ailments
④ Not only do they suffer from a variety of ailments

---

11 정답 X
해설 hasn't forced → has forced / [Neither A nor B](A와 B 둘 다 ~하지 않는다)이며, 동사는 B에 일치시킨다. neither가 부정어이므로 다시 not을 사용하지 않는다. [force + 목적어 + to부정사](목적어가 ~하도록 강요하다) 구문도 알아두어야 한다.
해석 협박도 하고 설득도 했지만, 그의 결심을 뒤집을 수는 없었다.

12 정답 ④
해설 [Not only + 문장 + but (also) 문장]의 구조이다. [not only(부정 부사어) + 도치] 구문이 되므로 조동사(do)가 주어(they) 앞에 와야 한다.
해석 그들은 다양한 질환으로 고통 받을 뿐만 아니라 지역사회에서 더 이상 어떤 역할도 하지 못한다고 느끼게 된다.

that절과 what절

> that절과 what절의 구별은 절 관련 문제 해법의 기본원리를 가장 잘 보여준다. 절 관련 문제를 풀 때는 주절의 동사와 종속절의 동사를 찾아 판단하는 것이 핵심임을 명심하자.

1 문제풀이의 논리적 접근방식

① 절의 영역을 설정한다.
② 절의 문장이 완전한 문장인지 불완전한 문장인지를 판단한다. 완전한 문장이면 접속사절, 불완전하면 관계사절이다.
③ 접속사절이면 접속사를 선택하고, 관계사절이면 관계사를 선택한다.

2 what과 that의 차이

- <u>That</u> the team needs a new leader is obvious. 그 팀이 새로운 지도자가 필요하다는 것은 명확하다.
  → the team needs a new leader는 완전한 문장이므로 that은 접속사이다.

- The rumor <u>that</u> the company would go bankrupt proved false. 그 회사가 파산할 것이라는 소문은 거짓으로 판명되었다.
  → the company would go bankrupt는 완벽한 문장이므로 접속사가 필요하다. rumor는 선행사가 아니라, 동격의 접속사 that이 이끄는 절이 수식하는 단어이다.

- The man and his dog <u>that</u> lived in the village disappeared suddenly. 그 마을에 살던 남자와 개가 갑자기 사라졌다.
  → lived in the village는 주어가 없어 불완전한 문장이며, 선행사인 the man and his dog가 있으므로 관계사 that이 필요하다.

- <u>What</u> she said turned out to be true. 그녀가 말한 것은 진실로 판명되었다.
  → 동사 said 뒤에 목적어가 없어 불완전한 문장이므로 관계사가 필요하다. 선행사가 없으므로 관계사 what이 필요하다.

3 문장에서 that절을 해석하는 방법 3가지

① that절 앞에 명사가 있으면 → that하는 (형용사절)

- A man <u>that</u> had a gun in his right hand was coming in the village. 오른손에 총을 든 한 남자가 마을에 들어오고 있었다.

② that절 앞에 명사가 없으면 → that이라는 것 (명사절)

- She thought <u>that</u> he would kill someone with the gun. 그녀는 그가 누군가를 총으로 살해할 것이라고 생각했다.

③ 그 외 관용구문

- She was <u>so</u> frightened <u>that</u> she entered her house and closed all windows.
  그녀는 <u>너무</u> 무서웠다, <u>그래서</u> 집에 들어가서 모든 창문을 닫았다.

- She peeked out through the hole <u>so that</u> she could see what would happen outside.
  그녀는 구멍을 통해 밖을 내다보았다, 무슨 일이 밖에서 벌어질 것인가를 <u>보기 위해서</u>.

- He differed from other gangsters <u>in that</u> he didn't have his face masked.
  그는 다른 강도들과는 달랐다, 얼굴을 가리지 않았다는 <u>점에서</u>.

Exercise

[01~12] 다음 중 어법상 옳은 것을 고르시오.

01 [That / What] she completed the assignment ahead of schedule surprised everyone on the team, including the project supervisor.

02 [That / What] appeared to be a shark was lurking behind the coral reef.

03 [That / What] Freud discovered was the scientific method by which the unconscious can be studied.

04 Much of [that / what] is said about the theory of evolution by natural selection has come from observations made by Charles Darwin at the Galapagos Island.

05 The manager confirmed [that / what] the project deadline would be extended due to unexpected technical issues during development.

06 She finally understood [that / what] the professor meant during the lecture after reviewing her notes carefully at home.

07 The problem is [that / what] many students fail to recognize early in their academic careers.

08 The truth is [that / what] the company was not fully prepared for the rapid changes in consumer behavior after the pandemic.

---

01 정답 That
해설 절의 구성이 [주어 + completed + 목적어 + ~]로 완전한 문장 구조를 이루므로 접속사 that이 필요하다.
해석 그녀가 일정보다 앞서 과제를 완료했다는 사실은 프로젝트 관리자를 포함한 팀원 모두를 놀라게 했다.
어휘 assignment 과제 supervisor 감독관, 관리자

02 정답 What
해설 [____ + appeared to be + 보어]로, appeared to be의 주어 역할을 하는 주격 관계사가 필요하다. 선행사가 없으므로 관계사 what이 적절하다.
해석 상어처럼 보이는 것이 산호초 뒤에 숨어 있었다.
어휘 lurk 잠복하다, 숨어 있다 coral reef 산호초

03 정답 What
해설 [주어 + discovered + ____] 구조로, discovered의 목적어 역할을 하는 목적격 관계사가 필요하다. 선행사가 없으므로 관계사 what이 적절하다.
해석 프로이트가 발견했던 것은 무의식이 연구될 수 있는 과학적 방법이다.
어휘 the unconscious 무의식

04 정답 what
해설 [__ + be said]로 be said의 주어 역할을 하는 주격 관계사가 필요하다. 선행사가 없으므로 관계사 what이 적절하다.
해석 자연선택에 의한 진화론에 관해 언급된 많은 부분은 갈라파고스 섬에서 찰스 다윈에 의해 행해진 관찰에서 비롯된다.
어휘 natural selection 자연선택 observation 관찰

05 정답 that
해설 [주어 + would be extended + ~]로 완전한 문장 구조이므로 접속사 that이 필요하다.
해석 관리자는 개발 도중 발생한 예상치 못한 기술 문제로 인해 프로젝트 마감일이 연장될 것이라고 확인했다.
어휘 confirm 확인하다 be extended 연장되다

06 정답 what
해설 [주어 + meant + ____ + ~]로 목적어 역할을 하는 목적격 관계사가 필요하다. 선행사가 없으므로 관계사 what이 적절하다.
해석 그녀는 집에서 노트를 꼼꼼히 복습한 후에야 강의 중 교수님이 의미하신 것을 비로소 이해했다.
어휘 mean 의미하다 review 검토하다, 복습하다

07 정답 what
해설 [주어 + fail to recognize + ____ + ~]로 선행사가 없으므로 recognize의 목적어 역할을 하는 목적격 관계사 what이 필요하다.
해석 문제는 바로 많은 학생들이 학창 시절 초기에 알아차리지 못한다는 것이다.
어휘 fail to부정사 ~하지 않다 recognize 알아차리다, 인정하다

08 정답 that
해설 [주어 + was not fully prepared + ~]로 완전한 구조를 이루고 있으므로 접속사 that이 필요하다.
해석 사실은 팬데믹 이후 소비자 행동의 급격한 변화에 회사가 충분히 대비하지 못했다는 것이다.
어휘 be prepared for ~을 대비하다 pandemic 팬데믹, 전국적인 유행병

Exercise

09 Certain layers of the atmosphere have special names [that / what] indicate their properties.

10 The manager approved the proposal [that / what] the marketing team submitted, as it aligned perfectly with the company's long-term strategy.

11 This is the opportunity [that / what] many young entrepreneurs have been waiting for to expand their business internationally.

12 The professor gave a warning [that / what] plagiarism would result in immediate failure of the course and possible disciplinary action.

13 밑줄 친 부분에 들어갈 말로 가장 적절한 것은?

> _____ is the quest to find the immutable and universal laws that govern processes, presuming that there are cause and effect relations among these processes.

① If we may call science
② However we may call science
③ That we may call science
④ What we may call science

---

09 정답 that
해설 [____ + indicate + 목적어]로 indicate의 주어 역할을 하는 주격 관계사가 필요하다. 선행사 names가 있으므로 관계사 that이 적절하다.
해석 어떤 대기권은 자신의 특성을 잘 나타내는 이름을 가지고 있다.
어휘 layer 층 indicate ~을 가리키다 properties 특성

10 정답 that
해설 [주어 + submitted + ____]로 submitted의 목적어 역할을 하는 목적격 관계사가 필요하다. 선행사 proposal이 있으므로 관계사 that이 적절하다.
해석 관리자는 마케팅 팀이 제출한 그 제안을 승인했는데, 그것은 회사의 장기 전략과 완벽히 일치했기 때문이다.
어휘 submit 제출하다 align with ~와 일치하다, ~와 정렬하다 long-term 장기간의

11 정답 that
해설 [주어 + have been waiting for + ____ + ~]로 wait for의 목적어 역할을 하는 목적격 관계사가 필요하다. 선행사 opportunity가 있으므로 관계사 that이 적절하다.
해석 이것은 많은 젊은 기업가들이 해외로 사업을 확장하기 위해 기다려온 기회이다.
어휘 entrepreneur 기업가 expand 확장하다

12 정답 that
해설 [주어 + would result in + 목적어]로 완전한 구조를 이루고 있으므로, 앞의 명사 warning의 내용을 설명하는 동격의 that이 적절하다.
해석 교수는 표절이 즉각적인 과목 낙제와 징계 조치로도 이어질 것이라는 경고를 했다.
어휘 plagiarism 표절 result in ~을 초래하다 immediate 즉각적인 disciplinary 징계의

13 정답 ④
해설 • 밑줄 친 부분은 주어 자리이므로 명사절을 쓴다. if절은 부사절이며 주어로 사용되지 못하므로 ①은 후보에서 제외된다.
• however는 형용사나 부사를 수식해야 하므로 ②도 성립하지 않는다.
• however는 보통 부사절을 이끌거나 형용사를 수식해야 하므로 ②도 후보에서 제외된다.
• [____ / we(주어) + may call(동사) + ____ + science(목적격보어)] 구조에서 목적어가 필요한데, that은 선행사 없이 단독으로 목적어 역할을 할 수 없기 때문에 사용할 수 없다. 이 경우 선행사 없이 목적어 역할을 하는 what이 적절하다.
해석 우리가 과학이라고 말하는 것은 어떤 과정들 중에 인과 관계가 있다고 가정하고, 이 과정들을 지배하는 변하지 않는 보편적인 규칙을 찾는 탐구이다.
어휘 quest 탐구, 탐색 immutable 불변의 universal 보편적인 govern 지배하다 presume 가정하다

30 if절과 whether절

개편된 출제유형에서는 빈도가 낮을 수 있지만, if절과 whether절의 해석은 기본이므로 잘 파악하자.

1 if절의 의미

① ~한다면
- If it rains tomorrow, I will postpone my departure. (조건 부사절)
  비가 온다면 나는 출발을 미룰 것이다.

- If I were a bird, I could fly to you. (가정법 과거)
  내가 새라면 너에게 날아갈 텐데.

② ~일지 아닐지
- I'm not sure if he will come back. (명사절의 if = whether)
  그가 올아올지 아닐지 확실하지 않다.

③ 비록 ~일지라도 (= even if)
- If the sun were to rise in the west, I would not change my mind. (극단적인 가정)
  해가 서쪽에서 뜬다 할지라도, 나는 내 마음을 바꾸지 않겠다.

- A good book, if not the best, is worth reading. (양보)
  좋은 책은, 최고의 책은 아닐지라도, 읽을 가치가 있다.

2 whether절의 의미

① ~일지 아닐지: whether절이 주어, 전치사의 목적어로 쓰이거나, whether to부정사, whether or not으로 사용될 때 whether를 if로 바꿀 수 없다

- Whether he will come back or not depends on his success. (주어로 사용. whether는 if로 바꿀 수 없음)
  그가 돌아올지 안 올지는 그의 성공에 달려 있다.

- It depends on whether he will come back or not. (전치사의 목적어로 사용)
  그것은 그가 올지 안 올지에 달려 있다.

- He couldn't decide whether to go or to turn back. (whether는 if로 바꿀 수 없음)
  그는 가야 할지 돌아가야 할지 결정하지 못했다.

- We are discussing whether or not we should expand our operations overseas. (whether는 if로 바꿀 수 없음)
  우리는 해외로 사업을 확장해야 할지를 논의하고 있다.

② ~하든지 말든지 간에
- Whether he comes or not, I will go. (양보 부사절)
  그가 오든지 안 오든 간에, 나는 가겠다.

Exercise

[01~06] 다음 중 어법상 옳은 것을 고르시오.

01 [If / Whether] she likes the present is not clear to me.

02 It depends on [if / whether] he will come back or not.

03 He couldn't decide [if / whether] to go or to turn back.

04 She hasn't decided [if / whether] or not she wants to apply for the position.

05 If it [rains / will rain] tomorrow, I will postpone my departure.

06 I wonder [that / whether] they will agree with us or not.

07 밑줄 친 부분에 들어갈 말로 가장 적절한 것은?

> _____ turn to the declarations of the past or to the professions of the present, the conduct of the nation seems equally hideous and disgusting.

① We
② Whether we
③ That we
④ What we

---

01 정답 Whether
  해설 if절은 주어로 사용하지 않는다.
  해석 그녀가 그 선물을 좋아하는지 아닌지는 나에게 명확하지 않다.

02 정답 whether
  해설 if절은 전치사 다음에 쓰지 않는다.
  해석 그것은 그가 돌아올지 안 올지에 달려 있다.

03 정답 whether
  해설 [if to부정사]는 사용할 수 없고, [whether to부정사]를 사용한다.
  해석 그는 가야 할지 돌아가야 할지 결정하지 못했다.

04 정답 whether
  해설 [if or not]은 사용할 수 없고, [whether or not]을 사용한다.
  해석 그녀는 그 직책에 지원할지를 아직 결정하지 못했다.

05 정답 rains
  해설 조건부사절에서는 현재 시제가 미래를 대신한다. 3인칭 단수 현재 시제이므로 동사에 -s를 붙인다.
  해석 내일 비가 온다면 나는 출발을 미룰 것이다.

06 정답 whether
  해설 that절은 의미상 or not과 결합하지 못하므로 whether를 사용해야 한다.
  해석 그들이 우리의 의견에 동의할지 안 할지 궁금하다.

07 정답 ②
  해설 문장의 구조는 [_____, the conduct of the nation(주어) + seems(동사) + ~]이다. 밑줄 친 부분은 부사절이 필요한 자리이며, 보기에서 부사절을 이끌 수 있는 것은 whether뿐이다. [whether ~ A or B]는 'A하든 B하든 간에'의 의미를 지닌다. that절과 what절은 명사절이므로 ③과 ④는 정답이 되지 않는다.
  해석 우리가 과거의 선언에 의존하든 현재의 주장에 의존하든, 국가의 행태는 똑같이 혐오스럽고 역겹게 보인다.
  어휘 turn to ~에 의존하다 declaration 선언 profession 선언 conduct 행위, 경영 hideous 섬뜩한 disgusting 역겨운

31 부사절과 as 구문

부사절을 이끄는 다양한 접속사의 의미와 특성을 잘 파악하고, 다양한 as 구문에 대한 해석을 연습하자.

1 시간

> when(~할 때), while(~하는 동안에), after(~한 후에), before(~하기 전에), as(~할 때), until(~할 때까지), since(~한 이래로), as long as(~하는 한), as soon as(~하자마자) 등

- <u>While</u> he was reading, he fell asleep. 그는 책을 읽는 동안 잠들었다.
  = <u>While reading</u>, he fell asleep. (접속사 + 분사구문)

  cf. Jane is good at math <u>while</u> Tom is good at science. Tom이 과학에 능통한 반면에, Jane은 수학에 능통하다.

- It won't be long <u>before</u> we meet again. 머지않아 우리는 다시 만나게 될 것이다.
  ➡ 시간 부사절에서는 현재가 미래를 대신하므로 will meet로 쓰지 않음에 유의한다.

- <u>As soon as</u> the girl saw me, she ran away. 소녀는 나를 보자마자 도망갔다.
  = <u>The moment</u> the girl saw me, she ran away.
  = <u>No sooner</u> had the girl seen me <u>than</u> she ran away.

2 이유

> since(~하니까), because(~ 때문에), seeing that(~을 보니까), now that(이제 ~이니까), in that(~라는 점에서) 등

- I have got wet, <u>because</u> I've been walking in the rain. 나는 빗속을 걸었으므로 푹 젖었다.
  ➡ 접속사 because와 전치사 because of의 구별을 주의하자.

- <u>Since</u> he was sick yesterday, he was absent. 그는 어제 아팠기 때문에 결석을 했다.
  ➡ since가 '~하기 때문에'의 의미일 때는 주절과 종속절의 시제에 제약이 없다.

  cf. Three years have passed <u>since</u> he died. 그가 죽은 이래로 3년이 지났다.
  ➡ since가 '~한 이래로'의 의미일 때는 [주어 + have pp ~ since 과거]로 쓴다.

- <u>Seeing that</u> life is short, we must not waste time. 인생이 짧다는 것을 보니 우리는 시간을 낭비해서는 안 된다.

- <u>Now (that)</u> you are a mother, you should think <u>otherwise</u>. 이제 너는 어머니이니까, 다르게 생각해야 한다.

- This watch differs from other ones <u>in that</u> it is waterproof. 이 시계는 방수가 된다는 점에서 다른 것과 다르다.
  ➡ '전치사 + that절'은 잘 사용하지 않는 형태이기 때문에 함정용 문법 문제로 잘 나온다는 점에 주의하자.

  cf. (x) The house <u>in that</u> he was born still remains in his homeland. 그가 태어난 집은 여전히 그의 고국에 있다.
  ➡ [전치사 + that절]은 사용하지 않는다.

3 양보

> though(~이지만), although(~이지만), even if(비록 ~일지라도), even though(비록 ~이지만) 등

- Though[Although, Even if] he is poor, he is happy. 그는 비록 가난하지만, 행복하다.
  = Poor as he is, he is happy.
  ➡ [보어 + as + 주어 + 동사]라는 어순에 주의
  = However poor he may be, he is happy.
  ➡ [however 형용사/부사 + 주어 + 동사 ~](아무리 ~할지라도)의 어순에 주의
  = Despite his poverty, he is happy.
  ➡ despite는 전치사이므로 뒤에 명사나 동명사가 온다.

4 조건

> if(~한다면), unless(~하지 않는다면), in case that(~하는 경우에), on condition that(~한 조건에서), so long as(~하는 한), once(일단 ~하면), only if(~만 한다면), provided that(~만 한다면), supposing that(~한다면) 등

- I'll stay at home, if I'm not invited to the party. 나는 파티에 초대되지 않는다면, 집에 머무를 것이다.
  = I'll stay at home, unless I'm invited to the party.

- Take your raincoat in case (that) it rains. 비가 오는 경우에는 비옷을 가져가라.
  = Take your raincoat in case of raining.

- Once you hear her song, you may think of her as a singer. 일단 당신이 그녀의 노래를 들으면, 그녀를 가수라 생각할 것이다.

- I will pardon you provided (that) you acknowledge your fault. 당신의 잘못을 인정하기만 한다면 나는 당신을 용서할 것이다.
  = only if: ~하기만 한다면

- Supposing (that) it rains, what shall we do? 비가 온다면, 우리는 뭘 해야 할까요?
  = suppose that, if

5 목적

① [주어 + 동사 ~ so that + 주어 + may ~]: ~하기 위해서

- He works hard so that he may pass the exam. 그는 시험에 통과하기 위해서 열심히 공부한다.
  = He works hard in order that he may pass the exam.
  cf. He worked hard, so (that) he passed the exam. 그는 너무나 열심히 공부했다. 그래서 시험에 합격했다.

② [주어 + 동사 ~ lest + 주어 + should ~]: ~하지 않기 위해서

- He works hard lest he (should) fail in the exam. 그는 시험에 떨어지지 않기 위해서 열심히 공부한다.
  = He works hard so that he may not fail in the exam.

6 결과

① [주어 + 동사 + so ~ that + 주어 + 동사 …]: 너무 ~해서 …하다

- He ran so fast that I couldn't catch up with him. 그는 너무 빨리 달려서 나는 그를 따라잡을 수가 없었다.
  ➡ [so + 형용사/부사 + that]

- He is so handsome a boy that everyone likes him. 그는 너무나 잘생긴 소년이어서 모든 사람이 그를 좋아한다.
  ➡ [so + 형용사 + a + 명사 + that], [such + a + 형용사 + 명사]와 어순을 구별하자.

② [주어 + 동사 + such ~ that + 주어 + 동사 …]: 너무 ~해서 …하다

- It was such a good story that I'll never forget it. 너무나 좋은 이야기이기에, 나는 그것을 절대 잊지 못할 것이다.

③ [주어 + 동사 ~, so + 주어 + 동사 …]: 그래서 …하다

7 as 구문

① 접속사 as: (as + 완전한 문장)

- As I visited the bank, I happened to meet her. 은행에 들렀을 때, 나는 우연히 그녀를 만났다.
  ➡ ~할 때

- As I was sick, I was absent. 아팠기 때문에 나는 결석했다.
  ➡ ~ 때문에

- As he grew older, he became wiser. 그는 나이를 먹어감에 따라, 현명해졌다.
  ➡ ~함에 따라

- As his father became a doctor, he became a doctor. 그의 아버지가 의사가 되었듯이 그도 역시 의사가 되었다.
  ➡ ~하듯이

- Poor as he was, he was happy. 그는 비록 가난하지만, 행복했다.
  ➡ 보어가 as 앞으로 이동

② 전치사 as: (as + 명사)

- His talent as a film actor was soon recognized. 배우로서 그의 재능은 곧 인지되었다.

- We regard him as our master. 우리는 그를 우리의 스승으로 간주한다.
  ➡ 간주동사 + A as B: A를 B로 간주하다

③ 관계사 as: (as + 불완전한 문장)

- Such accommodation as she could find was expensive. 그녀가 찾은 그러한 숙소는 비쌌다.
  ➡ such 명사 as ~: ~와 같은 그러한 명사

- Such as have reserved their seats may enter. 좌석을 예약한 그러한 사람들은 입장할 수 있습니다.
  ➡ such as ~: ~와 같은 그러한 것들

- Bob had vegetables, such as corn, peas, and cabbage. Bob은 옥수수, 콩, 배추와 같은 야채를 가지고 있었다.

④ 동등 비교의 as

- She is not so pretty as Jane. 그녀는 Jane만큼 그렇게 예쁘지는 않다.
  ➡ not so ~ as…(~만큼 …하지 않다): 동등 비교 부정

⑤ 관용적 용법

- He has experience as well as knowledge. 그는 지식뿐만 아니라 경험도 가지고 있다.
  ➡ A as well as B: B뿐만 아니라 A도 역시

- He speaks Russian as well. 그는 러시아어도 역시 잘한다.

- He has not come as yet. 그는 아직까지 오지 않았다.

- She was late as usual. 그녀는 평상시처럼 지각했다.

- He is twice as heavy as she. 그는 그녀의 두 배만큼 무겁다.

- He talks as if he were rich. 그는 그가 마치 부자인 것처럼 이야기한다.
  ➡ as if + 주어 + 과거 동사: 현재 사실과 다른 상황을 가정

- As soon as he said it, he regretted it. 그는 그것을 말하자마자, 후회했다.

- As long as the earth remains, day and night will never cease. 지구가 남아 있는 한, 밤과 낮은 멈추지 않을 것이다.
  = so long as

- My brother, as far as I can tell, committed no crime. 내 형은, 내가 말할 수 있는 한, 범죄를 저지르지 않았다.
  = so far as

- As far as I'm concerned, it doesn't matter what happens to him.
  내 입장에서는, 그에게 무슨 일이 일어나는지는 내게 중요하지 않다.

- He was a novice, and he was treated as such. 그는 초심자였고, 그리고 그러하게 취급 받았다.

Exercise

[01~05] 다음 중 어법상 옳은 것을 고르시오.

01 [Because / Because of] its remarkable heat-conditioning ability, diamond is desirable as a surface film.

02 [Despite / Despite of / Though] the United States consists of many different immigrant groups, there is a distinct national character.

03 This is my number just [in case / in case of] you would like to call me. 〈19 지방 9급〉

04 New York's Christmas is featured in many movies [during / while] this time of year.

05 [Despite / Although] the present he gave, Jane was not satisfied with her life.

06 다음 중 어법상 가장 어색한 것은?

① Because of the controversial governmental budget bill was passed by Congress, the opposition party ② raised an ③ opposing point of view enough ④ to lead a severe disruption on ministry administration.

[07~10] 밑줄 친 부분에 들어갈 말로 가장 적절한 것을 고르시오.

07

The hotel will accept no guests while _____.

① its renovation
② its been renovating
③ it's being renovated
④ it has renovated

---

01 **정답** Because of
해설 뒤에 동사가 없고, 명사구만 있으므로 전치사가 적절하다.
해석 뛰어난 내열 능력 때문에 다이아몬드는 표면 필름으로 바람직하다.

02 **정답** Though
해설 뒤에 [주어 + 동사]로 된 절이 있으므로 접속사가 적절하다.
해석 미국은 많은 다른 이민자 그룹으로 구성되어 있으나, 분명한 국가적 성질이 있다.

03 **정답** in case
해설 뒤에 [주어 + 동사]로 된 절이 있으므로 접속사가 적절하다.
해석 혹시 네가 내게 전화하고 싶은 경우에 이게 내 전화번호다.

04 **정답** during
해설 뒤에 동사가 없고, 명사구만 있으므로 전치사가 적절하다.
해석 이맘때면 뉴욕의 크리스마스는 많은 영화에 등장한다.

05 **정답** Despite
해설 he gave는 명사 the present를 수식하는 수식어이다. 명사 present와 결합하는 전치사를 선택한다.
해석 그가 준 선물에도 불구하고, Jane은 자신의 삶에 만족하지 않았다.

06 **정답** ①
해설 ① Because of → Because / 전치사인 because of 다음에는 문장이 나올 수 없으므로 접속사를 사용해야 한다.
② 자동사 rise와 타동사 raise의 구별 문제. 뒤에 목적어가 있고 과거에 일어난 일을 말하고 있으므로 과거 시제 타동사 raise가 적절하다.
③ 명사 point를 수식하는 분사로, opposing point of view는 '반대하는 관점'을 의미한다.
④ [enough to부정사](~할 만큼 충분히)로 to부정사의 관용표현이다.
해석 논란이 되는 정부 예산안이 국회에 의해 통과되었기 때문에 야당은 부처의 행정 업무에 심각한 혼란을 초래할 정도로 반대 견해를 제시했다.
어휘 budget bill 예산안   the opposition party 야당
disruption 혼란   ministry administration 부처의 행정 업무

07 **정답** ③
해설 • while은 접속사이므로 [while + 주어 + 동사 ~] 또는 [while + 분사구문]이 나와야 하는데 ①은 명사구이므로 적절하지 않다. 또한 ②의 its는 소유격으로 명사 앞에 사용하므로 문법적으로 맞지 않다.
• ③의 it's는 it is의 줄임말로, it is being renovated는 '진행 수동태'로 '보수되는 동안'을 의미한다.

Exercise

08

_____ people depend to such a great extent on forests, every effort must be made to preserve trees and wildlife.

① How ② That
③ Since ④ Which

09

A turtle differs from all other reptiles _____ its body is encased in a protective shell of its own.

① given that ② in that
③ so that ④ provided that

10

_____ you lend me some money, I won't have enough money to cover this bill.

① If ② Unless
③ However ④ That

- ④의 it has renovated는 능동의 표현으로 목적어가 없고, 해석도 자연스럽지 않다.

  해석 그 호텔은 보수하는 동안 손님을 받지 않을 것이다.

  어휘 renovate 보수하다, 개조하다

08 정답 ③

해설 • 부사절을 이끄는 접속사이므로 ①, ②, ④는 적절하지 않다. how절은 명사절, that절은 명사절이나 형용사절, which절도 명사절이나 형용사절로만 쓰인다.

• 내용상 '~때문에'가 필요하다. 접속사 since는 '~한 이래로, ~하기 때문에'의 의미를 갖는다.

해석 사람들이 상당한 정도로 숲에 의존하기 때문에 나무와 야생 생물을 보전하기 위해 모든 노력을 다해야 한다.

어휘 to such a great extent 상당한 범위로   preserve 보존하다
wildlife 야생동물

09 정답 ②

해설 • 밑줄 친 부분 다음에 나오는 내용은 앞문장에 대한 이유나 근거를 설명하고 있으므로 because의 의미를 갖는 [in that](~라는 점에서)이 적절하다.

해석 거북이는 자신을 보호하는 몸 전체가 등딱지로 덮여 있다는 점에서 다른 파충류와 다르다.

어휘 turtle 거북이   reptile 파충류   encase ~을 감싸다
protective 보호적인

10 정답 ②

해설 • [however + 형용사/부사 + 주어 + 동사 ~](아무리 ~할지라도) 구문이므로 ③은 후보에서 제외되고, that절은 부사절이 되지 않으므로 ④도 역시 제외된다.

• 문맥상 역접의 의미인 '~하지 않는다면'이 필요하다.

해석 당신이 내게 돈을 빌려주지 않는다면, 난 이 계산서를 지불할 충분한 돈이 없을 것이다.

[11~13] 다음 중 어법상 옳은 것을 고르시오.

11 He explained it [so / such] clearly that all the students could understand it.

12 It is [so / such] fine weather that we are going on a picnic.

13 The host supplied [so / such] good events that the guests all were satisfied with the party.

14 밑줄 친 부분에 들어갈 말로 가장 적절한 것은?

> A: Why do you treat me like that?
> B: _____

① As you treat me, like will I treat you.
② As you treat me, thus will I treat you.
③ As you treat me, so will I treat you.
④ As you treat me, and will I treat you.

---

11 정답 so
해설 [so + 형용사/부사]에서 명사 없이 형용사나 부사가 나오면 so를 사용한다.
해석 그가 너무 명확하게 설명을 해서 모든 학생들은 쉽게 이해할 수가 있었다.

12 정답 such
해설 [such + 형용사 + 불가산명사]에서 불가산명사가 나오면 such를 사용한다.
해석 날씨가 너무 좋아서, 우리는 소풍을 갈 것이다.

13 정답 such
해설 [such + 형용사 + 복수 명사]에서 복수 명사가 나오면 such를 사용한다.

해석 주인이 너무나 좋은 이벤트를 제공해서 손님들은 모두 파티에 만족했다.

14 정답 ③
해설 • [(Just) as ~ , (so) …](마치 ~하듯이, 그렇게 …한다) 구문이며, so 다음에는 도치가 가능하다.
• ①에서 전치사 like 다음에 동사를 사용하지 못하며, ②의 thus는 부사이지만 뒤에 도치가 발생할 이유가 없다. ④는 as와 and의 두 개의 접속사가 있는데, and 다음에 도치가 일어날 수 없다.
해석 A: 왜 나를 그렇게 대하는 거죠?
B: 네가 나를 대하는 것처럼, 나도 너를 대할 거야.

PART TEST

[01~05] 밑줄 친 부분에 들어갈 말로 가장 적절한 것을 고르시오.

01.
> Agronomists _____ the quality of crops, maintain the quality of the soil, and increase the yield of fields.

① work to have improved
② working in improving
③ work to improve
④ working in having improved

02.
> _____ Romeo and Juliet is one of the most commonly known of William Shakespeare's plays, most critics do not consider it to be his best.

① Now that
② Because
③ Although
④ Despite

03.
> Dreaming of something you're worried about, researchers say, is the brain's way of helping you rehearse for a disaster _____.

① in case it occurs
② in case it occurred
③ which case it occurs
④ which case it occurred

---

01 ③
해설 · [주어 + work to + improve ~, maintain ~, and increase ~]로 병치구조에 맞는 조합을 찾아야 한다. ③이 병치구조를 이룬다.
해석 농경학자들은 농작물의 품질을 개선하고, 토양의 질을 유지하며, 수확량을 증가시키기 위해서 일을 한다.
어휘 agronomist 농경학자 yield of field 농지 수확량

02 ③
해설 · 의미상 [now that](이제 ~이니까)와 because는 적절하지 않고, 앞의 내용과 뒤의 내용이 서로 반대되는 내용이므로 although(~이지만)가 적절하다.
· 뒤에 [주어 + 동사]의 구조가 있으므로 전치사 despite는 사용하지 못한다.
해석 〈로미오와 줄리엣〉은 셰익스피어의 희곡 중에서 가장 널리 알려진 것 중 하나이지만, 대부분의 비평가들은 이것을 그의 최고의 작품으로 여기지는 않는다.

03 ①
해설 · [in case (that) 주어 + 동사](~하는 경우를 대비해서)의 구조이므로 ③과 ④는 후보에서 제외된다.
· 주절의 시제가 현재이므로 동사도 현재 시제가 되어야 한다.
해석 연구자들이 말하기를, 당신이 걱정하는 무언가에 대한 꿈은 재난이 실제로 일어날 경우를 대비해 뇌가 연습을 시키는 방식이라고 했다.
어휘 rehearse 준비하다, 연습하다

04.

> Disobedient and independent _____ John was, he nevertheless had a clear sense of right and wrong.

① as ② so
③ but ④ whether

05.

> Our bodies need food and oxygen, and these must be supplied constantly. Food can be stored in the body, _____ a person need not eat all the time in order to satisfy this need.

① so that ② but that
③ as if ④ even if

[06~09] 다음 중 어법상 가장 어색한 것을 고르시오.

06.

> People who work in large buildings get sick more often than normal. The reason for this ① lies in the buildings themselves. These large buildings usually have windows that cannot be opened. The same air stays in the buildings for a long time and ② become unhealthy. It may be full of chemicals ③ coming from the furniture, the rugs, or ④ the photocopy machines. Or it may be full of cigarette smoke. This unhealthy air causes "sick building syndrome," as doctors call this problem.

---

04 ①
해설 · nevertheless로 보아 앞뒤의 문장이 역접의 내용임을 알 수 있다.
· as 양보절은 [보어 + as + 주어 + 동사]의 어순이므로 ①이 정답이다.
해석 John이 비록 반항적이고 독립적이기는 했지만, 그럼에도 그는 옳고 그름에 대한 뚜렷한 의식을 가지고 있었다.
어휘 disobedient 반항적인

05 ①
해설 · ①은 '그래서', ②는 '~하는 경우를 제외하고', ③은 '마치 ~인 것처럼', ④는 '비록 ~일지라도'의 의미이다.
· 문맥상 '음식이 체내에 저장될 수 있다. + 그래서 + 항상 먹을 필요는 없다'와 같이 이유와 결과를 연결하므로, '그래서, 그러므로'가 적절하다.
해석 우리 신체는 산소와 음식이 필요하고 이것들은 지속적으로 공급되어야 한다. 음식은 체내에 저장될 수 있으므로 사람은 이 필요를 충족시키기 위해 항상 먹을 필요는 없다.

06 ②
해설 ① 자동사 lie와 타동사 lay의 구별이다. 뒤에 목적어가 없으므로 lie를 쓰는데, 주어가 단수이므로 현재형 lies가 적절하다.
② become → becomes / [The same air + stays ~ , and becomes ~]로 병치구조를 이뤄야 한다.
③ 명사 chemicals를 수식하는 분사이다. come은 자동사이므로 능동의 분사가 적절하다.
④ [from + the furniture, the rug, or the photocopy machines]로 병치구조를 이룬다.
해석 대규모 건물 내부에서 일하고 있는 많은 사람들은 보통의 경우보다 자주 병을 앓는다. 이러한 사실의 원인은 건물들 그 자체에 놓여 있다. 이들 대규모 건물들은 대개 개폐가 안 되는 창문들이 있다. 똑같은 공기가 오랫동안 빌딩 안에 머물게 되어 건강에 해롭게 된다. 공기는 가구, 양탄자, 혹은 복사기에서부터 나오는 화학 물질로 가득 할 수 있다. 혹은 담배 연기로 가득 할 수 있다. 이러한 건강에 안 좋은 공기는 의사들이 통칭하는 '새집증후군'을 초래하게 되는 것이다.
어휘 than normal 보통보다   chemical 화학 물질   rug 양탄자   photocopy machine 복사기

07.

The decision of the committee to hold the annual conference at a location ① that offers better facilities than the previous one ② was surprising to many members. Some could not understand ③ that the real reason behind the change was, while others wondered whether the new venue was ready ④ to be used by such a large number of attendees.

08.

Fantasy is the world where the small child lives much of the time. It is a ① fascinating and beautiful world, but it can also be a very dangerous world in which ② it is wise to know one's way about, lest one ③ doesn't get lost. Once he gets lost, he will have a hard time ④ finding the road back to the world of reality.

09.

Noise pollution is different from other forms of pollution in ① a number of ways. Noise is transient: ② once the pollution stops, the environment is free of it. This is not the case with air pollution. For example, we can measure the amount of chemicals ③ introduced into the air, ④ whereas is extremely difficult to monitor cumulative exposure to noise.

---

07 ③

[해설] ① [＿＿＿ + offers + 목적어 + ~]로 offers의 주어 역할을 하는 주격 관계사가 필요하다. 선행사 location이 있으므로 관계사 that이 적절하다.
② 주어는 The decision of the committee인데 decision이 단수이므로 was는 적절하다.
③ that → what / [주어 + was + ＿＿＿]로 was의 주격보어 역할을 하는 주격 관계사가 필요하다. 선행사가 없으므로 관계사 what이 필요하다.
④ [be ready to부정사](~할 준비가 되다)이다. use의 목적어가 없고, 의미상 '새로운 장소가 사용되다'는 수동의 의미가 필요하므로 to부정사를 to be pp로 사용한 것은 적절하다.

[해석] 이전 장소보다 더 나은 시설을 제공하는 곳에서 연례 회의를 개최하기로 한 위원회의 결정은 많은 위원들에게 놀라운 일이었다. 어떤 이들은 변화의 진짜 이유가 무엇인지 이해하지 못했고, 다른 이들은 새 장소가 그렇게 많은 수의 참석자들에게 사용될 준비가 되었는지를 궁금해했다.

[어휘] hold a conference 회의를 열다 facilities 시설 previous 이전의 venue 장소 a large number of 많은 수의 attendees 참석자들

08 ③

[해설] ① 감정동사 fascinate(매료시키다)가 명사 world를 수식하는 분사로 쓰였으며, '매력적인'을 의미한다.
② 진주어 to부정사구(to know)에 대한 가주어 it의 사용은 적절하다.
③ doesn't get lost → (should) get lost / [lest + 주어 + should ~] (~하지 않기 위해서) 구문이다. should 다음에 not을 쓰지 않는다는 것을 주의해야 하며, should는 생략 가능하다.

④ [have a hard time -ing](~하면서 힘든 시간을 보내다)의 관용표현이다.

[해석] 판타지는 아이들이 많은 시간을 보내는 곳이다. 이곳은 환상이며 아름다운 세상이지만 한편으로는 그곳에서 길을 잃지 않기 위해서 자신의 길을 알아 두는 것이 현명한, 위험한 세계가 될 수 있다. 일단 한번 길을 잃게 되면, 현실의 세계로 돌아오는 길을 찾는 데 어려움을 겪게 될 것이다.

[어휘] fascinating 매력적인 dangerous 위험한

09 ④

[해설] ① [a number of + 복수 명사]가 바르게 사용되었다.
② once가 접속사로 사용되면 '일단 ~하면'의 의미로 부사절을 이끈다.
③ introduce는 chemicals를 수식하는 분사로, '대기에 유입된 화학물질'을 의미하는 수동의 분사는 적절하다.
④ whereas is → whereas it / whereas는 접속사이므로 뒤에 완전한 문장이 나와야 한다. 따라서 주어로 가주어 it을 써야 한다.

[해석] 소음공해는 많은 점에서 다른 형태의 오염과는 다르다. 소음은 일시적이다: 일단 소음이 멈추면, 환경은 오염에서 벗어난다. 대기오염은 이와는 다르다. 예를 들어, 소음에 대한 축적 노출도를 파악하는 것은 극도로 어려운 반면에, 대기에 유입된 화학물질은 측정할 수 있다.

[어휘] transient 일시적인 once 일단 ~하면 be free of ~에서 벗어나다 chemical 화학물질 measure 측정하다 cumulative 축적된 exposure 노출

에듀윌이
너를
지지할게
ENERGY

별은 바라보는 자에게 빛을 준다.

– 이영도, 「드래곤 라자」, 황금가지

PART

10

관계사

32 관계사의 종류와 형성원리

33 which와 where의 구별

34 관계사의 계속적 용법

35 who와 whoever

36 관계사의 생략

PART TEST

관계사의 종류와 형성원리

📖 관계사절의 영역을 설정하고, 원래 문장으로 복원시킬 수 있는 능력을 키우는 것이 중요하다.

1 관계사의 종류

① 관계사의 종류

관계대명사	who which that what	관계부사	where when why how
복합 관계대명사	whoever whichever whatever	복합 관계부사	wherever whenever however
관계사절의 특성	+ 불완전 문장 구조 (명사가 빠져 있음)	관계부사절의 특성	+ 완전한 문장 구조 (전명구가 빠져 있음)

② 관계대명사 격의 종류

선행사	주격	소유격	목적격
사람	who	whose	whom
사물	which	whose [of which]	which
사람 / 사물	that	-	that
선행사 포함	what	-	what

2 관계사절의 형성원리

관계사절은 두 문장이 결합할 때, 중복된 단어를 관계사로 전환해서 관계사절 앞으로 보낸다.

- The place is very good. + He lives in the place. 그곳은 매우 좋다. + 그는 그곳에 산다.
  = The place which he lives in is very good.
  ➡ 선행사 the place를 수식하는 관계사절로서, 형용사절. which는 목적격 관계사
  = The place in which he lives is very good.
  ➡ in which는 관계부사 where로 바꿀 수 있다.

3 관계사절의 복원

관계사절의 옳고 그름은 관계사절을 원래의 문장으로 복원하여 판단할 수 있다.

- The place in which he lives is very good.
  ➡ which가 가리키는 것은 선행사인 the place
  ➡ in the place he lives (which 대신에 선행사를 대입)
  ➡ he lives in the place (in the place를 알맞은 자리로 이동하면 원래 문장으로 복원된다)

- (x) The place where he lives in is very good.
  - ➡ where는 in which로 바꿔 쓸 수 있다. 관계사절을 복원하면, he lives in in the place로 in이 중복되어 틀린 문장이다.

- (x) The book which he was interested then was Bible. 그때 그가 관심이 있었던 책은 성경이었다.
  - ➡ which가 의미하는 것은 the book이다.
  - ➡ 관계사절을 복원하면 he was interested the book then이 되며, 'be interested in'에서 in이 빠져 틀린 문장이 된다.

- (x) The coat which he bought it yesterday was expensive. 그가 어제 샀던 코트는 비쌌다.
  - ➡ which는 the coat를 의미한다. 관계사절을 복원하면, he bought it the coat yesterday가 되어 it과 the coat가 중복되어 틀린 문장이다.

4 관계사절의 영역

관계사절의 영역 설정은 '절'의 영역 설정과 비슷하며, 앞에 전치사가 있을 때는 주의해야 한다.

① 관계사부터 시작한다.

- He is the teacher whom we love best. 그분은 우리가 가장 사랑하는 선생님이다.
  - ➡ 원래의 문장은 He is the teacher. We love the teacher best.이다.

② [전치사 + which/whom]인 경우는 전치사부터 관계사절이다.

- The apartment in which he lives is larger than hers. 그가 사는 아파트는 그녀의 것보다 더 넓다.
  - ➡ 원래의 문장은 The apartment is larger than hers. He lives in the apartment.이다.

③ [명사 + of which/whom]인 경우는 명사부터 관계사절이다.

- The car, the engine of which was invented recently, is very expensive.
  - ➡ 원래의 문장은 The car is very expensive. The engine of the car was invented recently.이다.

> **TIP** [전치사 + what절, whoever절, how절] 등의 영역 설정
>
> what절, whoever, whomever절, how절 등은 모두 명사절이므로 전치사와 묶어서 영역을 설정하지 않는다.
> - I was listening to [what / she said]. 나는 그녀가 말하는 것을 듣고 있었다.
> - I'll give this book to [whoever / wants it]. 나는 누구든지 원하는 사람에게 이 책을 줄 것이다.
> - I'll give this book to [whomever / I meet first]. 내가 처음 만나는 사람에게 이 책을 줄 것이다.
> - Let's talk about [how / we could get there]. 우리가 그곳에 어떻게 갈 것인지에 대해 이야기합시다.

Exercise

[01~08] 아래의 관계사 중에서 밑줄 친 부분에 적절한 관계사를 넣으시오.

| who | whom | which | what | where |

01 The tourists _____ Eric guided were from Germany.
02 I like songs _____ have beautiful lyrics.
03 I know _____ the boy did to the fence.
04 We often go to a restaurant _____ we can eat healthy meals.
05 I ran into a woman with _____ I worked.
06 I had a holiday during _____ I was able to see my family.
07 The students are writing a report, the theme of _____ is Korean history.
08 The program enrolls 20 students, all of _____ are woman.

---

01 정답 whom
해설 guided의 목적어 역할을 하는 목적격 관계사가 필요하다. 선행사가 사람이므로 whom을 쓴다.
해석 Eric이 안내한 관광객들은 독일 출신이었다.

02 정답 which
해설 have의 주어 역할을 하는 주격 관계사가 필요하다. 선행사가 사물이므로 which를 쓴다.
해석 나는 아름다운 가사를 가진 노래를 좋아한다.

03 정답 what
해설 did의 목적어 역할을 하는 목적격 관계사가 필요하다. 선행사가 없으므로 what을 쓴다.
해석 나는 그 소년이 울타리에 한 일을 안다.

04 정답 where
해설 관계사절을 복원하면, 'we can eat healthy meals in the restaurant'이다. in the restaurant를 의미하는 where를 쓴다.
해석 우리는 건강식을 먹을 수 있는 식당에 자주 간다.

05 정답 whom
해설 관계사절을 복원하면, 'I worked with the woman'이다. with the woman을 의미하는 with whom을 써야 하는데, with는 앞에 있으므로 whom이 정답이다.

해석 나는 함께 일했던 여자를 우연히 만났다.

06 정답 which
해설 관계사절을 복원하면, 'I was able to see my family during the holiday'이다. during the holiday는 during which가 되는데, during은 앞에 있으므로 which가 정답이다.
해석 나는 가족을 보러 갈 수 있는 휴가를 가졌다.

07 정답 which
해설 관계사절을 복원하면, 'The theme of the report is Korean history'이다. 관계사는 [A of B]의 모습으로 the theme of which가 되므로 which가 정답이다.
해석 학생들은 보고서를 쓰고 있는데, 보고서의 주제는 한국의 역사이다.

08 정답 whom
해설 관계사절을 복원하면, 'all of the students are woman'이다. 관계사는 [A of B]의 모습인 all of whom이므로 whom이 정답이다. 주의할 점은 all이 주어이고 전치사 뒤에 있으므로 who가 아니라 whom을 써야 한다는 것이다.
해석 그 프로그램은 20명의 학생을 등록시키는데, 학생들은 모두 여자이다.

[09~15] 밑줄 친 부분이 맞으면 O, 틀리면 X를 쓰시오.

09 The information to which we can rely is severely limited.

10 The girl to whom Tom explained the theory couldn't understand what he was getting at.

11 He represents an ally which we are bound by warm friendship and respect.

12 The news which the reporter informed me last night is going to be announced today morning.

13 The head of the department, which receives twice the salary, has to take responsibility. 〈17 지방 9급 2차〉

14 Tom moved to Chicago, which he worked for Louis Sullivan. 〈12 사복직 9급〉

15 To find a good starting point, one must return to the year 1800 during which the first modern electric battery was developed. 〈22 국가 9급〉

16 다음 중 어법상 가장 어색한 것은?

① Although I expected something ② different, I was ③ still surprised by ④ which he said.

---

09 **정답** X
해설 to which → on which / 'we can rely on the information'으로 복원되므로 on which를 써야 한다.
해석 우리가 의존할 수 있는 정보는 매우 제한적이다.

10 **정답** O
해설 'Tom explained the theory to the girl'로 복원되므로 to whom은 올바르다.
해석 Tom이 그 이론을 설명해 주었던 그 소녀는 그의 말을 이해할 수 없었다.

11 **정답** X
해설 which → with which / 'We are bound with the ally by warm friendship and respect'로 복원되므로 with which를 쓴다.
해석 그는 따뜻한 우정과 존경심으로 우리가 결성된 동맹을 대표한다.

12 **정답** X
해설 which → of which / 'the reporter informed me of the news last night'로 복원되므로 of which를 써야 한다.
해석 그 기자가 어젯밤에 내게 알려줬던 그 소식은 오늘 아침 발표될 예정이다.

13 **정답** X
해설 which → who / who의 선행사는 the head이고 의미상 '부서장'으로 사람을 가리키므로 주격 관계사 who를 써야 한다.
해석 월급을 두 배 받는 그 부서장이 책임을 져야 한다.

14 **정답** X
해설 which → where 또는 in which / 관계사절을 복원하면, 'he worked for Louis Sullivan in Chicago'로 in which나 where가 필요하다.
해석 Tom은 시카고로 이사했고, 그곳에서 Louis Sullivan을 위해 일했다.

15 **정답** O
해설 관계사절을 복원하면, 'The first modern electric battery was developed during the year 1800'으로, 밑줄 친 부분을 나타내는 during which는 적절하다.
해석 좋은 출발점을 찾기 위해서 사람들은 최초의 현대적 전기 배터리가 개발된 1800년으로 돌아가야 한다.

16 **정답** ④
해설 ① 뒤에 [주어 + 동사]가 있으므로 절을 구성하는 접속사는 적절하다.
② 형용사 different가 something을 뒤에서 수식하는 형태이다.
③ surprise는 감정동사로 주어인 I가 '놀라게 되다'의 수동 표현은 적절하다.
④ which → what / 위의 문장에는 선행사가 없으므로 관계사 what을 쓴다.
해석 비록 나는 다른 것을 기대했지만, 여전히 그가 말한 것에 놀랐다.

which와 where의 구별

> which, 전치사 + which, where의 구별은 관계사 문제의 핵심이다. '불완전한 문장', '완전한 문장'이라는 개념을 이해하기 위해 절의 동사를 중심으로 파악하는 능력을 키워야 한다.

1 관계부사의 종류

① 관계부사는 where, when, why, how가 있다.

- I like to climb the mountain where there is some snow. 나는 눈이 약간 있는 산을 오르기를 좋아한다.
  = on which → on the mountain

- Monday is the day when we are busiest. 월요일은 우리가 가장 바쁜 날이다.
  = on which → on the day

- There is no reason why you should go. 당신이 가야 할 이유가 없다.
  = for which → for the reason

- They couldn't understand how he solved the problem. 그들은 그가 문제를 해결한 방법을 이해할 수 없었다.
  = They couldn't understand the way in which he solved the problem.
  → how는 in the way를 의미하여 in which로 바꿀 수 있으나 이 경우 선행사 way가 필요하다.

② 관계부사 how는 선행사와 나란히 쓰지 않는다.

- (x) This is the way how it happened.
- (o) This is the way in which it happened.
- (o) This is the way that it happened in.
- (o) This is the way it happened. (how를 생략)
- (o) This is how it happened. (the way를 생략)
  → how절은 명사절

2 which와 관계부사의 차이

① 관계부사는 관계사절 내에서 부사의 역할을 하고, which는 관계사절 내에서 주어, 목적어, 보어의 역할을 한다. 선행사가 관계부사를 결정하는 것이 아님을 꼭 명심해야 한다.

- The place where I had lunch has a great bar. 내가 점심을 먹은 그곳에는 큰 바가 있다.
  → I had lunch in the place. = I had lunch there. 즉, where는 관계사절에서 부사(there)의 역할을 한다.

- The place which he hoped to visit was Japan. 그가 방문해보고 싶은 곳은 일본이었다.
  → which he hoped to visit = he hoped to visit the place. 즉 which는 visit의 목적어 역할을 한다.

② 관계부사는 [전치사 + 관계대명사]로 바꿀 수 있어야 한다.

- The place where I had lunch has a great bar. 내가 점심을 먹은 그곳에는 큰 바가 있다.
  → where = in which

3 관계사절의 변화

관계사절의 변화 관계를 이해하고자 다음 두 문장이 관계사절로 변화하는 과정을 보자.

> The reason was that he was sick. + He was absent for the reason.

- The reason which he was absent for was that he was sick. 그가 결석한 이유는 아팠기 때문이다.
  - ➡ which = that (목적격 관계사로 생략 가능)

→ The reason for which he was absent was that he was sick.
  - ➡ 전치사가 앞으로 올 수 있다. which는 that으로 바꿀 수 없고, 생략할 수 없다.

→ The reason why he was absent was that he was sick.
  - ➡ for which는 관계사절 내에서 for the reason의 의미로 이유의 의미를 나타내는 부사 역할을 하므로 관계부사 why로 바꿀 수 있다.
  - ➡ why는 선행사 reason과 밀접한 관련성이 있으므로 that으로 바꿀 수도 있고, 생략할 수도 있다. 이 내용은 문법 문제에서는 나오지 않지만, 독해에서 구문분석을 위해 참고로 알아두면 좋다.

→ Why he was absent was that he was sick.
  - ➡ why가 선행사를 흡수했으며, 이 경우 why절은 명사절의 역할을 하게 된다.

TIP where절, when절, why절, how절의 역할

① **명사절**: 모두 사용 가능하며, 간접의문문으로 볼 수도 있다.

- This is where he lives. 이곳은 그가 사는 곳이다.
  (~한 곳 / 어디서 ~하는가)
- Do you know when he will come back? 그가 언제 돌아오는지 아세요?
  (~한 시간 / 언제 ~하는가)
- He told me why he began to learn English. 그는 왜 자신이 영어를 배우기 시작했는지 내게 말해 주었다.
  (~한 이유 / 왜 ~하는가)
- I couldn't understand how he made his name as a chemist. 나는 그가 화학자로서의 명성을 만든 방식을 이해할 수 없었다.
  (~한 방식/ 어떻게 ~하는가)

② **형용사절**: how절은 형용사절로 쓰일 수 없고 나머지는 가능하다.

- This is the place where he lives.
  (~한, place 수식)
- Do you know the time when he will come back?
  (~한, time 수식)
- He told me the reason why he began to learn English.
  (~한, reason 수식)
- (x) I couldn't understand the way how he made his name as a chemist.

③ **부사절**: where절, when절은 사용 가능하고, why절은, how절은 사용 불가능하다.

- Where there is a will, there is a way. 뜻이 있는 곳에 길이 있다.
  (~한 곳에서)
- When he was sick, he was absent from school. 그는 아팠을 때 학교에 결석했다.
  (~할 때)

Exercise

01 밑줄 친 부분에 들어갈 말로 가장 적절한 것은?

> An autobiography is a book _____ the authors describe their important experience on their own.

① what
② in that
③ in which
④ which

[02~11] 다음 중 어법상 옳은 것을 고르시오.

02 A CEO visited the factory [which / where] most of the company's products are manufactured. 〈21 경찰〉

03 He became a regular on the program, [which / where] he provided voices for many characters.

04 New York is the city [which / where] I have been to twice.

05 The house [which / where] they have lived for 10 years was badly damaged by the storm.

06 The book [which / in which] the professor recommended for the assignment provides a thorough analysis of the topic.

07 The article, [which / in which] several experts were interviewed, highlights the challenges of climate change in urban areas.

---

01 정답 ③
해설 • 관계사절을 복원하면, [In the book 주어(the authors) + 동사(describe) + 목적어(their important experience) + on their own]으로, in which 또는 where가 필요하다.
• what과 which 뒤에는 불완전한 문장이 나오므로 맞지 않고, 관계사 that은 전치사 뒤에 쓰지 않으므로 ②도 맞지 않다.
해석 자서전이란 작가들이 그 안에 자신의 소중한 경험을 직접 기술한 책이다.
어휘 autobiography 자서전 on one's own 자력으로

02 정답 where
해설 관계사절을 복원하면, [Most of the company's products + are manufactured + in the factory]이다. in the factory를 나타내는 관계사 in which 또는 where를 사용한다.
해석 최고경영자는 회사의 대부분의 제품들이 생산되는 공장을 방문했다.

03 정답 where
해설 관계사절을 복원하면, [he + provided + voices for many character + in the program]이다. in the program을 나타내는 where가 적절하다.
해석 그는 그 프로그램의 정규직이 되었고, 거기에서 그는 다양한 인물에 대한 목소리를 제공했다.

04 정답 which
해설 관계사절을 복원하면, [I + have been to the city twice]이다. the city를 의미하는 which가 적절하다.
해석 뉴욕은 내가 두 번 방문한 도시다.

05 정답 where
해설 관계사절을 복원하면, [they + have lived + in the house]이다. in the house를 의미하는 where가 적절하다.
해석 그들이 10년간 살았던 집이 폭풍에 심하게 손상되었다.

06 정답 which
해설 관계사절을 복원하면, [the professor + recommended + the book + ~]이다. the book을 나타내는 which가 적절하다.
해석 교수님이 과제를 위해 추천한 그 책은 그 주제에 대한 철저한 분석을 제공한다.

07 정답 in which
해설 관계사절을 복원하면, [several experts + were interviewed + in the article]이다. in the article를 나타내는 in which가 적절하다.
해석 여러 전문가들이 인터뷰된 그 기사는 도시 지역에서의 기후 변화 문제를 강조한다.

08 We visited a museum [which / to which] many rare artifacts had been donated by private collectors.

09 The solution [which / to which] the engineers developed significantly reduced the production costs and improved overall efficiency.

10 The child sits quietly, schooled by the hazards [which / to which] he has been earlier exposed. ⟨11 국가 7급⟩

11 His sense of responsibility urged him to undertake the dangerous task [which / for which] he eventually sacrificed himself. ⟨14 국가 7급⟩

12 다음 중 어법상 가장 어색한 것은?

> Most of the proposals submitted to the committee ① were found ② to be rejected due to budget constraints, a fact that surprised many members. The report, ③ where the chairperson reviewed carefully, pointed out several flaws in the plans ④ that the teams had failed to notice during the preparation phase.

---

08 정답 to which
해설 관계사절을 복원하면, [~ artifacts + had been donated + to the museum + ~]이다. to the museum을 나타내는 to which가 적절하다.
해석 우리는 많은 희귀 유물이 개인 수집가들에 의해 기증된 박물관을 방문했다.

09 정답 which
해설 관계사절을 복원하면, [the engineers + developed + the solution]이다. the solution을 의미하는 which가 적절하다.
해석 엔지니어들이 개발한 그 해결책은 생산 비용을 크게 줄였고 전반적인 효율성을 향상시켰다.

10 정답 to which
해설 관계사절을 복원하면, [he + has been exposed + to the hazards]이다. to the hazards를 나타내는 to which가 적절하다.
해석 그 아이는 이전에 그가 노출되었던 위험에 대해 훈련을 받아 조용히 앉아 있다.

11 정답 for which
해설 관계사절을 복원하면, [he + eventually sacrificed + himself + for the task]이다. for the task를 나타내는 for which가 적절하다.
해석 그의 책임감이 그로 하여금 결국 자신을 희생하게 한 위험한 일을 맡도록 재촉하였다.

12 정답 ③
해설
① 주어가 Most of the proposals로 '복수의 부분집합은 복수'이므로 복수 동사 were는 적절하다.
② [be found to부정사](~하는 것으로 판명되다) 구조이다. reject의 목적어가 없고, 의미상 '제안들의 대부분이 거절되다'라는 수동 의미가 되어야 하므로 to be rejected는 적절하다.
③ where → which / reviewed의 목적어 역할을 하는 목적격 관계사가 필요하다. 선행사 The report가 있으므로 관계사 which가 적절하다. 콤마가 있는 계속적 용법이므로 that은 적절하지 않다.
④ [the teams + had failed to notice + ____ + ~]로 notice의 목적어 역할을 하는 목적격 관계사가 필요하므로 that 또는 which를 사용할 수 있다. 선행사는 flaws이다.
해석 위원회에 제출된 제안서들 대부분은 예산 제약으로 인해 거절된 것으로 밝혀졌고, 그 사실은 많은 위원들을 놀라게 했다. 위원장이 신중히 검토한 그 보고서는 각 팀이 준비 단계에서 알아차리지 못한 계획상의 여러 결함을 지적했다.
어휘 submit 제출하다 constraint 제약 flaw 결점, 결함 fail to부정사 ~하지 않다 notice 알아차리다 phase 단계

34 관계사의 계속적 용법

📖 이 단원은 관계사의 계속적 용법을 통해 문장과 문장의 결합의 원리를 이해하는 것이 목표이다. 특히 [A of B]의 관계사는 주로 계속적 용법에서 사용된다.

1 형태와 특징

① 관계대명사의 계속적 용법이란, 관계대명사 앞에 콤마(,)가 붙어 있는 형태를 말한다. 이는 접속사와 대명사의 기능을 동시에 한다.

- He had four sons who became doctors. 그는 의사가 된 4명의 아들이 있었다.
  ➡ 한정적 용법

- He had four sons, who became doctors. 그는 아들이 4명이 있었다, 그리고 그들은 의사가 되었다.
  ➡ 계속적 용법 (who = and they)

② 문장과 문장이 결합할 때는 접속사가 있어야 하고, 문장과 불완전한 문장이 결합할 때는 관계대명사가 있어야 한다.

- Everybody likes Tom. He is kind. 모두가 Tom을 좋아한다. 그는 친절하다.

- (x) Everybody likes Tom, he is kind.
  ➡ 문장과 문장이 연결되는데, 접속사가 없다.

- (o) Everybody likes Tom, who is kind. 모두가 Tom을 좋아한다, 그리고 그는 친절하다.
  ➡ 문장과 불완전한 문장이 관계사에 의해 연결되었다. (who = and he)

2 계속적 용법의 which

콤마 뒤에 나오는 관계대명사는 계속적 용법으로 사용되며, [접속사 + 대명사]의 기능을 하는 것이 일반적인데, 이때 which의 선행사는 사물을 가리키기도 하지만, 앞 문장 전체를 가리키기도 한다.

- You can find my publication, which is available online. (which = publication)
  당신은 내 출판물을 찾을 수 있다. 그리고 그것은 온라인에서 구할 수 있다.
  = You can find my publication, and it is available online.

- You say so, which is a clear proof of your honesty. (which = You say so)
  당신은 그렇게 말한다. 그리고 그것은 당신의 정직함에 대한 명확한 증거이다.
  = You say so, and that is a clear proof of your honesty. (that = You say so)

3 관계부사의 계속적 용법

계속적 용법의 관계부사는 [접속사 + 부사]로 바꿀 수 있다.

- (x) We went to Seoul, there we stayed for a week.
  → (o) We went to Seoul, where we stayed for a week. 우리는 서울에 갔다, 그리고 그곳에서 일주일을 머물렀다.
  = and there

Exercise

[01~02] 다음 중 어법상 옳은 것을 고르시오.

01 It was raining in the mountains, [that / which] made the fresh green of leaves more graceful.

02 The frog escaped from its basket, and [that / which] caused all the girls to scream.

03 밑줄 친 부분에 들어갈 말로 가장 적절한 것은?

> That chemical element has a number of applications, _____ calls for unusual precautions before experimentation.

① that
② each one
③ each of which
④ some of which

04 다음 중 어법상 가장 어색한 것은?

> Our understanding of the past ① is based on written records, oral traditions, and physical ② evidence, ③ all of them must ④ be interpreted.

---

01 정답 which
해설 made의 주어 역할을 하는 주격 관계사가 필요하며, 선행사는 앞 문장 전체이다. 관계사 that은 계속적 용법으로 사용하지 않는다.
해석 산에 비가 오고 있었다, 그리고 그것이 나뭇잎의 푸르름을 더욱 우아하게 만들었다.

02 정답 that
해설 접속사 and가 있으므로 caused의 주어 역할을 하는 대명사가 필요하다. 앞 문장을 가리키는 대명사는 it, this, that 등이 있다.
해석 개구리가 바구니에서 뛰어나왔다, 그리고 그것이 모든 소녀들이 소리치게 만들었다.

03 정답 ③
해설 ① 관계대명사 that은 계속적인 용법으로 쓸 수 없다.
② 접속사가 없이 연결되지 않는다.
③ each of which는 관계대명사 which를 포함한 계속적 용법의 수식 표현으로, 이때 calls는 단수 주어인 each에 맞춰 단수 동사로 적절하게 쓰였다.
④ some of which는 동사를 복수로 써야 한다.
해석 그 화학 원소는 다양한 응용물을 갖는다. 그리고 그 응용물의 각각은 실험 전에 남다른 사전 주의를 요한다.

04 정답 ③
해설 ① be based on: ~을 근거로 하다
② evidence는 불가산 명사이므로 단수형은 적절하다.
③ all of them → all of which / ③을 기준으로 앞에 문장이 나오고 있고, ③ 이후로도 문장이 전개되고 있다. 즉, 문장과 문장이 결합하는데, 접속사나 관계사가 없으므로 all 앞에 and를 넣거나 them을 관계사 which로 바꿔야 한다.
④ interpret의 목적어가 없고, 의미상 '그것들 모두는 해석되다'로 수동 표현이 적절하다.
해석 과거에 관한 우리의 이해는 글로 쓰여진 기록, 구전의 전통, 물리적인 증거에 근거를 둔다, 그리고 그것들 모두는 해석되어야 한다.

35 who와 whoever

> 관계사 중에는 몇 가지 주의할 표현들이 있다. 간단하게 정리해서 관련 문제에 대한 해결 능력을 갖추자.

1 who(주격), whom(목적격), whose(소유격)

① 선행사가 사람인 경우에 who 계열의 관계대명사를 사용하는데, 관계대명사가 관계사절에서 주어의 역할을 하면 who를, 목적어의 역할을 하면 whom을, 그리고 소유격의 역할을 하면 whose를 사용한다. 특히, 아래와 같이 관계사절 안에 that절이 삽입된 경우에 주의하자.

- I picked up a man. + I thought (that) he was honest. 나는 사람을 뽑았다. + 나는 그가 정직하다고 생각했다.
  → I picked up a man who I thought was honest.
  　　　　　　　　　　　　(was의 주어 역할)

- I picked up a man. + I thought him to be honest.
  → I picked up a man whom I thought to be honest.
  　　　　　　　　　　　　(thought의 목적어 역할)

② whose는 항상 뒤에 무관사 명사를 동반하는 특성이 있다. whose의 구조를 정리하면, [선행사 (whose 무관사 명사 / 불완전 문장 구조)]가 된다.

- I have to call the man. + I have taken care of his dog. 나는 그 남자를 불러야 한다. + 나는 그의 개를 돌봐왔다.
  → I have to call the man whose dog I have taken care of.

2 복합관계대명사

> - [관계대명사+ever]의 모양이다.
> - whoever, whomever, whichever, whatever 등이 있다.
> - '~든지, ~라도'라고 해석하면 된다.
> - 선행사를 포함하고 있으므로, 앞에 명사가 따로 나오지 않는다.
> - 복합관계사 앞에 나오는 전치사는 관계사절 영역에 포함되지 않는다.

① '누구든지, 무엇이든지'의 의미를 나타내는 경우 [any + 명사 + 관계사]로 바꿔서 명사절의 역할을 할 수 있다.

- Give it to whoever wants it. 그것을 원하는 사람이면 누구에게든지 그것을 줘라.
  = anyone who
  ➡ wants의 주어 역할을 하는 whoever가 필요한 셈이다. 복합관계대명사의 격은 관계사절 내에서 결정된다.

- Give it to whomever you like. 당신이 좋아하는 사람이면 누구에게든지 이것을 줘라.
  = anyone whom
  ➡ like의 목적어 역할을 하는 whomever가 필요한 셈이다.

- Choose whichever you like. 당신이 좋아하는 어떤 것이든지 선택해라.
  = any item that

- I will give you whatever you need. 당신이 필요한 것이면 무엇이든지 당신에게 주겠다.
  = anything that

② 양보의 의미를 나타내는 경우 [no matter + 관계사]로 바꿔서 부사절의 역할을 할 수 있다.

- Whoever may come, he will be welcomed. 누가 오더라도, 그는 환영받을 것이다.
  = no matter who

- Whatever you may do, do it well. 당신이 무슨 일을 하더라도, 잘해라.
  = no matter what

- Whichever you choose, you will be pleased. 당신이 어떤 것을 선택하더라도, 기쁠 것이다.
  = no matter which

3 복합관계부사

[관계부사 + ever]의 모습으로 선행사를 사용하지 않으며, '~든지, ~라도'라고 해석하면 된다. 또한 부사절의 역할을 한다.

- Wherever you may go, you will be respected. 당신이 어디를 갈지라도, 존경받을 것이다.
  = no matter where

- Let me know, whenever you come here. 당신이 이곳에 오면 언제라도, 나에게 알려주시오.
  = no matter when

- However hard you may try, you cannot do it. 아무리 열심히 노력할지라도, 당신은 그것을 할 수 없다.
  = no matter how
  ➡ However는 부사이므로 명사를 수식할 수 없고, 형용사나 부사를 수식해야 한다.

Exercise

01 밑줄 친 부분에 들어갈 말로 가장 적절한 것은?

> I looked at the mountain _____ top was covered with snow.

① which
② its
③ which of
④ whose

[02~08] 다음 중 어법상 옳은 것을 고르시오.

02 This is the boy [who / whom] we thought was elected.

03 He should select someone [who / whom] he believes can handle it.

04 Choose [whoever / whomever] the students will like.

05 I am sorry to [whoever / whomever] may repair this car.

06 [Whoever / Whomever] you may get to know in this club will ask your secret to success.

07 We will interview [who / whom / whoever / whomever] comes from the employment agency.

08 [Whoever / Whomever] they are, we will accommodate them.

---

01 정답 ④
해설 • 소유격 관계사는 반드시 무관사 명사를 동반한다. 즉 [선행사 + (whose 무관사 명사 + ~)]가 된다.
① 관계사 which 다음에는 불완전한 구조가 나와야 하는데 [top + was covered ~]는 완전한 구조이다.
② its를 사용하면 밑줄 앞의 문장과 뒤의 문장이 접속사 없이 충돌하는 구조이다.
③ 두 개의 문장으로 분해하면 I looked at the mountain. The mountain of top was covered with snow.가 되어 밑줄 친 부분이 '정상의 산'으로 해석되어 어색한 표현이 된다.
해석 나는 정상이 눈으로 덮인 산을 쳐다봤다.

02 정답 who
해설 관계사절을 복원하면, [we thought (that) 주어 + was elected]으로, was elected의 주어 역할을 하는 주격 관계사를 써야 한다.
해석 이 사람이 우리가 선출되었다고 생각하는 소년이다.

03 정답 who
해설 관계사절을 복원하면, [he believes (that) 주어 + can handle it]으로, can handle의 주어 역할을 하는 주격 관계사를 써야 한다.
해석 그는 그의 일을 처리할 수 있다고 믿는 사람을 선택해야 한다.

04 정답 whomever
해설 like의 목적어 역할을 하는 목적격 관계사가 필요하다. 선행사가 없으므로 whomever를 쓴다.
해석 그 학생들이 좋아할 사람이면 누구든지 선택해라.

05 정답 whoever
해설 may repair의 주어 역할을 하는 주격 관계사가 필요하다. 선행사가 없으므로 whoever를 쓴다.
해석 이 차를 수리해야 할 사람 누구에게든 미안하다.

06 정답 Whomever
해설 may get to know의 목적어 역할을 하는 목적격 관계사가 필요하다. 선행사가 없으므로 whomever를 쓴다.
해석 당신이 이 클럽에서 알게 되는 사람이 누구든, 그 사람은 당신에게 성공의 비결을 물을 것이다.

07 정답 whoever
해설 comes의 주어 역할을 하는 주격 관계사가 필요하다. 선행사가 없으므로 whoever를 쓴다.
해석 우리는 고용센터에서 온 사람이면 누구든지 면접을 진행할 것이다.

08 정답 Whoever
해설 [They are _____]의 구조에서 빈칸은 주격보어이다. 주격보어에는 주격을 쓰므로, are의 주격보어 역할을 하는 주격 관계사가 필요하며 선행사가 없으므로 whoever를 쓴다.
해석 그들이 누구이던 간에, 우리는 그들을 받아들일 것이다.

09 밑줄 친 부분에 들어갈 말로 가장 적절한 것은?

> Later he went to New Zealand, _____ I think he did all sorts of jobs.

① what ② which
③ that ④ where

[10~13] 다음 중 어법상 옳은 것을 고르시오.

10 [Whatever / However] book he has, he may not have this one.

11 [Whatever / However] hard you train, you can't fly.

12 [Whatever / However] you select is all right with me.

13 [Whatever / However] much money you have, you cannot buy time.

---

09 정답 ④
해설 관계사절을 복원하면, [I think (that) he did all sorts of jobs in New Zealand]이므로 밑줄을 나타내는 in which 또는 where을 쓴다.
해석 나중에 그는 뉴질랜드로 갔다. 그리고 그곳에서 그가 모든 종류의 일을 했을 거라고 나는 생각한다.

10 정답 Whatever
해설 명사를 수식할 수 있는 것은 whatever이다.
해석 그가 무슨 책을 가지고 있을지라도, 이 책은 가지고 있지 않을 것이다.

11 정답 However
해설 형용사나 부사를 수식할 수 있는 것은 however이다.
해석 당신이 아무리 열심히 훈련할지라도, 날 수는 없다.

12 정답 Whatever
해설 Whatever는 단독으로 사용해서 '무엇이든지'의 의미를 지닌다.
해석 당신이 선택하는 무엇이든지 나는 좋다.

13 정답 However
해설 형용사나 부사를 수식할 수 있는 것은 however이다.
해석 당신이 아무리 많은 돈을 가지고 있을지라도, 시간을 살 수는 없다.

36 관계사의 생략

> 관계사의 생략 자체를 묻는 문제의 빈도는 낮아지고 있지만, 구문 분석을 위해서는 연습이 필요하다.

목적격 관계대명사는 문장에서 생략 가능하다. 중요한 점은 관계절에서 [주어 + 동사] 구조가 보이면, 관계사가 목적어로 생략되었는지를 빠르게 파악해야 한다는 점이다. 관계절에서 명사 뒤에 [주어 + 동사]가 오는 구조라면, 관계대명사가 목적격으로 쓰였고 생략되었을 가능성이 크다.

1 목적격 관계대명사는 생략 가능하다.

- This is the boy (whom) we saw yesterday. 이 사람이 우리가 어제 봤던 소년이다.
- He has no friend (whom) he can depend upon. 그는 의지할 수 있는 친구가 없다.
- This is the house (which) he lives in. 이곳이 그가 사는 집이다.

2 주격 관계대명사는 생략하지 않는 것이 원칙이나, 아래와 같은 경우 생략 가능하다.

- He is not the man (that) he was. 그는 과거의 그가 아니다.
  ➡ 주격보어인 경우 [명사 + 주어 + 동사]의 형태가 남는다.

- He is one of the greatest scholars (that) there are in the world. 그는 세상에 존재하는 가장 위대한 학자 중 한 명이다.
  ➡ there is 구문인 경우 [명사 + there is]의 형태가 남는다.

3 관계부사도 생략될 수 있다.

- He died on the day (when) I arrived. 그는 내가 도착한 날 죽었다.
- Is that the reason (why) you went there? 그것이 당신이 그곳에 간 이유입니까?
- Can you tell me the way she achieved the task. 그녀가 그 일을 달성한 방법을 말해 줄 수 있나요?
  ➡ how는 애초부터 way와 나란히 쓰지 않는다.

4 관계부사 where의 생략 가능 여부

where의 생략 가능 여부에 대해 논란의 여지가 있으나, 오늘날의 영어가 경제성의 원칙을 따라 문장이 짧아지는 경향으로 가는 것을 보면 생략 가능하다고 보는 쪽이 옳다. 하지만, 실제 수험 영어에서는 생략 여부를 묻지 않는다.

- This is the place where he lives. 이곳이 그가 사는 곳이다.

Exercise

[01~08] 다음 문장에서 관계사절에 밑줄을 긋고, 생략할 수 있는 관계사에는 ( ) 표시를 하시오.

01 I looked at the paintings which Picasso drew.
02 It's the cell phone that I want to buy.
03 I read the letter which Emily sent me.
04 The teacher who taught me last year was very nice.
05 She has an elder brother that graduated from college.
06 The woman whose car was broken asked me to give her a ride.
07 I like the people that I'm working with.
08 The girl with whom I studied music came from Canada.

---

01 정답 I looked at the paintings (which) Picasso drew.
해설 drew의 목적어 역할을 하는 목적격 관계사이므로 생략 가능하다.
해석 나는 피카소가 그린 그림을 보았다.

02 정답 It's the cell phone (that) I want to buy.
해설 want to buy의 목적어 역할을 하는 목적격 관계사이므로 생략 가능하다.
해석 그것은 내가 사고 싶은 핸드폰이다.

03 정답 I read the letter (which) Emily sent me.
해설 sent의 직접목적어 역할을 하는 목적격 관계사이므로 생략 가능하다.
해석 나는 Emily가 내게 보낸 편지를 읽었다.

04 정답 The teacher who taught me last year was very nice.
해설 taught의 주어 역할을 하는 주격 관계사이므로 생략 불가하다.
해석 작년에 나를 가르쳤던 선생님은 정말 멋졌다.

05 정답 She has an elder brother that graduated from college.
해설 graduated의 주어 역할을 하는 주격 관계사이므로 생략 불가하다.
해석 그녀는 대학을 졸업한 오빠가 있다.

06 정답 The woman whose car was broken asked me to give her a ride.
해설 소유격 관계사는 생략 불가하다.
해석 차가 고장 난 여자가 나에게 태워달라고 요청했다.

07 정답 I like the people (that) I'm working with.
해설 with의 목적어 역할을 하는 목적격 관계사이므로 생략 가능하다.
해석 나는 함께 일하는 사람들을 좋아한다.

08 정답 The girl with whom I studied music came from Canada.
해설 whom은 목적격 관계사이나 전치사가 앞에 있으면 생략 불가하다
해석 나와 함께 음악을 공부한 그 소녀는 캐나다 출신이다.

Exercise

[09~13] 다음 문장에서 숨어 있는 절을 찾아 ( ) 표시를 하시오.

09 The results they published in the journal contradicted the findings of the experiment conducted last year.

10 He admitted he forgot to submit the report before the deadline last Friday.

11 This is the opportunity I've been waiting for since I graduated from university.

12 They hope their new strategy will attract more customers in the coming months.

13 We finally found the document the lawyer had been searching for all morning.

---

09 **정답** The results (which they published in the journal) contradicted the findings of the experiment conducted last year. (목적격 관계사)
해석 그들이 학술지에 발표한 결과는 작년에 실시된 실험의 결과와 모순되었다.

10 **정답** He admitted (that he forgot to submit the report before the deadline last Friday). (동사 다음의 that절)
해석 그는 지난 금요일 마감 전에 보고서를 제출하는 것을 잊었다고 인정했다.

11 **정답** This is the opportunity (which I've been waiting for since I graduated from university). (목적격 관계사)
해석 이건 내가 대학 졸업 이후로 줄곧 기다려 온 기회다.

12 **정답** They hope (that their new strategy will attract more customers in the coming months). (동사 다음의 that절)
해석 그들은 새 전략이 앞으로 몇 달간 더 많은 고객을 끌어들이기를 바라고 있다.

13 **정답** We finally found the document (which the lawyer had been searching for all morning). (목적격 관계사)
해석 우리는 변호사가 오전 내내 찾고 있었던 문서를 마침내 발견했다.

PART TEST

[01~03] 밑줄 친 부분에 들어갈 말로 가장 적절한 것을 고르시오.

01.

The professor is virtually impossible to satisfy, _____ any teaching assistant will find out soon enough.

① where
② that
③ which
④ then

02.

No one in his right mind would want to start reinventing the wheel, fire, electricity, and millions of objects and processes _____ as part of the human environment.

① we now take it for granted
② we now take for granting
③ we now take for granted
④ we are now taken for granted

03.

_____ to overcome this premeditated invasion, the American people, in their righteous might, will win through to absolute victory.

① How long it may take us no matter
② However long it took us
③ No matter how long it may take us
④ However it may take us long

---

01 ③

해설 뒷문장의 find out의 목적어가 없으므로 목적격 관계사가 필요하다. 따라서 ①은 후보에서 제외된다. ②의 that은 계속적 용법으로 사용하지 못하고 ④의 then은 부사이므로 두 문장을 연결해 주지 못한다.

해석 그 교수를 만족시키는 것은 거의 불가능하며, 어떤 조교도 그것을 곧 알게 될 것이다.

02 ③

해설 [take A for granted](A를 당연한 것으로 받아들이다)의 구문이 쓰여 ①, ③이 정답 후보이다. 앞의 명사를 수식하는 형용사절이 되기 위해서는 관계사절을 사용해야 하고, take의 목적어인 목적격 관계사는 생략할 수 있다. 따라서 ③이 정답이다.

해석 제정신인 사람이라면 아무도 바퀴, 불, 전기, 수많은 물건들, 그리고 인류 환경의 한 부분으로 우리가 현재 당연시하는 것들을 다시 발명하기를 원하지 않을 것이다.

어휘 reinvent 다시 발명하다   millions of 수백만의

03 ③

해설 [however + 형용사/부사 + 주어 + 동사](아무리 ~할 지라도) 구문을 묻는 문제이다. however는 no matter how로 바꿔 쓸 수 있다. ②, ③이 정답 후보이나, ②에서 took의 시제가 과거인데, 주절의 시제가 will win으로 미래이므로 과거 시제는 적절하지 않다.

해석 이 사전 계획된 침략을 극복하는데 아무리 오래 걸릴지라도, 미국인들은 자신의 올바른 힘을 갖고서 절대적 승리를 달성할 것이다.

어휘 overcome 극복하다   premeditated 사전에 계획된   righteous 올바른   might 힘   win through 이겨내다

[04~08] 다음 중 어법상 가장 어색한 것을 고르시오.

04.

The supervisor ① was advised ② to give the assignment to ③ whomever he believed had a strong sense of responsibility ④ and the courage of his conviction.

05.

When ① discussing hazardous gases, it's crucial to understand their characteristics. In contrast to carbon monoxide, which ② it is virtually undetectable by smell, hydrogen sulfide ③ produces an extremely foul odor that can be overwhelming and dangerous. This fact puts an emphasis on the importance of proper ventilation and safety measures in environments ④ where these gases may be present.

06.

Two thirds of the buildings in the district ① were damaged during the storm, and several rescue teams arrived at the site, ② which emergency shelters were set up. ③ What shocked the officials the most ④ was the extent of the destruction, with many roads being blocked by fallen trees and debris.

---

04 ③

해설 ① 주어가 the supervisor로 단수 동사는 적절하다.
② [be advised to부정사](~하도록 조언받다) 구조이다.
③ whomever → whoever / 관계사절을 복원하면, [he believed (that) 주어 + had ~]로, had의 주어 역할을 하는 주격 관계사를 써야 한다. 선행사가 없고, 사람을 의미해야 하므로 whoever를 사용해야 한다.
④ a strong sense of responsibility와 the courage of his conviction을 연결해주는 등위접속사이다.

해석 감독관은 그가 믿기에 강한 책임감과 신념에 대한 용기를 가진 누구에게든지 그 일을 맡기라는 조언을 들었다.

어휘 assignment 과제   conviction 확신

05 ②

해설 ① [접속사 + 분사구문]의 형태이다. discuss는 타동사이고, 뒤에 목적어가 없으므로 능동의 분사 -ing를 사용하는 것은 적절하다.
② it is → is / [which + 불완전 문장] 구조이다. is의 주어 역할을 하는 주격 관계사 which가 있으므로 주어 it을 사용할 필요가 없다.
③ 두 번째 문장을 분석하면, [In contrast to carbon monoxide(부사어), which절(삽입구), hydrogen sulfide(주어) + produces(동사) + an extremely foul odor ~]이다. ③은 hydrogen sulfide를 주어로 하는 동사이다.
④ 관계사절을 복원하면, [these gases may be present + in the environments]로 밑줄 친 부분을 의미하는 관계사 where의 사용은 적절하다.

해석 유해한 가스에 대해 논의할 때 그 특성을 이해하는 것이 중요하다. 냄새로는 거의 감지할 수 없는 일산화탄소와는 대조적으로, 황화수소는 압도적이고 위험할 수 있는, 극도로 불쾌한 냄새를 발생시킨다. 이러한 사실은 이런 가스가 존재할 수 있는 환경에서 적절한 환기와 안전 조치의 중요성을 강조한다.

어휘 hazardous 위험한   carbon monoxide 일산화탄소
undetectable 감지할 수 없는   hydrogen sulfide 황화수소   foul 불쾌한
put an emphasis on ~을 강조하다   ventilation 환기
safety measure 안전조치

06 ②

해설 ① 주어가 Two thirds of the buildings로 '복수의 부분집합'이므로 동사는 복수형이 적절하다. 의미상 '피해를 받다'라는 수동 표현도 적절하다.
② which → where / 관계사절을 복원하면, [emergency shelters + were set up + at the site]이다. at the site를 나타내는 at which 또는 where가 적절하다.
③ shocked의 주어 역할을 하는 주격 관계사가 필요하다. 선행사가 없으므로 관계사 what이 적절하다.
④ 주어는 what절이며, what절은 단수로 취급한다.

해석 그 지역 건물의 3분의 2가 폭풍이 부는 동안 피해를 입었고, 여러 구조팀이 현장에 도착하여 비상 대피소가 설치되었다. 관계자들을 가장 충격에 빠뜨린 것은 그 피해의 규모였으며, 많은 도로들이 쓰러진 나무와 잔해로 인해 막혀 있었다.

어휘 district 지역   rescue team 구조팀   shelter 피난처, 대피소
be set up 설치되다   official 공무원   extent 범위   debris 잔해, 파편

⟨23 지방 9급⟩

07.
One reason for upsets in sports — ① in which the team ② predicted to win and supposedly superior to their opponents surprisingly loses the contest — is ③ what the superior team may not have perceived their opponents as ④ threatening to their continued success.

08.
From only a few very simple ① organisms, a great number of complex, multicellular forms evolved over this immense period. The origin of new species, which the nineteenth-century English naturalist Charles Darwin once ② referred to as "the mystery of mysteries," ③ is the natural process of speciation responsible for generating this remarkable diversity of living creatures ④ whom humans share the planet.

---

07 ③

[해설] ① 관계사절을 복원하면, [In sports, the team (~) loses the contest]가 되고, 밑줄 친 부분에 해당하는 in which는 적절하다.
② '예측되는'의 의미를 지닌 분사로, team을 후치 수식하고 있다.
③ what → that / 절을 분석하면, [The superior team + may not have perceived + their opponent + as + threatening ~]으로 완전한 구조를 이루고 있으므로 접속사 that을 사용해야 한다. [The reason (~) is that …](~한 이유는 … 때문이다)의 구문이 쓰이기도 했다.
④ [perceive A as B](A를 B로 인식하다)의 구조로, B의 자리에는 명사나 형용사를 사용한다. '위협적인'을 의미하는 형용사 threatening의 사용은 적절하다.

[해석] 스포츠 경기에서 이기리라 예상되고 상대 팀보다 확실히 강하다고 여겨지는 팀이 의외로 경기에 패배하는 이변이 일어나는 한 가지 이유는, 그 강팀이 상대 팀을 자신들의 지속적인 성공에 위협이 되는 존재로 인식하지 못했기 때문일 수 있다.

[어휘] upset (경기에서) 예상 밖의 승리 superior 우월한 perceive 인식하다 threatening 위협적인

08 ④

[해설] ① [only a few + 복수명사]이므로 적절하다.
② [refer to A as B](A를 B라고 언급하다)에서 A에 해당하는 목적어가 관계사 which로 변화한 구조이다.
③ 주어가 origin으로 단수 동사는 적절하다.
④ whom → with whom / 관계사절을 복원하면 [humans share the planet with living creatures]이므로 밑줄 친 부분에 해당하는 관계사는 with whom으로 써야 한다.

[해석] 소수의 단세포 유기체로부터 시작하여 많은 수의 복잡한 다세포의 형태가 이 거대한 기간 동안 진화해 왔다. 19세기 영국의 자연학자 찰스 다윈이 '미스터리 중의 미스터리'라고 언급했던 새로운 종의 기원은 인간과 지구를 공유하며 살아가는 생명체들의 놀라운 다양성을 만들어 내는 종 형성 과정이다.

[어휘] organism 유기체 multicellular 다세포의 immense 거대한 speciation 종의 형성, 종의 분화 diversity 다양성

PART

11

의문사

37 의문사와 간접 의문문

PART TEST

37 의문사와 간접 의문문

📖 간접 의문문은 명사절에 해당한다. 의문사가 길어지는 의문사구를 이해하자.

1 의문사 what과 how

의문대명사 what과 의문부사 how에 대한 이해가 가장 중요하다.

① **What과 How가 단독으로 쓰일 때**: [What + 불완전한 구조] vs [How + 완전한 구조]

- **What** do you want? 당신은 무엇을 원합니까?
  ➜ want의 목적어 역할을 하는 의문대명사 what을 사용한다.

- **How** did you solve it? 당신은 그것을 어떻게 해결했나요?
  ➜ 의문부사 how 뒤로 완전한 문장인 you solve it이 나온다.

② **What과 How가 다른 단어를 수식할 때**: [what + 명사] vs [how + 형용사/부사]

- **What book** do you want? 당신은 무슨 책을 원합니까?
  ➜ what은 명사 book을 수식하는 의문형용사이다.

- **How fast** can you run? 당신은 얼마나 빨리 달릴 수 있나요?
  ➜ how는 부사 fast를 수식하는 의문부사이다.

③ **[How + 불완전 구조]**: how가 형용사 보어로 기능하는 경우이다.

- How are you?
  ➜ how는 are 다음의 형용사 보어 역할이다.

- How do you feel?
  ➜ how는 feel 다음의 형용사 보어 역할이다.

2 의문사가 있는 간접 의문문

의문사 다음에 평서문의 어순으로 전개된다.

- I don't know. + What did he buy yesterday?
  = I don't know **what** he bought yesterday. 그가 어제 무엇을 샀는지 나는 모른다.
  [의문사 + 주어 + 동사]: 평서문의 어순

- I don't know. + Who will do it?
  = I don't know **who** will do it. 누가 그것을 할 것인지 나는 모른다.
  의문사가 주어인 경우: [의문사 + V]

- I don't know. + How many books does she want to buy?
  = I don't know **how many books** she wants to buy. 그녀가 얼마나 많은 책을 사고 싶어 하는지 나는 모른다.
  [의문사구 + 주어 + 동사]: 의문사가 다른 품사를 수식하여 의문사구를 형성

3 [의문사 + to부정사] 구문

① 간접 의문문을 줄여서 표현하기 위해 [의문사 + to부정사] 구문을 사용한다.

- I don't know what I should do. 무엇을 해야 할지 모르겠다.
  = I don't know what to do.

- I don't know how I could drive a car. 차를 어떻게 운전해야 할지 모르겠다.
  = I don't know how to drive a car.

② [의문사 + to부정사] 구문은 명사구로 취급되어 전치사 다음에 올 수 있다.

- Let's talk about how to do it. 그것을 어떻게 해야 하는지 이야기해 보자.

Exercise

[01~02] 다음 중 어법상 옳은 것을 고르시오.

01 I wonder [what / how] kind of book you want.

02 You can't believe [what / how] large audience gathered at the festival.

[03~05] 괄호 안에서 알맞은 단어를 고르시오.

03 날씨가 어때요?
　　① [What / How] is the weather like?
　　② [What / How] is the weather?

04 그를 어떻게 생각합니까?
　　① [What / How] do you think of him?
　　② [What / How] do you like him?

05 당신 나라의 인구는 얼마나 되나요?
　　[What / How] is the population of your country?

06 밑줄 친 부분에 들어갈 말로 가장 적절한 것은?

| Although he was listening, he didn't hear _____ because there was so much noise. |

　　① what said　　　　　　　　　　② what did she say
　　③ what she was saying　　　　　④ what said she

---

01 정답 what
해설 명사 kind를 수식하는 의문형용사 what이 적절하다.
해석 네가 무슨 종류의 책을 원하는지 궁금하다.

02 정답 how
해설 형용사 large를 수식하는 의문부사 how가 적절하다.
해석 얼마나 많은 관객이 축제에 왔는지 당신은 믿을 수 없을 것이다.

03 정답 ① What / like의 목적어 역할을 하는 의문대명사 what이 적절하다.
② How / is의 형용사 보어 역할을 하는 의문형용사 how가 적절하다.

04 정답 ① What / think의 목적어 역할을 하는 의문대명사 what이 적절하다.
② How / him에 대한 목적격보어 역할을 하는 의문형용사 how가 적절하다.

05 정답 What
해설 수량사가 단독으로 사용될 때는 명사로 취급하므로 명사를 묻는 의문대명사 what을 쓴다. what은 how large로 바꿀 수 있다.

06 정답 ③
해설 간접 의문문은 [의문사 + 주어 + 동사]의 어순으로 사용한다.
해석 비록 그는 귀를 기울였지만, 소음이 너무 많아서 그녀가 뭐라고 말하는지 듣지 못했다.

PART TEST

01. 밑줄 친 부분에 들어갈 말로 가장 적절한 것은?

> It is becoming more important for us to know _____ a computer.

① using
② to use
③ having used
④ how to use

[02~03] 다음 중 어법상 가장 어색한 것을 고르시오.

02.
> Yesterday at the swimming pool everything seemed ① to go wrong. Soon after I arrived, I sat on my sunglasses and broke them. But my worst moment came when I decided to climb up to the high diving tower to see ② how the view was like. Once I was up there, I realized that my friends were looking at me ③ because they thought I was going to dive. I decided I was too afraid to dive from that height. So I climbed down the ladder, feeling very ④ embarrassed.

03.
> Some psychologists claim that it is important for children ① to have routines in their daily lives. I realized recently how right ② are they about that. Looking at my own life, I can see that many problems come from ③ not having had such routines instilled in me as a child. I have thus decided that my own daughter will have plenty of regular activities ④ during her formative years.

---

01 ④

해설 '컴퓨터를 어떻게 사용하는가'는 how we could use a computer 로 쓸 수 있고, 이를 줄이면 [의문사 + to부정사]로 ④가 된다.

해석 우리가 컴퓨터를 어떻게 사용할 것인지를 아는 것이 더욱 더 중요해지고 있다.

02 ②

해설 ① [seem to부정사]: ~하는 것으로 보이다
② how → what / 의문사 what과 how를 비교하는 문제이다. 뒤에 있는 전치사 like의 목적어가 될 의문대명사인 what이 나와야 한다.
cf. What is the weather like? = How is the weather? (날씨가 어때요?)
③ 뒤에 동사가 있어 절을 이루고 있으므로 접속사 because의 사용은 적절하다.
④ 주어 I에 대한 보어이므로 '당황하게 된'을 의미하는 수동의 분사는 적절하다.

해석 어제 수영장에서 모든 것이 어긋나는 것 같았다. 내가 도착하자마자, 선글라스를 깔고 앉아 망가뜨려 버렸다. 그러나, 최악의 순간은 내가 경치가 어떤지를 보기 위해 다이빙 타워에 올라갔을 때였다. 일단 그곳에 올라가자, 내 친구들이 내가 다이빙할 것이라고 생각하고 나를 쳐다보고 있다는 것을 알게 됐다. 나는 그 높이에서 다이빙을 하는 것이 너무 무섭다고 결론을 내렸다. 그래서 난 매우 당황한 채 사다리를 타고 내려왔다.

어휘 go wrong 잘못되다 height 높이 ladder 사다리 embarrass 당황하게 만들다

03 ②

해설 ① 가주어 it에 대한 진주어 to부정사이다.
② are they → they are / realized의 다음에 의문이 목적어로 나오려면 간접 의문문이 되어야 하므로, [의문사 + 주어 + 동사]의 어순으로 쓴다.
③ 동명사를 부정할 때 not은 동명사 바로 앞에 쓴다.
④ 뒤에 동사가 없으므로 [during + her formative years]의 전명구를 이룬다.

해석 몇몇 심리학자들은 아이들이 규칙적으로 일상생활을 하는 것이 중요하다고 주장한다. 나는 그 점에 있어 그들의 주장이 얼마나 옳은 것인가를 최근에 깨달았다. 나 자신의 삶을 보면, 많은 문제들이 어렸을 적 그런 규칙적인 일상이 몸에 배지 않았기 때문에 발생했다는 것을 알 수 있다. 그래서 나는 내 딸이 습관 형성기에 규칙적인 활동을 많이 할 수 있게 해주기로 결심했다.

어휘 psychologist 심리학자 routine 루틴, 틀에 박힌 일상 instill 주입하다 formative (사람, 성격 등의) 형성[발달]에 중요한

PART

12

수량사와 명사

38 수량사와 가산명사, 불가산명사

39 hundred, 복합수량사, [of 추상명사], [the 형용사]

PART TEST

수량사와 가산명사, 불가산명사

> 수량사와 명사의 결합에 대한 이해가 있어야 수의 일치 문제를 해결할 수 있다. 실수가 많은 부분이니 조심하자.

1 가산명사 수식어와 불가산명사 수식어 (수량사)

① **가산명사**: 수를 셀 수 있는 명사로 보통명사, 집합명사 또는 군집명사가 있다.
② **불가산명사**: 수를 셀 수 없는 명사로 물질명사, 추상명사가 있다.

가산명사 수식어	불가산 명사 수식어	공통 수식어
many a great many (많은) many a (많은)	much	a lot of (많은) lots of (많은) plenty of (충분한)
few (거의 없는) a few (약간 있는) not a few (적지 않은) quite a few (꽤 많은)	little (거의 없는) a little (약간의) not a little (적지 않은) quite a little (꽤 많은)	some any no
a number of (많은 수의) the number of (~의 수)	a great deal of (많은 양의) the amount of (~의 양)	

- a good many + books + are   (a good many + 복수명사) = a great many
- many a + book + is   (many a + 단수명사)
- few + books + are   (few + 복수명사)
- a few + books + are   (a few + 복수명사)
- a number of books + are   (많은 수의 책: books가 주어이다)
- the number of books + is   (책의 수: the number가 주어이다)
- a great deal of water + is   (많은 양의 물: water가 주어이다) = a good deal of

2 주의해야 하는 표현

① **빈출 가산명사**

make a mistake(실수하다), take a walk(산책을 가다), go on an errand(심부름을 하다), go on a picnic(소풍을 가다), many courses(많은 수업 과정들) 등

② **빈출 불가산명사**

- furniture(가구), information(정보), evidence(증거), equipment(장치), baggage(짐), luggage(짐), machinery(기계류), stationery(문구류), clothing(의류) 등
- news(소식), advice(충고) 등
- **액체류 물질명사**: water(물), wine(와인), coffee(커피), beer(맥주), milk(우유) 등
- **기체류 물질명사**: air(공기), gas(기체), fire(불), steam(증기), smoke(연기) 등
- **가루, 알갱이류 물질명사**: sugar(설탕), salt(소금), rice(쌀) 등
- **덩어리류 물질명사**: soap(비누), butter(버터), cheese(치즈), bread(빵) 등
- **재료류 물질명사**: wood(나무), stone(돌), glass(유리), gold(금), silver(은), iron(쇠) 등

Exercise

01 다음 중 어법상 어색한 것을 모두 고르면?
① an information
② informations
③ some information
④ a piece of information
⑤ a lot of information
⑥ a number of information

[02~06] 다음 중 어법상 옳은 것을 고르시오.

02 The antique table costs [a lot of / a number of] money.

03 Don't drink too [many / much] wine.

04 [Few / Little] people understood what he was saying.

05 Do you have [a few / a little] friends in this village?

06 He could eat [few / little] bread.

[07~11] 다음 중 어법상 옳은 것을 고르시오.

07 Many a [boat has / boats have] been wrecked here.

08 The number of cars [has / have] been remarkably increasing.

09 There [is / are] a number of people suffering from cancer.

---

01 정답 ①, ②, ⑥
해설 ①② information은 불가산명사이므로 a/an과 결합이 불가하고 복수형 어미 -s 사용이 불가하다.
③ some은 복수 명사, 불가산 명사 둘 다 수식 가능하다.
④ a piece of는 단위 표현(도량형 표현)으로 불가산명사와 같이 쓰일 수 있다. cf. a cup of coffee(커피 한 잔) two cups of coffee(커피 두 잔)
⑤ a lot of는 복수 명사, 불가산명사 둘 다 수식 가능하다.
⑥ a number of는 복수 명사를 수식해야 한다.

02 정답 a lot of
해설 money는 불가산명사이므로 [a number of + 복수 명사]는 쓸 수 없다.
해석 그 오래된 탁자는 많은 돈이 든다.

03 정답 much
해설 wine은 불가산 명사이다.
해석 너무 많은 와인을 마시지 말아라.

04 정답 Few
해설 [few + 복수 명사]의 구조이다.
해석 그가 말한 것을 이해하는 사람은 거의 없었다.

05 정답 a few
해설 [a few + 복수 명사]의 구조이다.
해석 당신은 이 마을에 몇 명의 친구가 있나요?

06 정답 little
해설 bread는 불가산 명사이다.
해석 그는 빵을 거의 먹지 못했다.

07 정답 boat has
해설 [many a + 단수 명사 + 단수 동사]
해석 많은 배가 이곳에서 난파되어 왔다.

08 정답 has
해설 [the number of 복수 명사 + 단수 동사]의 구조로, 주어는 number이다.
해석 자동차의 수가 현저하게 증가해 왔다.

09 정답 are
해설 [a number of 복수 명사 + 복수 동사]의 구조로, 주어는 people이다.
해석 암으로 고통 받는 많은 사람들이 있다.

Exercise

10 She makes [few mistakes / little mistake] in solving the problems.

11 The good news [is / are] that she will join us.

12 밑줄 친 부분에 들어갈 말로 가장 적절한 것은?

> A: The Johnsons have just moved into a larger house.
> B: Did they have to buy _____ for it?

① many new furniture
② much new furnitures
③ many new furnitures
④ much new furniture

13 밑줄 친 부분 중 어법상 가장 옳지 않은 것은? 〈16 서울 9급〉

> He acknowledged that ① the number of Koreans were forced ② into labor ③ under harsh conditions in some of the locations ④ during the 1940's.

---

10 정답 few mistakes
해설 [few + 복수 명사]의 구조로, mistake는 가산 명사이다.
해석 그녀는 문제를 푸는 데 있어 거의 실수를 하지 않는다.

11 정답 is
해설 news는 불가산 명사로 단수 동사를 사용한다.
해석 좋은 소식은 그녀가 우리와 합류할 것이라는 것이다.

12 정답 ④
해설 furniture는 불가산 명사이므로 복수형 어미(-s)를 붙일 수 없고, many가 수식할 수도 없다.
해석 A: Johnsons 가족은 얼마 전에 더 큰 집으로 이사했어요.
B: 그들이 그 집에 새로운 가구를 많이 사야만 했나요?

13 정답 ①
해설 ① the number → a number / [the number of 복수 명사 + 단수 동사]와 [a number of 복수 명사 + 복수 동사]를 구별하는 문제이다. 동사가 were forced이므로 주어를 복수로 만들기 위해 a number of Koreans(많은 수의 한국인들)로 써야 한다.
해석 그는 많은 수의 한국인들이 1940년대에 몇몇 지역에서 혹독한 조건에서 강제 노역을 강요받았다는 것을 인정했다.
어휘 acknowledge 인정하다 be forced into ~로 강제되다

hundred, 복합수량사, [of 추상명사], [the 형용사]

출제 기조가 바뀌면서 출제 빈도가 줄어든 영역이므로 핵심 사항만 잘 정리하자.

1 복합수량사

복합수량사는 [기수-단위명사]의 구조로, 단위명사는 항상 단수형으로 사용한다.

- He has a ten-dollar bill. 그는 10달러짜리 지폐 한 장을 가지고 있다.
  (x) He has a ten-dollars bill.

2 hundred의 표현 양식

① 정확한 수를 나타낼 때

two hundred books처럼 hundred에 -s를 붙이지 않는다. 이때 hundred는 books를 수식하는 형용사로 사용된다.

- a hundred books 100권의 책

- two hundred books 200권의 책
  (x) two hundreds books

② 부정확한 수를 나타낼 때

hundreds of books처럼 -s를 붙이는데, 이때 hundreds는 명사로 사용된다. millions of(수백만의), billions of(수십억의), dozens of(수십의), scores of(수십의) 등도 알아두자.

- hundreds of books 수백 권의 책

- thousands of books 수천 권의 책

3 추상명사

① 형용사로 쓰이는 [of + 추상명사]

of importance 중요한 (= important)	of significance 의미심장한 (= significant)
of moment 중요한 (= momentous)	of the moment 순간의 (= momentary)
of use 유용한 (= useful)	of no use 쓸모 없는 (= useless)
of value 가치 있는 (= valuable)	out of question 확실한 (= unquestionable)
out of the question 불가능한 (= impossible)	

cf. at ease 편안한 (= comfortable)　　with ease 쉽게 (= easily)

② [have + the 추상명사+ to부정사]: ~할 …을 가지고 있다

- He has the kindness to show me the way. 그는 나에게 길을 가르쳐 줄 친절함을 가지고 있다.

- He has the boldness to attack the enemy. 그는 적을 공격할 용기를 가지고 있다.

- He has the eagerness to pass the exam. 그는 시험에 붙고 싶은 열망을 가지고 있다.

cf. He had difficulty solving the problem. 그는 문제를 해결하면서 어려움을 겪었다.

cf. He had a good time dancing to the music. 그는 음악에 맞춰 춤추면서 좋은 시간을 가졌다.

4 [the + 형용사]

① [the + 형용사]는 '~한 것' 또는 '~한 상태'를 의미할 때 단수 취급한다.

- The opposite is true. 반대의 것이 사실이다.

② [the + 형용사/분사]는 '~한 사람들'을 의미할 때 복수 취급한다.

- The rich are not always happy. 부자들이 항상 행복한 것은 아니다.

the rich	부자들	the poor	가난한 사람들
the destitute	가난한 사람들	the impoverished	가난한 사람들
the blind	시각장애인들	the deaf	청각장애인들
the mute	언어장애인들	the disabled	장애인들
the living	살아있는 사람들	the wounded	부상당한 사람들
the dying	죽어가는 사람들	the dead	죽은 사람들
the sick	아픈 사람들	the elderly	나이 든 사람들
the learned	학식 있는 사람들	the skillful	숙련자들
the experienced	경험 많은 사람들	the unemployed	실업자들

Exercise

[01~02] 밑줄 친 부분에 들어갈 말로 가장 적절한 것을 고르시오.

01

> As a precaution, all city taxi-drivers carry enough money to make change for a _____ bill.

① five dollars   ② fives-dollar   ③ five-dollar   ④ five-dollars

02

> Capital and labor are of equal _____ in the modern corporation.

① import   ② importantly   ③ important   ④ importance

03 다음 중 어법상 옳은 것을 고르시오.

① She had her husband [repair / repaired] the roof.
② She had her car [repair / repairing / repaired] immediately by him.
③ They had the boldness [attack / to attack / attacked] the enemy.
④ They had difficulty [attack / to attack / attacking / attacked] the enemy.

04 다음 중 어법상 가장 어색한 것은?

> Cohen points to studies ①showing that, unlike their younger family members, the elderly who ②suffer from stress ③is more likely ④to become ill.

---

01 정답 ③
해설 복합수량사가 명사를 앞에서 수식하는 경우 [기수-단수명사]로 표기한다. ①은 명사로 쓰인 복수형이라 수식어가 될 수 없고, ②와 ④는 복수형 dollars가 들어간 형태이므로 복합수량 표현 규칙에 어긋난다.
해석 사전 대비로서, 모든 도시 택시 기사들은 5달러 지폐에 대한 충분한 잔돈을 가지고 다닌다.

02 정답 ④
해설 앞에 형용사 equal이 있으므로 명사가 필요하다. [of + 추상명사]는 형용사의 의미를 지니므로 [of equal importance](동일하게 중요한)는 equally important의 의미를 지닌다.
해석 현대 기업에서 자본과 노동은 동일하게 중요하다.
어휘 capital 자본 corporation 기업, 회사

03 정답 ① repair / [have + 목적어 + 원형부정사](목적어가 ~하도록 부탁하다, 시키다)이며, have는 사역동사이다.
② repaired / [have + 목적어 + pp](목적어가 ~되도록 부탁하다, 시키다)이며, have는 사역동사이다.
③ to attack / [have + 목적어 (to부정사)](~할 …을 가지고 있다)이며, to부정사는 목적어를 수식한다.
④ attacking / [have difficulty (in) -ing](~하면서 어려움을 겪다)이며, have는 '경험하다'를 의미한다.
해석 ① 그녀는 남편에게 지붕을 수리하도록 시켰다.
② 그녀는 그에 의해 그녀의 차가 즉시 수리되도록 했다.
③ 그들은 적을 공격할 담대함을 가지고 있었다.
④ 그들은 적을 공격하면서 어려움을 겪었다.

04 정답 ③
해설 ① '~을 보여주는'을 의미하는 분사로 studies를 수식한다.
② [suffer from](~로 고통 받다)은 수동태로 쓰지 않는다.
③ is → are / the elderly는 '나이 든 사람들'을 의미하므로 복수 취급한다.
④ [be likely to부정사]: ~할 것 같다
해석 Cohen은, 젊은 가족 구성원들과는 달리, 스트레스로 고통 받는 노인들은 병들 가능성이 더 높다는 것을 보여주는 연구들을 지적했다.

PART TEST

[01~03] 밑줄 친 부분에 들어갈 말로 가장 적절한 것을 고르시오.

01.

Although the hurricane swept through this town, _____ was done.

① a little damages ② a few damage
③ few damage ④ little damage

02.

The arthropods, including insects and spiders, are _____ economic and medical significance.

① both great ② great
③ of great ④ still greater

03.

The lawyer is probably one of the most _____ in the nation in the field of labor dispute.

① experiential ② experiences
③ experiencing ④ experienced

---

01 ④

해설 damage(피해)는 불가산 명사이며 little 또는 much로 수식한다. 의미상 '폭풍이 휩쓸었지만, 피해는 거의 없었다'로 표현되어야 하므로 little을 사용한다.
해석 비록 폭풍이 이 마을을 휩쓸고 지나갔지만, 피해는 거의 없었다.

02 ③

해설 뒤에 있는 significance는 '중요성'을 뜻하는 추상 명사이므로, 그 앞에는 문장의 보어 역할을 할 수 있는 형용사적인 표현이 필요하다. 이때 [of + 추상명사] 구조는 문장에서 형용사처럼 의미를 가지는 표현으로, of great significance는 '매우 중요한'이라는 뜻이다.
해석 곤충과 거미를 포함한 절지동물은 경제적, 의학적으로 중요하다.
어휘 arthropod 절지동물 significance 중요함, 상당함

03 ④

해설 • [one of the 복수명사](~들 중 하나) 구문이다.
• 복수명사인 experiences를 선택하면 '가장 많은 경험들 중에 하나'라는 의미로 문맥상 어색하고, the most는 형용사나 부사를 수식하므로 적절하지 않다.
• the most experienced는 [the + 형용사](~한 사람들)이 되어 '가장 경험 많은 사람들'을 의미하며 문맥상 적절하다.
해석 그 변호사는 전국에서 노동분쟁 분야에 있어 가장 경험 많은 사람들 중의 한 명일 것이다.
어휘 labor dispute 노동분쟁

[04~06] 다음 중 어법상 가장 어색한 것을 고르시오.

04.
Following major incidents, especially those ① involving politics or social justice, media coverage often ② evolves into something more than information delivery. The news of the event, once ③ released, often ④ serve as a catalyst for cultural debate and shapes how communities engage with controversial narratives and moral perspectives.

05.
When ① comparing traditional vegetables to their ancient ancestors, researchers often highlight the drastic visual and nutritional differences ② caused by centuries of cultivation. Today, many garden vegetables bear ③ few resemblance to the wild plants ④ from which they are believed to have evolved over time.

06.
After a ① ten-hours shift, medical volunteers treated over ② two hundred patients who had waited in line for hours. The team worked without rest, rotating roles ③ every fifteen minutes to maintain focus and energy, and ④ demonstrating resilience and dedication in extremely demanding conditions.

---

04 ④

[해설] ① involve(~을 포함하다)가 those를 수식하는 분사로 기능하고 있다. 뒤에 명사가 있고, '정치나 사회 정의를 포함하는'으로 해석되는 능동의 분사는 적절하다.
② 주어가 media coverage로 단수이다. evolve는 자동사, 타동사 모두 가능하므로 능동으로 쓴 표현도 적절하다.
③ [접속사 + 분사구문]의 구조로, once는 '일단 ~하면'이라는 의미의 접속사이다. release를 수동의 분사로 사용한 once released는 '일단 한번 배포되면, 보도되면'을 의미한다.
④ serve → serves / 주어는 news이고 불가산명사이다. 따라서 단수형 동사를 써야 한다.

[해석] 정치나 사회 정의와 관련된 중대한 사건이 발생한 뒤, 언론 보도는 단순한 정보 전달을 넘어서는 형태로 전개되는 경우가 많다. 그 사건에 대한 뉴스는 일단 보도되면 문화적 논쟁의 촉매제가 되며, 공동체가 논쟁적인 이야기나 도덕적 관점과 어떻게 소통하는가에 영향을 미친다.

[어휘] media coverage 언론 보도   evolve 진화하다
information delivery 정보 전달   release 배포하다, 보도하다
catalyst 촉매제   engage with ~와 소통하다   controversial 논쟁적인
moral 도덕적인   perspective 관점

05 ③

[해설] ① [접속사 + 분사구문]의 구조이다. compare의 목적어가 있고, '전통 채소를 비교할 때'라는 능동의 의미이므로 comparing의 사용은 적절하다.
② 명사 differences를 수식하는 분사로, '수세기에 걸친 재배로 인해 생긴'을 의미하는 수동의 분사 caused의 사용은 적절하다.
③ few → little / resemblance는 불가산명사이므로 few가 아닌 little을 사용해야 한다. few는 복수 명사만 수식할 수 있다.
④ 관계사절을 복원하면, [they are believed to have evolved from the wild plants]이므로 from the wild plants를 의미하는 from which는 적절하다.

[해석] 전통 품종의 채소들을 고대의 조상 식물들과 비교할 때, 연구자들은 수세기에 걸친 재배로 인해 생긴 극적인 외형적, 영양적 차이를 종종 강조한다. 오늘날 많은 정원 채소들은 시간이 지나면서 진화한 것으로 여겨지는 야생 식물들과 거의 닮지 않았다.

[어휘] drastic 급격한   nutritional 영양적인   bear 품다
bear resemblance 닮다   evolve from ~에서 진화하다

06 ①

[해설] ① ten-hours → ten-hour / 복합수량사는 [숫자-단위명사]의 형태로 단위명사를 단수형으로 써야 한다.
② hundred는 -s를 붙이지 않고 단수로 사용한다. 예외는 hundreds of(수백 개의) 뿐이다.
③ every가 '~마다'의 의미를 지닐 때는 [every + 기수 + 복수명사]의 형태인 every fifteen minutes, 또는 [every + 서수 + 단수명사]의 형태인 every fifteenth minute로 사용한다.
④ [주어 + 동사 ~ , (rotating ~ and demonstrating ~)]으로 후치 분사구문이 병치구조를 이루고 있다.

[해석] 10시간의 교대 근무 후, 의료 자원봉사자들은 몇 시간 동안 줄을 서 있던 200명 이상의 환자들을 치료했다. 팀은 집중력과 체력을 유지하기 위해 15분마다 역할을 교대하며 휴식 없이 일했으며, 극도로 힘든 조건에서도 회복력과 헌신을 보여주었다.

[어휘] shift 교대 근무   treat 치료하다   rotate 교대하다
demonstrate 보여주다   resilience 회복력   dedication 헌신
demanding 힘든

PART

13

대명사

40 it의 용법 (가주어, 가목적어, 강조구문)

41 인칭대명사, 재귀대명사

42 other, another

43 부정대명사의 수

PART TEST

it의 용법 (가주어, 가목적어, 강조구문)

대명사 it은 출제 빈도가 높으며, it에 밑줄이 있을 때 무엇을 가리키는지 빨리 알아내도록 훈련하자.

1 가주어 it의 용법

가주어 it은 that절이나 to부정사인 진주어를 대신 받아준다.

- It is important that he should attend the party. 그가 파티에 참석해야 하는 것이 중요하다.
  = It is important for him to attend the party.

2 가목적어 it의 용법

가목적어 it은 to부정사구나 that절을 대신 받아주며, 동명사로는 사용이 불가하다.

- He made it possible to settle the matter. 그는 문제를 해결하는 것을 가능하게 만들었다.
  ➡ possible을 possibly로 쓰지 않도록 유의한다. 가목적어가 자주 나오는 동사에는 make, think, believe, find 등이 있다.

- I make it a rule to get up early in the morning. 나는 아침에 일찍 일어나는 것을 규칙으로 삼는다.

- He took it for granted that he lived on his wife's income. 그는 자기 아내의 소득으로 살아가는 것을 당연한 것으로 받아들였다.

3 [It is ~ that] 강조구문

[It is ~ that] 강조구문은 강조하는 말을 ~ 자리에 넣으면 된다.

- I met her in the park yesterday. 나는 어제 공원에서 그녀를 만났다.
  = It was I that[who] met her in the park yesterday. 어제 공원에서 그녀를 만난 사람은 바로 나였다.
  = It was her that[whom] I met in the park yesterday. 내가 어제 공원에서 만난 사람은 바로 그녀였다.
  = It was in the park that I met her yesterday. 내가 어제 그녀를 만난 곳은 바로 공원이었다.
  = It was yesterday that I met her in the park. 내가 공원에서 그녀를 만난 것은 바로 어제였다.

> **TIP** 강조구문과 가주어-진주어 구문과의 차이
>
> - It is necessary that he should solve the problem. 그가 그 문제를 풀어야 하는 것이 필요하다.
>   ➡ [It is + 형용사 + that]의 가주어-진주어 구문이며, that 이하는 완전한 문장 구조로, that은 접속사이다.
>
> - It is because of her husband's wealth that she can buy several cars. 그녀가 여러 대의 차를 살 수 있는 것은 남편의 재산 때문이다.
>   ➡ [It is + 부사어 + that] 강조구문이다. that 이하는 부사가 빠져 있어 완전한 문장구조이다. 부사어에는 '부사, 전명구, 부사절'이 해당된다.
>
> - It is his duty that he should take care of the dogs. 그가 개들을 돌보는 것이 그의 의무이다.
>   ➡ [It is + 명사 + that + 완전한 문장구조]의 가주어 구문이다. that 이하의 문장은 완전한 구조로, that은 접속사이다.
>
> - It is her that he should depend on to solve the problem. 그 문제를 풀기 위해 그가 의존해야 할 사람은 바로 그녀이다.
>   ➡ [It is + 명사 + that + 불완전한 문장구조]의 강조구문이다. that 이하는 불완전한 구조로, that은 관계사이므로 who, whom, which로 바꿀 수 있다.

Exercise

01 밑줄 친 부분에 들어갈 말로 가장 적절한 것은?

> Is it necessary _____ the book immediately?

① for him to return ② that he returns
③ his returning ④ to him return

02 다음 중 어법상 가장 어색한 것은?

> Public transportation in Southeast Asia is quite unpredictable, ① which makes it ② difficult for ③ those who are traveling in the area ④ gauging the expected duration of a trip.

[03~07] 밑줄 친 부분이 맞으면 O, 틀리면 X를 쓰시오.

03 It is you that is to blame.

04 It is you, not I, that am to blame.

05 It is just one of his friends who knows his real identity.

06 It was she that I met in the park.

07 It is the place that the meeting will be held.

---

01 정답 ①
해설 • 가주어 it을 대신하는 진주어는 to부정사나 that절을 사용하므로 ③과 ④는 후보에서 제외된다.
• it is necessary 다음의 that 절에서는 he (should) return이 되어야 하므로 ②도 정답이 될 수 없다.
해석 그가 지금 그 책을 반납하는 것이 필요한가요?

02 정답 ④
해설 ① makes의 주격 관계사로 선행사는 앞 문장 전체이다. 관계사 which는 계속적 용법으로 쓰일 수 있다.
② 목적격보어로 사용되는 형용사 difficult이다.
③ they나 them은 후치 수식을 받지 못하므로, [those + 수식어]의 구조로 쓴다.
④ gauging → to gauge / 가목적어 it에 대한 진목적어는 to부정사를 사용한다. [makes + it + difficult + for those (who ~) + to부정사]의 구조이다. for those는 to부정사의 의미상의 주어이다.
해석 동남아시아의 대중교통은 매우 예측할 수 없는데 이것이 그 지역을 여행하는 사람들이 예상되는 여행 기간을 측정하기 어렵게 만든다.
어휘 unpredictable 예측할 수 없는 gauge 측정하다 duration (지속되는) 기간

03 정답 X
해설 is → are / 강조구문에서는 강조되는 you가 동사의 주어 역할을 하므로 are로 고쳐야 한다.
해석 비난받아야 할 사람은 바로 당신이다.

04 정답 X
해설 am → are / 주어는 you이다.
해석 비난받아야 할 사람은 내가 아니라 당신이다.

05 정답 O
해설 주어가 one이므로 동사에 knows를 사용한다.
해석 그의 진짜 정체를 아는 것은 그의 친구들 중 단 한 명이다.

06 정답 X
해설 she → her / 강조하는 것은 목적어이므로 목적격인 her를 써야 한다.
해석 내가 공원에서 만난 사람은 바로 그녀이다.

07 정답 X
해설 the place → in the place / It is와 that이 생략되었을 때, 완전한 문장이 되기 위해선 전명구가 필요하다
해석 그 회의가 개최될 곳은 바로 그곳이다.

Exercise

08 밑줄 친 부분 중 가장 적절한 것은?

① 당신을 성공으로 이끄는 것은 재능이 아니라 열정이다.
→ It is not talent but passion that lead you to success.

② 당신이 필요로 하지 않은 물건을 구입하는 것은 단지 돈 낭비일 뿐이다. 〈09 국가 7급 응용〉
→ It is just a waste of money buying things you can dispense with.

③ 사람들을 놀라게 하는 것은 자동차의 숫자이다.
→ It is the number of cars that makes people surprised.

④ 그녀가 찾고 있었던 것은 바로 주요 출입구였다. 〈14 국가 9급〉
→ It was the main entrance that she was looking.

---

08 정답 ③

해설 ① lead → leads / [not A but B](A가 아니라 B이다)와 [It is ~ that](~한 것은 바로 …이다) 구문이 동시에 사용되었다. B를 주어로 취급하므로 lead를 단수형으로 써야 한다.
② buying → to buy / 가주어 it이 있을 때 진주어는 동명사를 쓰지 않는다.
③ the number of cars는 '자동차의 숫자'로 단수이다. 따라서 동사에 -s를 붙인 makes는 적절하다.
④ was looking → was looking for / [It is ~ that] 강조구문이다. 본래의 문장인 She was looking for the main entrance.에서 목적어인 the main entrance만 앞으로 이동시켜 강조한 구문이므로 동사는 look for(~을 찾다)를 써야 한다.

41 인칭대명사, 재귀대명사

> 인칭대명사와 재귀대명사는 밑줄이 있을 때 그것이 가리키는 말이 무엇인지를 찾는 것이 핵심이다.

1 대명사가 가리키는 말

① 대명사, 특히, it, its, they, them, their에 밑줄이 있으면, 그 문제의 출제 의도는 대명사가 가리키는 말이 무엇인지, 수와 격이 올바른지를 찾으라는 것이다.

② 다음 문장에서 밑줄 친 인칭대명사가 가리키는 말이 무엇인지 확인해 보자.

- A baby starts learning the meanings of words as ① <u>they</u> are spoken by ② <u>its</u> mother and later uses ③ <u>them</u> in sentences. 아이들은 엄마에게 말을 들으면서 단어의 뜻을 배우기 시작하고, 나중에 문장에서 그것들을 사용한다.
  → ①은 words를 대신한다.
  → ②는 baby's 를 대신한다. 영어에서 baby, child는 무생물 대명사인 it으로도 받을 수 있다.
  → ③은 words를 대신한다.

2 재귀대명사

재귀대명사는 주어와 목적어가 동일할 때 사용한다. 아래의 세 문장을 비교해 보자.

- He killed him. 그는 그를 살해했다. (he와 him은 다른 사람)

- He killed himself. 그는 자살했다. (he와 himself 는 동일 인물: 재귀적 용법)

- He himself attended the party 그 사람 자신이 직접 파티에 참석했다. (강조 용법: 부사 취급)

Exercise

[01~03] 다음 중 어법상 가장 어색한 것을 고르시오.

01
> ① Even though computers operate ② without human prejudice, some people fear that ③ its logical solutions ④ can be harmful to man.

〈15 서울 7급〉

02
> ① Unless scientists discover new ways ② to increase food production, the Earth ③ will not be able to satisfy the food needs of all ④ their inhabitants.

03
> When a ① severe ankle injury forced ② herself to give up reporting in 1926, Margaret Mitchell ③ began ④ writing her novel Gone with the Wind.

---

01 정답 ③
해설 its → their / ③이 가리키는 것은 computers이므로 their가 되어야 한다.
해석 컴퓨터는 사람의 편견 없이 작동될 수 있지만, 몇몇 사람들은 컴퓨터의 논리적 해법이 인간에게 해로울 수도 있다는 것을 걱정한다.
어휘 operate 작동하다 prejudice 편견 logical 논리적인

02 정답 ④
해설 ④ their → its / ④는 the Earth를 가리키므로 단수의 소유격을 써야 한다.
해석 과학자들이 식량 생산을 증가시킬 새로운 방법을 발견하지 못한다면, 지구는 거주민들의 식량 수요를 충족시킬 수 없을 것이다.
어휘 food needs 식량 수요 inhabitant 거주자

03 정답 ②
해설 ① severe(혹독한)는 형용사로 injury를 수식한다.
② herself → her / 재귀대명사는 주어와 목적어가 동일할 때 쓴다. force의 주어는 injury로 Margaret Mitchell과 일치하지 않으므로 herself가 아닌 her를 써야 한다.
③ when절의 시제가 과거이므로 주절의 시제도 과거를 써야 한다.
④ begin은 목적어로 to부정사, 동명사 모두를 쓸 수 있다.
해석 심각한 발목 부상이 그녀로 하여금 1926년에 보도 활동을 포기하도록 만들었을 때, Margaret Mitchell은 그녀의 소설 〈바람과 함께 사라지다〉를 집필하기 시작했다.
어휘 ankle 발목 give up ~을 포기하다

42 other, another

> other와 another의 구별은 쉽지 않지만, 핵심적인 몇 가지를 기억하여 시험에 대비하자.

1 분류의 개념

① **전체 수량이 명확할 때의 분류**: 2분할을 할 때

- I have two cars; one is blue and the other is red. 나는 차가 두 대 있다. 하나는 파란색이고 다른 하나는 빨간색이다.
- I have five cars; some are blue and the others are red. 나는 차가 다섯 대 있다. 어떤 것들은 파란색이고 나머지 것들은 빨간색이다.

② **전체 수량이 명확할 때의 분류**: 3분할을 할 때

- I have three cars; one is blue, another is red, and the other is yellow.
  나는 차가 세 대 있다. 하나는 파란색, 또 다른 하나는 빨간색, 그리고 나머지 하나는 노란색이다.
- I have ten cars; some are blue, others are red, and the others are yellow.
  나는 차가 열 대 있다. 어떤 것들은 파란색, 다른 것들은 빨간색, 그리고 나머지 것들은 노란색이다.

③ **전체 수량이 명확하지 않을 때**

- I don't like this one. Show me another[others]. 나는 이것이 맘에 들지 않아요. 다른 것[다른 것들]을 보여주세요.
- Some like baseball, and others like football. 어떤 사람들은 야구를 좋아하고, 다른 사람들은 축구를 좋아한다.

2 another

another는 [an+other]의 개념이므로 단수명사를 수식한다.

- She must buy another typewriter to record the facts. 그녀는 사실을 기록하기 위해 또 다른 타자기를 구매해야 한다.
- (x) Will you have another information? (셀 수 없는 명사 앞에 another를 쓸 수 없다.)
  → (o) Will you have another piece of information? 또 다른 정보를 받으실래요?

> **TIP** **another를 잘못 사용한 사례**
>
> - (x) another books
>   ➡ (o) another book, other books
> - (x) another information
>   ➡ information이 불가산명사이므로 결합할 수 없다. (o) other information
> - (x) my another book
>   ➡ 소유격이 관사(한정사)이므로 another와 나란히 쓸 수 없다. (o) my other book
> - (x) 비교급 than any another 단수명사
>   ➡ any가 관사(한정사)이므로 another와 나란히 쓸 수 없다. (o) 비교급 than any other 단수명사
> - (x) another arm
>   ➡ arm은 2개로 이루어져 있다. 전체 집합이 2개인 경우 another를 쓸 수 없다. (o) the other arm

3 관용표현

① **서로**: each other(2명일 때), one another(3명 이상일 때)
② **차례대로**: one after the other(2명일 때), one after another(3명 이상일 때)
③ **A와 B는 별개의 일이다**: A is one thing, and B is another.

Exercise

01 밑줄 친 부분에 들어갈 말로 가장 적절한 것은?

> Peace and development are not so different as we may think them to be. They are two sides of the same coin: one cannot progress without _____.

① another
② other
③ others
④ the other

[02~04] 다음 중 어법상 가장 어색한 것을 고르시오.

02
> ① Some of my close friends ② are from Latin America, ③ others are from Europe, and ④ rest are from the Middle East.

03
> The Hocanes ① appear ② friendly and peaceful, ③ but they are deeply suspicious of ④ another tribes.

04
> Wagner and Strauss were ① such good friends ② that they ③ frequently exchanged gifts ④ with one another.

---

01 정답 ④
해설 2개가 있으면 [one ~ the other]로 표현한다.
해석 평화와 발전은 우리가 생각하는 것만큼 다르지 않다. 그것들은 동전의 양면과 같다. 다른 것(평화) 없이는 발전이 없다.

02 정답 ④
해설 rest → the rest 또는 the others / 나머지(the other ones, the others, the rest)를 표현할 때는 반드시 the를 붙인다.
해석 나의 가까운 친구들 중 몇몇은 라틴 아메리카 출신이고, 몇몇은 유럽 출신이며, 나머지는 중동 출신이다.

03 정답 ④
해설 another → other / another는 단수 명사만 수식한다.
해석 Hocanes 족은 친절하고 평화적으로 보이지만 다른 종족에 대해 매우 의심이 많다.

04 정답 ④
해설 with one another → with each other / one another는 3명 이상일 때 쓰고 each other는 2명일 때 쓴다.
해석 Wagner와 Strauss는 너무나 친한 친구였기에 서로 자주 선물을 주고 받았다.

43 부정대명사의 수

> 부정대명사에는 다양한 특성이 있지만, 수험영어의 관점에서는 수의 논리에 집중하여 학습하자.

1 all, none

① all이 명사로 사람을 의미하는 경우는 복수 취급하고, 사물을 의미하는 경우는 단수 취급한다.

- All but him are present. 그를 제외한 모든 사람이 참석한다.

- All that you have to do is (to) write a letter. 당신이 해야 하는 모든 일은 편지를 쓰는 것이다.

② 전체 집합에서 일부를 가리키는 경우, 원래 집합이 복수면 복수 취급, 단수면 단수 취급한다.

- All of the books are interesting. 그 책들 중 모두가 재미있다.
  ➡ 복수의 부분 집합은 복수

- All of the book is interesting. 그 책 전부가 재미있다.
  ➡ 단수의 부분 집합은 단수

- None of the books are interesting. 그 책들 중에 재미있는 책은 하나도 없다.
  ➡ 복수의 부분집합은 복수

2 each, every

① each는 '각각'이라는 의미를 갖고 있으며 단수 취급을 한다. 형용사, 대명사, 부사로 사용될 수 있다.

- Each of the boys has his own book. 각각의 소년은 자기 자신의 책을 가지고 있다. (each: 대명사)

- Each boy has his own book. (each: 형용사)

- Each has his own book. (each: 대명사)

② [every + 단수명사]는 '모든 ~'의 의미로 every는 형용사로만 쓰이며 대명사로 사용되지 못한다. [every + 기수 + 복수명사] 또는 [every + 서수 + 단수명사]는 '~마다'의 의미로 쓰인다.

- Every boy has his own book. 모든 소년은 자기 자신의 책을 가지고 있다.

- every two days = every second day = every other day 이틀마다

- every three weeks = every third week 3주마다

- every four years = every fourth year 4년마다

3 both, either, neither

both, either, neither는 전체 집합이 2개일 때 사용하므로 all, one, none과 구별해야 한다.

전체 집합이 2개일 때	전체 집합이 3개 이상일 때
Both of them + are (둘 다)	All of them + are (그들 모두 다)
Either of them + is (둘 중 하나)	One of them + is (그들 중 하나)
Neither of them + is (둘 다 아닌)	None of them + are (그들 전부 아닌)

4 most

- Most people like money. 대부분의 사람들 (most: 대부분의, 대부분)
  (x) the most people

- Most of the people like money. 그 사람들의 대부분
  (x) most of people

- The most diligent people will get this prize. 가장 부지런한 사람들 (the most 형용사/부사: 가장 ~한[~하게])

- Almost all the people have ambition. 거의 모든 사람들 (almost: 거의)
  (x) most all

Exercise

[01~11] 다음 중 어법상 옳은 것을 고르시오.

01 All of the information on this website [is / are] outdated.
02 Each of the students [likes / like] to have his own room.
03 Every kid in the class [was / were] able to swim.
04 Olympic Games are held every four [year / years].
05 Both of his parents [is / are] healthy.
06 Neither of us [knows / know] what did happen last night.
07 None of them [was / were] selected.
08 Few [lives / live] to the age of 100.
09 [A little / A few] of the girls were crying.
10 [Most / Almost] of the boys like playing sports.
11 [Most / The most] children remain vulnerable to all kinds of infection.

---

01 정답 is
해설 [all of the 복수]는 복수로, [all of the 단수]는 단수로 취급한다.
해석 이 웹사이트에 있는 모든 정보는 오래되었다.

02 정답 likes
해설 each는 단수 취급한다.
해석 그 학생들 각자는 자신의 방을 갖기를 원한다.

03 정답 was
해설 [every + 단수명사]는 단수 취급한다.
해석 그 교실 안의 모든 아이들은 수영을 할 수 있었다.

04 정답 years
해설 [every + 기수 + 복수명사] = [every + 서수 + 단수명사]
해석 올림픽 대회는 4년마다 개최된다.

05 정답 are
해설 both는 복수 취급한다.
해석 그의 부모님은 둘 다 건강하시다.

06 정답 knows
해설 neither는 '둘 다 아닌'을 의미하며, 3인칭 단수 취급한다.
해석 우리 둘 다 어젯밤에 무슨 일이 발생했는지 모른다.

07 정답 were
해설 [none of the 복수]는 복수 취급한다.
해석 그들 중 어느 누구도 선택되지 않았다.

08 정답 live
해설 few는 형용사이든, 명사이든 복수 취급한다.
해석 100살까지 사는 사람은 거의 없다.

09 정답 A few
해설 girls이 가산명사이므로 a few를 사용한다. a little은 불가산명사와 결합한다.
해석 그 소녀들 중 몇 명은 울고 있었다.

10 정답 Most
해설 의미상 [most of the 전체](~중에 대부분)이 적절하다.
해석 그 소년들의 대부분은 운동하는 것을 좋아한다.

11 정답 Most
해설 the most는 [the most + 형용사/부사 + 명사]의 형태로 쓰인다.
해석 대부분의 아이들은 모든 종류의 감염에 취약하다.

12 밑줄 친 부분에 들어갈 말로 가장 적절한 것은?

> All of the cake _____ eaten before I arrived.

① were
② was
③ has been
④ have been

---

12 정답 ②

해설 • [all of + 단수 불가산 명사(cake)]는 단수 취급하므로 was가 적절하다. ①, ④는 복수 동사이므로 사용할 수 없다.
• before I arrived는 과거를 나타내는 시간 부사절로, 주절에는 일반적으로 과거 또는 과거완료를 사용해야 한다. ③은 현재완료 시제로, 과거 특정 시점(before I arrived)과 어울리지 않아 부적절하다.

해석 내가 도착하기 전에 케이크는 모두 먹힌 상태였다.

PART TEST

[01~03] 밑줄 친 부분에 들어갈 말로 가장 적절한 것을 고르시오.

01.
Airplanes have made _____.

① us to travel easily and comfortably
② easy and comfortable for us to travel
③ it easy and comfortable for us to travel
④ it easy and comfortably for us to travel

02.
It is because of Edison, rather than of any other man, _____ the age in which we live is known as the age of electricity.

① that
② this
③ which
④ those

03.
Helen tried on several blouses but _____ them fitted perfectly.

① neither of
② either of
③ none of
④ all of

---

01 ③

해설 to부정사를 가리키는 가목적어 it을 사용하여 [make it + for 목적어 + to부정사]의 형태로 쓴다. 목적격보어는 형용사인 easy and comfortable을 쓴다.
해석 항공기는 우리가 여행하는 것을 쉽고 편안하게 만들어준다.

02 ①

해설 [It is ~ that] 강조구문이 사용되었다. rather than of any other man은 삽입구로 사용되었다.
해석 우리가 살고 있는 시대가 전기의 시대라고 알려진 것은 누구보다 바로 에디슨 덕분이다.
어휘 rather than ~라기보다는

03 ③

해설 • several은 3개 이상을 의미하므로, neither of(둘 중 어느 것도), either of(둘 중 하나)는 부적절하다.
• but이 있어 의미상 '맞는 옷이 없었다'는 부정문이 적절하므로 ③이 정답이다.

해석 Helen은 몇 벌의 블라우스를 입어보았지만 어떤 것도 딱 맞지 않았다.

04 ③

해설 ① [It is ~ that] 강조구문이다. allows의 주어가 the clear structure로 강조되고 있다. 주어가 단수이므로 allows는 적절하다.
② 가목적어 it에 대한 진목적어로 to부정사는 적절하다.
③ another → other / another는 복수명사를 수식하지 않으므로 other를 사용해야 한다.
④ [~ easier + to grasp and (to) remember ~]로 병치구조를 이룬다.
해석 학습자들이 혼란 없이 주요 개념에 집중할 수 있게 해주는 것은 바로 명확한 구조다. 교육자들은 종종 추상적인 이론을 간단히 제시하는 것을 어렵다고 느끼지만, 일상에서 가져온 또 다른 예시를 활용하는 것은 그 개념을 이해하고 기억하기 쉽게 만들어준다.
어휘 structure 구조 confusion 혼란 challenging 도전적인, 힘든 present 제시하다 concept 개념 grasp 이해하다

[04~06] 다음 중 어법상 가장 어색한 것을 고르시오.

04.
It is the clear structure that ① <u>allows</u> learners to focus on main ideas without confusion. Educators often find it challenging ② <u>to present</u> abstract theories simply, but using ③ <u>another</u> examples drawn from everyday life makes the concept easier to grasp and ④ <u>remember</u> during review.

05.
City officials consider it necessary ① <u>regulating</u> phone use in certain public areas, such as libraries and theaters. Talking loudly or ② <u>watching</u> videos in quiet spaces disturbs others. ③ <u>Recognizing</u> the growing complaints, the city introduced a set of guidelines to promote respectful behavior without ④ <u>banning</u> technology altogether.

06.
Some shoppers enjoy running from sale to sale, ① <u>looking for</u> the lowest possible prices on ② <u>their</u> shoes, towels, and bowls. But more shoppers today prefer stores that offer everyday low prices – not just occasional sale prices. These shoppers dislike waiting for a sale on an item they need. When they decide to buy an item, they want to get ③ <u>them</u> right away. Also, they hate buying something and ④ <u>seeing it go on sale</u> the next week.

---

05 ①

[해설] ① regulating → to regulate / 가목적어 it에 대한 진목적어는 동명사를 사용하지 않고 to부정사나 that절을 사용해야 한다.
② 동명사구로 앞의 Talking과 병치구조를 이룬다.
③ [____ ~, 주어 + 동사 …]로 전치 분사구문이다. 뒤에 목적어가 있으므로 능동의 분사를 써서 '증가하는 불만을 인식하여'라는 의미가 되도록 한다.
④ 전치사 without 다음의 동명사 banning은 적절하다.

[해설] 도시 당국은 도서관이나 극장 같은 특정 공공장소에서 휴대폰 사용을 규제하는 것이 필요하다고 본다. 조용한 공간에서 큰 소리로 말하거나 영상을 보는 것은 다른 사람을 방해한다. 불만이 증가하는 것을 인지하고, 시는 기술을 완전히 금지하지 않으면서도 존중하는 행동을 장려하기 위한 일련의 지침을 도입했다.

[어휘] regulate 규제하다 disturb 방해하다 recognize 파악하다 complaint 불평 ban 금지하다

06 ③

[해설] ① [주어 + 동사 ~, _____ …]으로 후치 분사구문이다. look for의 능동의 분사로 '가장 낮은 가격을 찾으면서'는 적절하다.
② their가 가리키는 것은 shoppers로 복수명사이다. shoes를 수식하는 소유격 their의 사용은 적절하다.
③ them → it / ③이 가리키는 것은 바로 앞 문장의 an item을 의미하므로 단수인 it을 써야 맞는 표현이 된다.
④ [they hate + buying ~, and seeing ~]으로 병치구조를 이루며, it은 앞의 something을 가리킨다. [지각동사(see) + 목적어 + 원형부정사] 구문이다.

[해설] 어떤 구매자들은 신발, 타올, 그릇 등 가능한 한 가장 낮은 가격을 찾아서 세일하는 곳을 전전하기를 즐긴다. 그러나 오늘날 더 많은 구매자들은 일시적인 세일 가격이 아닌 상설 할인 가격을 제공하는 가게를 더 선호한다. 이러한 구매자들은 그들이 필요한 물건에 대한 세일을 기다리는 것을 싫어한다. 그들이 어떤 물건을 사기로 결정하면 그들은 그것을 즉시 사고 싶어 한다. 또한 그들은 어떤 물건을 사고 난 다음 주에 그것이 할인 판매되는 것을 싫어한다.

[어휘] look for ~을 찾다 occasional 가끔의, 일시적인 dislike 좋아하지 않다, 싫어하다 right away 바로 즉시 go on sale 할인 판매되다

PART

14

수의 일치

44 [A and B]와 [A or B]의 수
45 [A of B]의 수
46 긴 수식어·명사구·관계사절의 수 일치
PART TEST

44 [A and B]와 [A or B]의 수

📖 출제 기조의 변화로 출제 빈도는 낮을 것으로 예상된다. 기본적인 것만 잘 정리하자.

1 [A and B] 형태의 주어

① [The A and B] vs [The A and the B]

- The novelist and musician **is** coming here. 소설가이자 음악가가 이곳으로 온다.
  ➡ The A and B(A이면서 B인 것)는 단수 취급한다.

- The novelist and the musician **are** coming here. 그 소설가와 음악가가 이곳으로 온다.
  ➡ The A and the B(A와 B는 별개의 것)는 복수 취급한다.

② [A and B]가 의미상 단일 개념을 나타내는 경우: 단수 취급한다.

- Trial and error **is** the source of knowledge. 시행착오는 지식의 근원이다.

- Ham and eggs **is** my favorite breakfast. 햄과 계란(식단 메뉴)은 내가 가장 좋아하는 아침식사이다.

2 [A or B] 형태의 주어

① 주어가 [A or B]의 형태인 경우: B에 동사 수 일치를 맞춘다. 즉, B가 단수면 단수 동사, 복수면 복수 동사를 쓴다.

- A or B A 또는 B
- either A or B A 또는 B
- neither A nor B A 와 B 둘 다 아니다

② 비교

- not A but B A가 아니라 B
- A as well as B B뿐만 아니라 A도 역시 (= Not only B but also A)
  ➡ A가 강조되므로 A를 주어 취급하여 A에 어울리는 동사를 쓴다.

Exercise

[01~04] 다음 중 어법상 옳은 것을 고르시오.

01 Early to rise and early to bed [make / makes] a man healthy.

02 Climbing mountains and watching movies [is / are] my hobbies.

03 The soul and the body [is / are] one.

04 A needle and thread [was / were] found on the floor.

[05~07] 다음 중 어법상 옳은 것을 고르시오.

05 Your father as well as your uncles [is / are] rich.

06 Either he or I [am / is / are] aware of it.

07 Neither my gloves nor my hat [go / goes] with this dress.

---

01 정답 makes
해설 early to rise and early to bed(일찍 자고 일찍 일어나기)로 하나의 생활 습관이므로 단수 취급한다.
해석 일찍 자고 일찍 일어나는 것은 사람을 건강하게 만든다.

02 정답 are
해설 climbing mountains과 watching movies는 별개의 행동이므로 복수 취급한다.
해석 등산을 하는 것과 영화를 감상하는 것은 나의 취미이다.

03 정답 are
해설 The soul과 the body는 관사 the가 각각 붙은 명사 두 개로 복수 취급한다.
해석 영혼과 육체는 하나이다.

04 정답 was
해설 관사가 한 번 쓰여 '실이 꿰어진 바늘'을 의미하므로 단수 취급한다.
해석 실이 꿰어진 바늘이 마루에서 발견되었다.

05 정답 is
해설 [A as well as B](B뿐만 아니라 A도)는 A가 주어이다. 이 문장에서는 your father가 A에 해당한다.
해석 당신의 삼촌들뿐만 아니라 당신 아버지도 부자이다.

06 정답 am
해설 [Either A or B]에서는 B가 주어이다. 이 문장에서는 I가 B에 해당한다.
해석 그 또는 내가 그것을 알고 있다.

07 정답 goes
해설 [Neither A nor B]에서는 B가 주어이다. 이 문장에서는 my hat이 B에 해당한다.
해석 내 장갑과 내 모자 둘 다 이 옷과 어울리지 않는다.

45 [A of B]의 수

> 수의 일치와 관련된 주어의 모습을 묻는 문제로 [A of B]가 가장 많이 출제된다. 정확한 논리를 이해하여 대응하자.

1 [A of B + A의 동사]

[A of B]의 형태에서는 상당수의 경우 A가 주어 역할을 한다.

- The number of cars has increased since 1960. 자동차의 수가 1960년 이래로 증가해 왔다.

- The relationship of the two boys is likely to get better. 그 두 소년의 사이는 점점 좋아질 것 같다.

2 [A of B + B의 동사]

① 소수이지만 [A of B]의 형태에서 B가 주어가 되는 경우가 있다. 대표적인 예로 a number of(많은 수의), a great deal of(많은 양의), a lot of(많은), lots of(많은), plenty of(충분한) 등이 있다.

- A number of cars are exported to America. 많은 수의 차가 미국으로 수출된다.
  ➡ a number of 복수명사 + 복수동사

- A great deal of money was spent on education. 많은 양의 돈이 교육에 지출되었다.
  ➡ a great deal of 불가산명사 + 단수동사

- A lot of books are displayed on the shelf. 많은 책이 선반 위에 진열되어 있다.
  ➡ a lot of 복수명사 + 복수동사

- A lot of water is supplied from this river. 많은 물이 이 강으로부터 공급된다.
  ➡ a lot of 불가산명사 + 단수동사

3 [부분 of the 전체]

① [부분 of the 복수]는 복수로, [부분 of the 단수]는 단수로 취급한다.

- Some of the books are interesting. 그 책들 중의 일부는 재미있다.

- Some of the book is boring. 그 책의 일부는 지루하다.

- Some of the money is saved. 그 돈의 일부는 저축된다.

② 부분집합에는 주로 부정대명사나 분수가 나온다.
- **부정대명사**: all(모두), most(대부분), some(부분), none(전부 다 아님), the rest(나머지) 등
- **분수**: half(절반), one-third(1/3), two-thirds(2/3), three-fourths(3/4). 30 percent(30%) 등

4 [one of + the 복수명사]

one은 가산명사이므로 뒤에서는 반드시 [the + 복수명사]가 전체 집합으로 나와야 한다.

- One of the books is interesting. 그 책들 중 한 권은 재미있다.

- Each of the books is interesting. 그 책들은 각각이 재미있다.

5 부정어의 수

부정어 표현은 주어의 수 일치에서 혼동이 많으므로 정확한 구별이 필요하다.

- None of the books are interesting. 그 책들은 전부 재미없다.
  ➡ [none of the 복수명사]는 복수 취급

- Neither of the cars is new. 그 차들은 둘 다 새것이 아니다.
  ➡ neither는 '둘 다 ~아니다'이지만 단수 취급

- Few of them are able to solve it. 그것을 풀 줄 아는 사람은 거의 없다.
  ➡ few는 항상 복수 취급

- Nobody knows it. 아무도 그것을 모른다.
  ➡ nobody는 단수 취급

Exercise

[01~11] 다음 중 어법상 옳은 것을 고르시오.

01　The number of applicants [is / are] increasing rapidly this year.
02　A number of books [has / have] been checked out from this library.
03　A good deal of time [is / are] required to master a musical instrument.
04　The discovery of ancient artifacts [has / have] attracted archaeologists.
05　Two-thirds of my books [is / are] novels.
06　A third of those apples [is / are] rotten.
07　Half of the money [belong / belongs] to me.
08　One fourth of the students [was / were] Spanish majors.
09　Most of the members of the committee [agree / agrees] to the proposal.
10　Each of the college students [has / have] his or her own locker.
11　The rest of the children [is / are] still in the field.

---

01 정답 is
해설 주어가 the number이므로 단수 동사를 쓴다.
해석 올해 지원자의 수가 빠르게 증가하고 있다.

02 정답 have
해설 주어가 books이므로 복수 동사를 쓴다.
해석 많은 책들이 이 도서관에서 대출되었다.

03 정답 is
해설 주어가 time이므로 단수 동사를 쓴다.
해석 악기를 완전히 익히는 데 많은 시간이 요구된다.

04 정답 has
해설 주어가 discovery이므로 단수 동사를 쓴다.
해석 고대 유물의 발견이 고고학자들을 유인했다.

05 정답 are
해설 복수의 부분집합은 복수로 취급한다.
해석 내 책의 2/3는 소설이다.

06 정답 are
해설 복수의 부분집합은 복수로 취급한다.
해석 저 사과들의 1/3은 썩었다.

07 정답 belongs
해설 단수의 부분집합은 단수 동사를 쓴다.
해석 그 돈은 절반은 내 것이다.

08 정답 were
해설 복수의 부분집합은 복수로 취급한다.
해석 그 학생들의 1/4은 스페인어 전공이었다.

09 정답 agree
해설 복수의 부분집합은 복수로 취급한다. 전체는 committee가 아니라 members이다.
해석 그 위원회의 구성원들 대부분은 그 제안에 동의한다.

10 정답 has
해설 [each of the 복수]는 each에 중점을 두어 단수 취급한다.
해석 그 대학생들 각자는 자신의 사물함을 가지고 있다.

11 정답 are
해설 복수의 부분집합은 복수로 취급한다.
해석 그 아이들의 나머지는 아직 들판에 있다.

[12~16] 다음 중 어법상 옳은 것을 고르시오.

12 Ten years [is / are] too long a time to be away from home.

13 The English [is / are] a practical people.

14 The police [is / are] looking for a suspect.

15 The United States [was / were] ready for war.

16 Physics [is / are] my favorite subject.

[17~18] 밑줄 친 부분에 들어갈 말로 가장 적절한 것을 고르시오.

17

| The achievement of the athletes _____ at the award ceremony, where each winner received a medal and a standing applause. |

① has celebrated
② were celebrated
③ was celebrated
④ celebrates

〈14 지방 9급〉

18

| A tenth of the automobiles in this district alone _____ stolen last year. |

① was
② had been
③ were
④ have been

---

12 정답 is
해설 시간, 거리, 금액은 단수 취급한다.
해석 10년이라는 세월은 집에서 떨어져 있기에는 너무 긴 시간이다.

13 정답 are
해설 the English는 '영국 사람들'이며 복수 취급한다.
해석 영국 사람들은 실용적인 민족이다.

14 정답 are
해설 the police(경찰)는 집단 전체를 나타내어 복수로 취급한다. 반면 a police officer는 경찰관 한 명을 의미한다.
해석 경찰은 한 용의자를 찾고 있다.

15 정답 was
해설 -s로 끝나더라도 고유명사(국명)는 단수 취급한다.
해석 미국은 전쟁 준비가 되어 있었다.

16 정답 is
해설 학과명, 질병명, 게임명은 -s가 붙어있어도 단수 취급한다.
해석 물리학은 내가 좋아하는 과목이다.

17 정답 ③
해설 • 주어가 [A of B]의 형태이며, achievement가 주어이므로 단수 취급한다. ②는 후보에서 제외된다.
• celebrate(기념하다)의 목적어가 없고, 의미상 '업적이 기념되다'는 수동이 적절하다. ①과 ④도 후보에서 제외된다.
• where절의 시제가 과거이므로 현재나 현재완료는 적절하지 않다.
해석 그 운동선수들의 업적은 시상식에서 기념되었고, 각 수상자는 메달과 기립박수를 받았다.
어휘 award ceremony 시상식 standing applause 기립박수

18 정답 ③
해설 • 과거부사구인 last year가 있으므로 ①, ③이 정답 후보이다.
• 주어가 A tenth of the automobiles(그 자동차들의 10분 1)로 전체 집합이 복수이므로 주어를 복수 취급해야 한다.
해석 이 지역 한 곳에서만 자동차의 10분의 1이 작년에 도난당했다.

46 긴 수식어 · 명사구 · 관계사절의 수 일치

📖 다양한 구문 속에서 출제되는 수의 일치 문제를 연습하자.

1 [주어 + 수식어 + 동사 ~] 구조
동사는 주어의 수와 일치하므로 수식어를 잘 구별해야 한다.

- (x) A drop in demand for factory goods are seen as a sign of trouble.
  ➡ 주어가 drop이므로 are를 is로 바꿔야 한다.
  공산품에 대한 수요의 감소는 문제의 징후로 보인다.

- (x) The ideals upon which American society is based is primarily those of Europe.
  ➡ 주어가 ideals이므로 is를 are로 바꿔야 한다.
  미국 사회가 기초를 두는 이상들은 주로 유럽의 것들이다.

2 주어가 명사구, 명사절인 경우
주어가 동명사구, to부정사구와 같은 명사구이거나, what절, that절과 같은 명사절인 경우 단수 취급한다.

- (x) Raising animals require much attention and love. 동물을 키우는 것은 많은 관심과 애정을 필요로 한다.
  ➡ raising animals가 주어이며, 동명사구는 단수 취급한다. 따라서 require를 requires로 바꾼다.

- (x) To find some mistakes in these books are not easy. 이 책들에서 몇몇 실수를 찾아내는 것은 쉽지 않다.
  ➡ to부정사구가 주어이며, 단수 취급한다. 따라서 are를 is로 바꾼다.

- (x) What attracts lots of children among many toys are a 'new transformer.'
  ➡ what절이 주어이며, 단수 취급한다. 따라서 are를 is로 바꾼다.
  많은 장난감 중에서 아이들을 사로잡은 것은 new transformer이다.

- (x) That the team needs many persons are the financial burden of the company. (X)
  ➡ that절이 주어이며, 단수 취급한다. 따라서 are를 is로 바꾼다.
  그 팀이 많은 직원들을 필요로 한다는 것은 그 회사의 재정적 부담이다.

3 관계사절의 동사
[주격 관계사 + 동사] 형태의 관계사절에서 동사는 관계사가 가리키는 선행사와 수를 일치시킨다.

- (x) The two boys who is in the classroom will leave for their home at five. 교실에 있는 두 명의 소년은 5시에 집으로 갈 것이다.
  ➡ who가 가리키는 것은 two boys이므로 is를 are로 바꾼다.

- (x) I have a picture of my teachers that is teaching me. 나는 나를 가르치고 있는 선생님들의 사진을 갖고 있다.
  ➡ that이 가리키는 것은 teachers이므로 is를 are로 바꾼다.

- (x) I have a picture of my teachers that were taken by my friend. 나는 내 친구에 의해 찍힌 나의 선생님들의 사진을 갖고 있다.
  ➡ that이 가리키는 것은 picture이므로 were를 was로 바꾼다.

- (x) I have many books, <u>some of which is on history</u>. 나는 많은 책을 가지고 있는데 그 중 일부는 역사에 관한 것이다.
  ➜ which는 many books를 가리키고 주어는 some of the books의 의미이므로 동사 is를 are로 바꾼다.

- (x) I have many books, <u>one of which were given by him</u>. 나는 많은 책을 가지고 있는데, 그 중 한 권은 그에게서 받은 것이다.
  ➜ which는 many books를 가리키고, 주어는 one of the books의 의미이므로 동사 were를 was로 바꾼다.

Exercise

[01~03] 다음 중 어법상 옳은 것을 고르시오.

01 Scanning the newspapers for job openings [is / are] one way of looking for a job.

02 To set minor goals for one's achievements [is / are] very important.

03 Whether he will come or not [don't / doesn't] matter at all.

[04~07] 다음 중 어법상 옳은 것을 고르시오.

04 He is the only one of the boys that [speak / speaks] English well.

05 There are many books in this library, some of which [is / are] on history.

06 There are many books in this library, some of which [is / are] going to be rebuilt next month.

07 He inherited a lot of money, two thirds of which [was / were] provided for the poor.

08 밑줄 친 부분에 들어갈 말로 가장 적절한 것은?

> There are over 74 varieties of scorpions, _____.

① which is harmless to humans
② much of which is harmless to humans
③ humans are harmless
④ most of which are harmless to humans

---

01 정답 is
해설 동명사구가 주어이므로 단수 취급한다.
해석 일자리를 찾기 위해 신문들을 훑어보는 것은 직장을 구하는 방법 중의 하나이다.

02 정답 is
해설 to부정사구가 주어이므로 단수 취급한다.
해석 목표 달성을 위해 작은 목표를 설정하는 것은 매우 중요하다.

03 정답 doesn't
해설 whether절이 주어이므로 단수 취급한다.
해석 그가 올지 안 올지는 전혀 중요하지 않다.

04 정답 speaks
해설 관계사절 안의 동사는 관계사가 가리키는 선행사와 일치하게 된다. 즉, 관계사가 가리키는 말이 무엇인지를 정확히 파악해야 한다. 선행사는 the only one이므로 단수 동사를 쓴다.
해석 그는 소년들 중에서 영어를 잘하는 유일한 소년이다.

05 정답 are
해설 선행사는 books이고 some of which를 복원하면 some of the books가 되므로 동사는 are가 된다.
해석 이 도서관에 많은 책이 있는데, 그중 일부는 역사에 관한 책이다.

06 정답 is
해설 '재건축될 것'은 library이다. 선행사가 library이고 관계사를 복원하면 some of the library가 되므로 동사는 is가 된다.
해석 이 도서관에 많은 책이 있는데, 그 도서관의 일부분은 다음 달에 재건축될 것이다.

07 정답 was
해설 선행사는 money이고 관계사를 복원하면 two thirds of the money이므로 동사는 단수가 된다.
해석 그는 많은 돈을 상속받았으며, 그 돈의 2/3는 가난한 사람들을 위해 제공되었다.

08 정답 ④
해설 ① 선행사가 scorpions이므로 which are로 써야 한다.
② 선행사가 복수 명사이므로 much of which로 쓰는 것은 적절하지 않다.
③ 문장과 문장이 만나는 곳에 접속사나 관계사가 없다.
④ 선행사가 복수 명사이므로 most of which는 복수로 취급한다.
해석 74종의 다양한 전갈이 있고, 그것들 중의 대부분은 인간에게 해롭지 않다.
어휘 variety 품종 scorpion 전갈 harmless 무해한

[09~10] 다음 중 어법상 가장 어색한 것을 고르시오.

09
> It is this marvelous continuity, ① found in the human condition in all centuries, ② that ③ make the reading of masterpieces so ④ fascinating.

10
> ① Creating the electrical energy also creates environmental problems. We can't give up electricity, but we can control the ways we use ② it. We can use alternative sources of energy that ③ is not as harmful to the environment as those which we are presently ④ using.

---

09 정답 ③
해설 ① 삽입구로서 분사로 사용되어 '인간의 조건에서 발견되는'을 의미한다.
② [It is ~ that] 강조구문의 that이다.
③ make → makes / 강조구문이고 주어는 단수인 continuity이므로 makes로 써야 한다.
④ fascinating(매력적인)은 the reading of masterpieces의 보어로 기능하고 있다.
해석 걸작들을 읽는 것을 그렇게 매력적으로 만드는 것은 모든 세기에서 인간의 조건에 있어서 발견되는 이런 놀라운 연속성이다.
어휘 marvelous 놀라운 continuity 연속성 masterpieces 걸작

10 정답 ③
해설 ① 동명사 주어의 모습이다.
② electricity를 가리키는 말인 it은 적절하다.
③ is → are / [관계사 + 동사]의 형태이므로 선행사를 확인해야 한다. 의미상 '환경에 해가 되지 않는'의 수식을 받는 것은 energy가 아니라 복수 명사인 alternative sources(대체 자원)이다. 따라서 is가 아닌 are를 써야 한다.
④ [관계사 + 주어 + 동사]의 구성이다. are using이 동사로 사용되었으며 목적격 관계사로 which를 사용했다.
해석 전기에너지를 만드는 것 또한 환경문제를 유발할 수 있다. 우리는 전기를 포기할 수 없지만 그것을 사용하는 방법은 통제할 수 있다. 우리는 현재 사용하고 있는 것만큼은 환경에 해롭지 않은 대체 에너지원을 사용할 수 있다.
어휘 give up 포기하다 alternative 대체의
alternative sources of energy 대체 에너지 자원

PART TEST

01. 밑줄 친 부분에 들어갈 말로 가장 적절한 것은?

> The sound of the waves crashing against the rocks _____ as they walk along the quiet beach.

① help many visitors relaxing
② helped many visitors to relax
③ helps many visitors relax
④ help many visitors relax

[02~06] 다음 중 어법상 가장 어색한 것을 고르시오.

02.
> ① Following a series of climate summits, many activists were ② frustrated by the continued inaction of industrialized nations. Neither Russia nor the United States ③ have implemented sufficient measures to reduce emissions, ④ despite having both the resources and the responsibility to lead global environmental efforts.

03.
> Electric vehicle production continues ① to rise, driven by consumer demand and government incentives. But the environmental cost of battery manufacturing remains controversial. Each unit ② requires rare materials and ③ a large number of electric power, which prompts debate about ④ whether such production truly supports a greener, more sustainable future for transportation.

---

01 ③

해설 • The sound of the waves(파도의 소리)에서 sound가 주어이므로 단수이다. ①과 ④는 후보에서 제외된다.
• [help + 목적어 + (to)부정사](목적어가 ~하도록 돕다) 구조이므로 relaxing은 적절하지 않다.
• as they walk ~라는 현재 시제의 부사절이 있으므로 ②와 같은 과거 시제는 적절하지 않다.
해석 바위에 부딪히는 파도 소리는 많은 방문객들이 조용한 해변을 거닐 때 편안함을 느끼게 해준다.
어휘 crash 부딪히다   relax 편히 쉬다   quiet 조용한

02 ③

해설 ① [_____ ~, 주어 + 동사 …]로 전치 분사구문이다. '~을 뒤따라서'를 의미하는 능동의 분사는 적절하다.
② 주어인 운동가들이 '실망하게 되다'를 의미하도록 감정동사 frustrate를 수동으로 표현하는 것은 적절하다.
③ have implemented → has implemented / [Neither A nor B]는 B가 주어이다. B에 해당하는 the United States는 국가 이름이므로 단수 취급한다.
④ 전치사 despite는 뒤의 동명사구와 잘 어울린다.
해석 일련의 기후 정상회의 이후, 많은 활동가들은 산업화된 국가들의 지속적인 무대응에 좌절감을 느꼈다. 러시아도 미국도 가스 배출을 줄이기 위한 충분한 조치를 시행하지 않았으며, 세계적인 환경 노력을 주도할 자원과 책임이 있음에도 그러했다.

어휘 summit 정상회담, 정상   activist 활동가, 환경운동가
inaction 무대응, 무조치   measure 조치

03 ③

해설 ① continue는 뒤에 to부정사, 동명사 모두를 사용할 수 있다.
② 주어가 Each unit로 단수이므로 단수 동사는 적절하다.
③ a large number → a large amount / 뒤에 electric power에 -s가 없으므로 불가산명사임을 알 수 있다. 따라서 '많은 양의'를 의미하는 amount를 사용해야 한다.
④ whether는 명사절로 '~일지 아닐지'를 의미한다. whether절은 전치사의 목적어로 사용할 수 있다.
해석 소비자 수요와 정부 장려 정책에 힘입어 전기차 생산은 계속 증가하고 있다. 하지만 배터리 제조의 환경적 비용은 여전히 논란거리다. 각 배터리는 희귀 자원을 필요로 하고 막대한 양의 전력을 소모하는데, 그것은 이러한 생산이 과연 더 친환경적이고 지속 가능한 교통의 미래를 실현하는지를 두고 논쟁을 불러일으킨다.
어휘 electric vehicle 전기 차량   incentive 장려 정책
controversial 논쟁적인   prompt 재촉하다, 초래하다

04 ③

해설 ① 주어가 people로 복수이므로 live는 올바르다.
② 관계사절을 복원하면, [many(주어) + share(동사) + the same faith (목적어) + in the communities]이다. in the communities를 관계사로 바꾸면 in which 또는 where가 된다.
③ live → lives / Two thirds of the population에서 전체 집합인 population

04.

In the United States, people of different faiths ① live side by side. At the same time, people may live in communities ② where many share the same faith. For example, two thirds of the Jewish population ③ live in the East. ③ Most Mormons, on the other hand, live in Utah near Salt Lake City.

⟨19 서울 9급⟩

05.

Squid, octopuses, and cuttlefish are all ① types of cephalopods. ② Each of these animals has special cells under its skin that ③ contains pigment, a colored liquid. A cephalopod can move these cells toward or away from its skin. This allows it ④ to change the pattern and color of its appearance.

06.

Many people enjoy exercising early in the morning because it gives them a good boost to start the day. If you have a difficult time ① sticking to an exercise program, early morning exercise is best because the chances of some other activity interfering with your exercise time ② is minimal. Some people prefer the lunch hour for weight-control reasons. By exercising at noon, they do not eat as big a lunch, which helps ③ keep down daily caloric intake. Highly stressed people seem to like the evening hours ④ because of the relaxing effects of exercise.

이 단수이므로, 부분 집합인 two thirds도 단수 동사와 함께 써야 한다.
④ '대부분'을 의미하는 경우, 관사 없이 most를 쓴다.
[해석] 미국에는 다른 믿음을 가진 사람들이 함께 살아간다. 동시에 많은 사람들이 동일한 믿음을 공유하는 사회에서 살아갈 수도 있다. 예를 들어, 유대인 인구의 3분의 2는 동부에서 살고 있다. 반면 대부분의 모르몬교 신자들은 유타주의 솔트레이크시티 근처에 살고 있다.
[어휘] faith 신념, 믿음   Jewish 유대인의   Mormon 모르몬교도

05 ③

[해설] ① [all types of + 복수명사]의 형태이다.
② [Each of the 복수명사 + 단수동사]의 형태이다. 동사 has가 있으므로 each와 잘 어울린다.
③ contains → contain / 의미상 '색조를 가지고 있다'라는 관계사 that 절이 수식하는 것은 skin이 아니라 cells이다. 선행사가 cells이므로 동사를 contain으로 써야 한다.
④ [allow + 목적어 + to부정사](목적어가 ~할 것을 허락하다)로 5형식 구조이다.
[해석] 오징어, 문어, 갑오징어는 모두 두족류이다. 이러한 동물들은 각각 피부 아래에 색조, 즉 색이 있는 액체를 포함하고 있는 특별한 세포를 가지고 있다. 두족류는 이러한 세포를 피부 쪽으로 또는 반대쪽으로 이동시킬 수 있다. 이러한 특성으로 외관의 모습과 색깔을 변화시킬 수 있다.
[어휘] squid 오징어   octopus 문어   cuttlefish 갑오징어

cephalopod 두족류   pigment 색소   colored liquid 색소
appearance 외관

06 ②

[해설] ① [have a difficult time -ing](~하면서 힘든 시간을 보내다) 구문이다.
② is → are / 구문을 분석하면, [the chances of some other activity(주어) + interfering with your exercise time(수식어) + 동사 ~]이다. 주어가 [A of B]의 형태이며 'B의 A'로 해석되므로 chances가 주어이다.
③ [help + (to)부정사](~하는 것을 돕다) 구문이다.
④ 뒤에 명사구가 있으므로 전치사 because of의 사용은 적절하다.
[해석] 많은 사람들은 아침 일찍 운동하기를 좋아하는데 그렇게 하는 것이 하루를 시작하는 좋은 활력을 불어넣어 주기 때문이다. 만약에 여러분이 운동 계획을 지속하는 데 어려움이 있다면 이른 아침 운동이 최선인데, 어떤 다른 활동이 여러분의 운동 시간을 방해할 가능성이 가장 적기 때문이다. 어떤 사람들은 체중 관리의 이유로 점심시간을 선호한다. 한낮에 운동함으로써, 그들은 점심을 많이 먹지 않게 되고, 그것이 하루의 칼로리 섭취량을 줄여주는 데 도움이 된다. 스트레스를 심하게 받는 사람들은 운동의 긴장을 풀어주는 효과 때문에 저녁 시간을 좋아하는 것 같다.
[어휘] boost 활력, 북돋우다   chance 가능성
interfere with ~을 방해하다   minimal 최소의
caloric intake 칼로리 섭취   stressed 스트레스를 받은
relaxing 긴장을 풀어주는

PART

15

형용사와 부사

47 형용사와 부사의 구별

48 주의해야 할 형용사와 부사

PART TEST

형용사와 부사의 구별

> 형용사와 부사의 구별은 출제 빈도가 높으므로 문장 내에 어떤 단어와 연관되는가를 잘 파악하자. [02. 2형식 동사와 형용사 보어]의 내용과 연관성이 있다.

1 형용사는 명사를 수식하고, 부사는 명사를 수식하지 못한다.

① [관사 + 형용사 + 명사]: 형용사는 명사를 수식하고, 부사는 명사를 수식하지 않는다.

- a <u>pretty</u> <u>girl</u>, a <u>good</u> <u>job</u>

② 부사는 형용사를 수식하고, 부사, 동사, 구, 절 등도 수식한다.

- (x) the <u>new</u> invented engine (X) → (o) the <u>newly</u> <u>invented</u> engine 새롭게 발명된 엔진

2 형용사는 보어로 사용되지만, 부사는 보어 역할을 하지 못한다.

① 형용사 보어는 주격보어로 사용되어 주어의 상태를 설명한다. 2형식을 구성하는 '~이다'의 의미를 지니는 동사 뒤에 형용사 보어로 나오며, 부사는 나올 수 없다. 대표적인 2형식 동사로는 be, become, 5감동사(look, sound, smell, taste, feel), remain, seem 등이 있다.

- (x) You look <u>happily</u>. → (o) You look <u>happy</u>.

② 형용사 보어는 목적격보어로 사용되어 목적어의 상태를 설명한다.

- He found the <u>problem</u> <u>easy</u>. 그는 문제가 쉽다는 것을 발견했다.
  ➡ easy는 problem의 상태를 설명한다.

cf. He <u>found</u> the watch <u>easily</u>. 그는 시계를 쉽게 발견했다.
  ➡ easily는 동사 found를 수식한다.

- He made <u>it</u> <u>possible</u> to use electricity. 그는 전기 사용을 가능하게 만들었다.
  ➡ possible은 가목적어 it의 상태를 설명한다.

TIP [동사 + 목적어 + 형용사] 형태로 자주 쓰이는 대표동사

동사	목적어	형용사	해석
make	him	happy	그를 행복한 상태로 만들다
believe	them	brave	그들을 용감한 상태로 믿다
consider	her	friendly	그녀를 친절한 상태로 여기다
think	them	honest	그들을 정직한 상태로 생각하다
set	the slave	free	그 노예를 자유로운 상태로 만들다
keep	me	busy	나를 바쁜 상태로 유지시키다
find	them	polite	그들을 공손한 상태로 파악하다
leave	me	alone	나를 혼자인 상태로 내버려두다

3 부사의 피수식어

부사는 명사를 제외한 모든 것을 수식할 수 있다.

- He closed the windows softly. 그는 창문을 부드럽게 닫았다.
  ➡ 동사 수식

- She was very beautiful in her youth. 그녀는 젊었을 때 매우 아름다웠다.
  ➡ 형용사 수식

- Thank you very much. 매우 감사합니다.
  ➡ 부사 수식

- She went abroad only after the war. 그녀는 전쟁이 끝난 후에야 해외로 갔다.
  ➡ 구 수식

- It was only the man that received the emergency call. 비상 전화를 받은 것은 바로 그 남자뿐이었다.
  ➡ 명사구 수식

- You shouldn't work hard, especially after you've been ill. 당신은 일을 열심히 해서는 안 된다, 특히 아픈 뒤에는.
  ➡ 절 수식

- Certainly, he will pass the tests. 확실히 그는 시험에 합격할 것이다.
  ➡ 문장 수식

TIP 부사 vs. 형용사 구분

명사 직접 수식 → 형용사	명사구 수식 → 부사
the very man 바로 그 남자 (very는 형용사)	a very pretty girl 매우 예쁜 여자 (very는 부사)
the only man 유일한 남자 (only는 형용사)	only the man 단지 그 남자 (only는 부사)
the just decision 공정한 결정 (just는 형용사)	just the decision 단지 그 결정 (just는 부사)

Exercise

[01~06] 다음 중 어법상 옳은 것을 고르시오.

01 He wanted to talk [serious / seriously] to us about plans.
02 Banks took [quick / quickly] action to amend the serious currency shortfall.
03 It may be [technical / technically] impossible to lay the foundation for the memorial.
04 Many scientists are more involved in theoretical study than in [practical / practically] research.
05 It was surprising that someone who sang as [good / well] as Jane had never had any professional training.
06 Many [new / newly] discovered animals have lived there.

[07~13] 다음 중 어법상 옳은 것을 고르시오.

07 The air has suddenly grown [cold / coldly].
08 Your team is [certain / certainly] to win.
09 She felt [proud / proudly] that she had received the prize.
10 This exercise is [considerable / considerably] difficult.
11 Should a storm arise [sudden / suddenly], we can find a shelter easily.

---

01 정답 seriously
해설 동사 talk를 수식하는 부사가 필요하다.
해석 그는 그 계획에 대해 우리에게 진지하게 이야기하길 원했다.

02 정답 quick
해설 명사 action을 수식하는 형용사가 필요하다.
해석 은행들은 심각한 통화 부족 현상을 해결하기 위해 신속한 행동을 취했다.

03 정답 technically
해설 형용사 impossible을 수식하는 부사가 필요하다.
해석 기념관의 기초를 만드는 것은 기술적으로 불가능할 수 있다.

04 정답 practical
해설 명사 research를 수식하는 형용사가 필요하다.
해석 많은 과학자들은 실용적인 연구보다 이론적인 연구에 더 개입하고 있다.

05 정답 well
해설 동사 sang을 수식하는 부사가 필요하다.
해석 Jane만큼 노래를 잘하는 사람이 전문적인 교육을 전혀 받지 않았다는 것은 놀라운 일이었다.

06 정답 newly
해설 형용사 discovered를 수식하는 부사가 필요하다.
해석 많은 새롭게 발견된 동물들이 그곳에서 살아왔다.

07 정답 cold
해설 grow cold(추워지다)는 [동사 + 형용사 보어]의 구조로, 여기서 grow는 become의 의미를 지니고 있다.
해석 공기가 갑자기 차가워졌다.

08 정답 certain
해설 [be동사 + 형용사 보어 + to부정사] 구문이므로 형용사 certain이 필요하다.
해석 당신 팀은 확실히 이길 것입니다.

09 정답 proud
해설 [feel + 형용사 보어] 구조이다.
해석 그녀는 그 상을 받았다는 것을 자랑스럽게 생각했다.

10 정답 considerably
해설 형용사 difficult를 수식하는 부사가 필요하다.
해석 이 운동은 상당히 어렵다.

11 정답 suddenly
해설 동사 arise를 수식하는 부사가 필요하다.
해석 혹시 폭풍이 갑자기 발생해도, 우리는 쉽게 피난처를 찾을 수 있다.

12 I thought it [useless / uselessly] to fight with them.

13 Frozen carbon dioxide is [common / commonly] known as dry ice.

14 다음 중 어법상 가장 어색한 것은? ⟨08 지방 9급⟩

> John took ① carefully notes ② of all presentations throughout the conference, ③ to be able to refer to ④ them later.

15 밑줄 친 부분에 들어갈 말로 가장 적절한 것은?

> The drug causes a person to be languid, _____.

① which makes purposive action difficult or impossible
② which makes purposive action difficultly or impossibly
③ which makes purposive action difficult or impossibly
④ that makes purposive action difficult or impossible

---

12 정답 useless
해설 가목적어 it의 보어로 형용사가 필요하다.
해석 나는 그들과 싸우는 것은 소용없다고 생각했다.

13 정답 commonly
해설 known을 수식하는 부사가 필요하다.
해석 얼린 이산화탄소는 일반적으로 드라이아이스로 알려져 있다.

14 정답 ①
해설 '주의 깊게 기록하다'는 우리말 해석이고, 영어로는 '~에 대한 주의 깊은 기록을 취하다'이다. 즉, careful이 명사 notes(기록)을 수식하는 형용사가 되는 것이다. 우리말을 기준으로 판단해서는 안 된다.
• take careful notes of: ~에 대한 주의 깊은 기록을 취하다 → ~을 주의 깊게 기록하다
• take good cares of: ~에 대한 좋은 돌봄을 취하다 → ~을 잘 돌보다

해석 John은 그 회의의 전반에 걸친 모든 발표 내용을 나중에 참조할 수 있도록 주의 깊게 기록했다.
어휘 take note of ~을 기록하다 presentation 발표 conference 회의 refer to ~을 참조하다

15 정답 ①
해설 • [make+ 목적어 + 목적격보어] 구문으로, 목적격보어로는 형용사가 나와야 한다.
• 관계사 that은 계속적 용법으로 사용하지 않으므로 ④는 정답이 될 수 없다.
해석 그 약은 사람을 나른하게 만들고, 의도한 행동을 어렵거나 불가능하게 만들기도 한다.

48 주의해야 할 형용사와 부사

📖 시험에 출제되는 몇 가지 단어를 잘 정리하자.

1 관사와 형용사의 위치

① **전치 수식**: 형용사는 일반적으로 [관사 + 부사 + 형용사 + 명사]의 형태로 명사를 수식한다.

- a very pretty girl 매우 예쁜 소녀

② [so + 형용사 + a + 명사]와 [such + a + 형용사 + 명사]의 어순을 주의하자. how, as, too도 같은 어순을 취한다.

- so lovely a child 매우 사랑스러운 아이
- such a lovely child 그렇게 사랑스러운 아이

2 형용사가 후치 수식하는 경우

① '~thing, ~body, ~one'으로 끝나는 명사 수식

- Give me something cold. 차가운 뭔가를 제게 주세요.

② 서술적 용법의 형용사는 보어의 역할을 하거나, 명사를 뒤에서 수식한다. 즉, 명사를 앞에서 수식하는 것은 불가하다. 서술적 용법으로 쓰이는 형용사에는 alive(살아 있는), alike(서로 닮은), asleep(잠든), aware(인식하는), available(이용 가능한) 등이 있다.

- a living animal = an animal alive 살아 있는 동물

③ 형용사구나 형용사절이 명사를 수식하는 경우에는 명사의 뒤에서 수식한다.

- He is a man greedy for money. 그는 돈에 욕심이 많은 사람이다.
  = He is a man who is greedy for money.

3 2어동사

2어동사는 [타동사 + 부사]로 구성된 숙어를 말한다. 목적어가 명사일 때는 부사 앞뒤로 이동할 수 있으나, 대명사일 때는 [타동사 + 대명사 + 부사]의 어순으로만 쓴다.

- (o) turn the light on = (o) turn on the light = (o) turn it on 불을 켜다
  (x) turn on it

4 enough

부사 enough는 형용사를 뒤에서 수식한다.

- He is rich enough to buy a new car. 그는 새 차를 살 정도로 충분히 부자이다.
  ➡ (x) He is enough rich to buy a new car.

Exercise

[01~04] 밑줄 친 부분이 맞으면 O, 틀리면 X를 쓰시오.

01 Give me hot something to drink.

02 He is as hard a worker as his brother.

03 The rescue squad was happy to discover an alive man. 〈23 지방 9급〉

04 You are enough old to understand such things.

05 다음 중 어법상 가장 어색한 것은?

> The hospital, ① alike many others ② across the country, turned to ③ its ④ antiquated loudspeaker system.

06 밑줄 친 부분에 들어갈 말로 가장 적절한 것은?

> A: May I help you?
> B: I'm looking for a copy of the New York Times. Can I _____ here?

① pick up it
② pick it up
③ pick up them
④ pick them up

---

01 **정답** X
해설 something hot / something, nothing 등은 형용사가 후치 수식한다.
해석 저에게 마실 따뜻한 것 좀 주세요.

02 **정답** O
해설 부사 as는 [as 형용사 a 명사]의 어순을 사용한다.
해석 그는 그의 형만큼 열심히 하는 일꾼이다.

03 **정답** X
해설 a man alive / 서술적 용법의 형용사는 명사를 뒤에서 수식한다.
해석 그 구조팀은 살아 있는 사람을 발견해서 기뻤다.

04 **정답** X
해설 old enough to understand / 부사 enough는 형용사를 반드시 뒤에서 수식한다.
해석 당신은 그러한 일을 이해할 만큼 충분히 나이를 먹었다.

05 **정답** ①
해설 alike는 서술적 용법의 형용사로 명사 앞에 쓰지 않으므로 전치사 like를 써야 한다.
해석 그 병원은 그 나라의 다른 병원들과 마찬가지로 오래된 확성기 시스템에 의존했다.

06 **정답** ②
해설 pick up처럼 타동사와 부사로 이루어진 2어동사는 목적어가 대명사일 때는 [타동사 + 대명사 + 부사]의 어순으로 쓴다. 대명사가 가리키는 것은 a copy of the New York Times이므로 단수 it을 써야 한다.
해석 A: 도와드릴까요?
B: 뉴욕 타임즈를 찾고 있어요. 여기에서 살 수 있나요?

PART TEST

01. 밑줄 친 부분에 들어갈 말로 가장 적절한 것은?

> He will not be _____ to vote in this year's election.

① old enough
② enough old
③ as old enough
④ enough old as

[02~04] 다음 중 어법상 가장 어색한 것을 고르시오.

02.
> Life was peaceful and harmonious in our household until a few months ago. My daughter, who ① had always been sweet-natured and easygoing, started showing signs of restlessness. We noticed subtle changes in her behavior, like ② increased irritability and mood swings. My sweet-natured daughter suddenly became ③ unpredictably, leaving us concerned and unsure of how to help her ④ regain her usual calm and cheerful demeanor.

03.
> Throughout history, many brilliant artists have faced criticism and misunderstanding ① during their lifetimes. As is the case with many artistic geniuses, Edgar Allan Poe was not ② adequate appreciated in his own time; ③ many of his contemporaries criticized him as morbid and excessive. However, his unique style and profound themes eventually gained recognition, ④ influencing future generations of writers.

---

01 ①

해설 enough는 부사로 사용되는 경우 형용사를 뒤에서 수식한다.
해석 그는 올해 선거에서 투표할 만큼 충분히 나이가 되지 않을 것이다.

02 ③

해설 ① [관계사 + 동사] 구조이다. 주절의 시제가 과거(started)인데, 문맥상 who절의 시제는 과거완료가 적절하다.
② increased(증가된), increasing(증가하는)은 둘 다 명사를 수식할 수 있다. increase는 자동사, 타동사 모두 가능하기 때문이다.
③ unpredictably → unpredictable / [become + 형용사 보어]가 되어야 한다.
④ [help + 목적어 + (to)부정사](~가 ···하는 것을 돕다)로 to regain, regain 모두 가능하다.

해석 몇 달 전까지 우리 집의 일상은 평화롭고 조화로웠다. 항상 성격이 온화하고 느긋했던 딸이 불안한 징후를 보이기 시작했다. 우리는 그녀의 행동에서 미묘한 변화를 알아차렸는데, 예를 들어 짜증이 늘고 감정 기복이 심해졌다. 성격이 온화했던 딸이 갑자기 예측할 수 없게 되어, 우리는 그녀가 평소의 차분하고 명랑한 모습으로 돌아오도록 어떻게 도와야 할지 걱정스럽고 확신이 서지 않았다.

어휘 harmonious 조화로운   sweet-natured 성격이 온화한   easygoing (성격이) 느긋한, 태평스러운   restlessness 불안함   notice 알아차리다, 목격하다   subtle 미묘한   irritability 화를 잘 냄   mood swing 감정 기복   unpredictable 예측할 수 없는   concerned 걱정하는   demeanor 행동, 몸가짐, 태도

03 ②

해설 ① [전치사(during) + 명사]로 전명구를 이루고 있다.
② adequate → adequately / 분사인 appreciated를 수식하기 위해 부사를 사용해야 한다.
③ [many of the 복수명사], [much of the 불가산명사]를 확인하자. contemporaries는 '동시대의 사람들'로 복수명사이므로 many를 써야 한다.
④ [주어 + 동사 ~, _____ ···]으로 후치 분사구문이다. '~에 영향을 끼치면서'를 의미하는 능동의 분사 influencing의 사용은 적절하다.

해설 역사를 통틀어 많은 뛰어난 예술가들은 생전에 비판과 오해에 직면했다. 많은 예술적 천재들과 마찬가지로 에드가 앨런 포는 자신의 시대에 적절히 평가받지 못했다; 그의 동시대 사람들은 그를 병적이고 과도하다고 비판했다. 그러나 그의 독특한 스타일과 심오한 주제는 결국 인정을 받게 되었고, 미래 세대의 작가들에게 영향을 미쳤다.

어휘 brilliant 뛰어난   as is the case with ~와 마찬가지로   be appreciated 평가받다   contemporaries 동시대의 사람들   morbid 병적인   excessive 지나친   recognition 인정

04.
> The latest studies indicate that ① what people really want is a mate that has qualities like their parents. Women are after a man who is ② like their father and men want to be able to see their own mother in the woman of their dreams. Cognitive psychologist David Perrett studies what makes faces ③ attractively. He has developed a computerized morphing system that can endlessly adjust faces to suit his needs. Perrett suggests that we find our own faces charming because they remind us ④ of the faces we looked at constantly in our early childhood years — Mom and Dad.

04 ③

해설 ① want의 목적어 역할을 하는 목적격 관계사 자리이다. 선행사가 없으므로 관계사 what이 적절하다.
② 명사 their father 앞에 사용하는 전치사 like이다.
③ attractively → attractive / [동사(makes) + 목적어(faces) + 목적보어]의 구조이다. faces를 '매력적인 상태로' 만드는 것이므로 형용사 보어를 사용해야 한다.
④ [remind A of B](A에게 B를 기억나게 하다) 구문이다.

해석 최근 연구에 따르면 사람들은 정말로 원하는 것은 그들의 부모와 같은 특징을 지닌 배우자이다. 여성들은 아버지와 닮은 남성을 추구하고, 남성들은 이상적인 여성에서 자신의 어머니를 볼 수 있기를 원한다. 인지심리학자인 David Perrett은 무엇이 얼굴을 매력적으로 만드는지를 연구한다. 그는 자신의 욕구에 맞도록 얼굴을 계속해서 변화시킬 수 있는 컴퓨터 영상정보처리 시스템을 개발했다. Perrett에 의하면 우리 자신의 얼굴이 우리가 어렸을 때 계속해서 본 엄마와 아빠의 얼굴을 상기시켜 주기 때문에 우리들은 우리 자신의 얼굴을 매력적이라고 생각한다.

어휘 mate 배우자, 짝꿍 cognitive 인지의
cognitive psychologist 인지심리학자
morphing system 컴퓨터 동영상으로 이미지를 변형시키는 시스템
endlessly 끝없이 adjust 조정하다

PART

16

비교구문

49 비교급의 형태

50 원급, 비교급, 최상급 비교구문

51 비교대상의 일치, 최상 의미 표현

52 비교급 특수표현과 관용표현

PART TEST

49 비교급의 형태

> 주의하지 않으면 비교급 형태의 함정에 빠지게 된다.

1 원급, 비교급, 최상급

형용사와 부사가 성질, 상태, 수량 등의 정도를 나타내기 위해 어형 변화를 하는 것을 비교라고 한다. 비교에는 원급, 비교급, 최상급이 있다. 원급은 형용사나 부사의 원래의 형태, 비교급은 [원급 + er] 또는 [more + 원급] 형태, 최상급은 [원급 + est] 또는 [most + 원급] 형태를 취한다.

- long(긴) – longer(더 긴) – longest(가장 긴)
- eloquent(유창한) – more eloquent(더 유창한) – most eloquent(가장 유창한)

2 규칙 변화

① 원급에 -er이나 -est를 붙인다.

- young – younger – youngest
- fast – faster – fastest

② 3음절 이상의 단어에는 more, most를 붙인다.

- necessary – more necessary – most necessary

③ 어미가 [단모음 + 단자음]이면 자음을 하나 더 쓰고, -er, -est를 붙인다.

- hot – hotter – hottest
- fat – fatter – fattest

④ 어미가 [자음 + y]이면 y를 i 로 고치고 -er, -est를 붙인다.

- happy – happier – happiest
- chilly – chillier – chilliest

⑤ -ful, -ous, -less, -ive, -ing, -ed로 끝나는 형용사, -ly형 부사는 more, most를 붙인다.

- useful – more useful – most useful
- famous – more famous – most famous

3 불규칙 변화

① more, fewer, less의 구별을 주의해야 한다.

- many – more – most (+ 복수명사)
- few – fewer – fewest (+ 복수명사)
- much – more – most (+ 불가산명사)
- little – less – least (+ 불가산명사)

② [more, fewer, less + 명사]인 경우

- more books (더 많은 책들)
  ➡ [more + 복수명사]
- fewer books (더 적은 책들)
  ➡ [fewer + 복수명사]
- more money (더 많은 돈)
  ➡ [more + 불가산명사]
- less money (더 적은 돈)
  ➡ [less + 불가산명사]

③ [more + 형용사/부사](더 ~한/하게) vs [less + 형용사/부사](덜 ~한(하게))

| • more surprising (더 놀라운) | • less surprising (덜 놀라운) |

④ 꼭 알아두어야 하는 불규칙 변화

- good(좋은) – better(더 좋은) – best(가장 좋은, 최고의) ➡ good은 형용사
- well(잘) – better(더 좋게) – best(가장 좋게, 최고로) ➡ well은 부사
- old(늙은) – older(더 늙은) – oldest(가장 늙은)
  old(늙은) – elder(더 나이 많은) – eldest(가장 나이 많은) ➡ 명사 앞 수식만 가능
- far(먼, 멀게) – farther(더 먼, 더 멀게) – farthest(가장 먼, 가장 멀리) ➡ 거리를 나타냄
  far(심한, 심하게) – further(더 심한, 더 심하게) – furthest(가장 심한, 가장 심하게) ➡ 정도나 강도를 나타냄
- late(늦은, 늦게) – later(더 늦은, 더 늦게, 나중에) – latest(최신의) ➡ 시간을 나타냄
  late(늦은, 늦게) – latter(후반부의, 더 뒤쪽의) – last(마지막의, 지난) ➡ 순서를 나타냄

Exercise

01 다음 단어의 비교급을 바르게 쓰시오.
① kind ② clever ③ thin
④ clear ⑤ clearly ⑥ boring
⑦ tired ⑧ early ⑨ useful
⑩ famous ⑪ diligent

[02~05] 다음 중 어법상 옳은 것을 고르시오.

02 He was [cleverer / more clever] than she.

03 Laptop computers are [expensiver / more expensive] than desktop computers.

04 My brother always works [slowlier / more slowly] than I do.

05 Can you type [faster / more fastly] than Rachel?

---

01 정답 ① kinder ② cleverer ③ thinner ④ clearer ⑤ more clearly ⑥ more boring ⑦ more tired ⑧ earlier ⑨ more useful ⑩ more famous ⑪ more diligent

02 정답 cleverer
해설 clever의 비교급은 cleverer이다.
해석 그는 그녀보다 더 현명하다.

03 정답 more expensive
해설 expensive의 비교급은 more를 사용한다.
해석 노트북은 데스크톱보다 비싸다.

04 정답 more slowly
해설 slowly의 비교급은 more를 사용한다.
해석 내 동생은 항상 나보다 느리게 일한다.

05 정답 faster
해설 fast는 빠른(형용사), 빠르게(부사)라는 뜻이다. fastly라는 단어는 존재하지 않는다.
해석 당신은 Rachel보다 더 빠르게 타이핑을 할 수 있나요?

06 정답 fewer
해설 [fewer + 복수명사]와 [less + 불가산명사]를 구분해야 한다.
해석 그 박물관은 기대보다 더 적은 유물을 가지고 있다.
어휘 than expected 기대보다

07 정답 less
해설 [fewer + 복수명사]와 [less + 불가산명사]를 구분해야 한다. equipment는 불가산명사이다.
해석 이 교실은 저 교실보다 더 적은 장비를 가지고 있다.

08 정답 less
해설 interesting의 비교급은 more interesting(더 재미있는)과 less interesting(덜 재미있는)이다.
해석 이 책은 그 영화보다 덜 재미있다.

09 정답 older
해설 elder는 명사를 앞에서 수식하는 한정적 용법으로만 사용한다.
해석 Tom은 우리 형보다 나이가 더 많다.

[06~13] 다음 중 어법상 옳은 것을 고르시오.

06 The museum has [fewer / less] artifacts than expected.
07 This class has [fewer / less] equipment than that one.
08 This book is [fewer / less] interesting than the movie.
09 Tom is [older / elder] than my older brother.
10 We arrived [later / latter] than usual.
11 The meeting is going to be held in the [later / latter] part of this month.
12 Nancy likes the [last / latest] fashion.
13 Before the exam, he studied [farther / further].

---

10 정답 later
해설 later(더 늦은, 더 늦게)와 latter(후반부의)를 구별하는 문제. 여기서는 '더 늦게'가 필요하다.
해석 우리는 평상시보다 더 늦게 도착했다.
어휘 than usual 평소보다

11 정답 latter
해설 later(더 늦은, 더 늦게)와 latter(후반부의)를 구별하는 문제. 여기서는 '후반부의'가 필요하다.
해석 회의는 이번 달 하순에 열릴 것이다.

12 정답 latest
해설 last(마지막의)와 latest(최신의)를 구별하는 문제. 여기서는 '최신의'가 필요하다.
해석 Nancy는 최신 유행 스타일을 좋아한다.

13 정답 further
해설 farther(거리가 더 먼, 멀게)와 further(정도가 더 심한, 심하게)를 구별하는 문제. 여기서는 '더 심하게'가 필요하다.
해석 시험 전에 그는 더 열심히 공부했다.

원급, 비교급, 최상급 비교구문

원급 비교나 비교급 비교구문은 문장이 길어지기 마련이다. 따라서 구문분석을 하는 능력이 필요하며, as나 than 앞의 바른 표현과 뒤의 바른 표현을 이해해야 한다.

1 원급 비교 [as + 원급 + as + 비교 대상]: ~만큼 …한(~하게)

- Jane is as tall as Tom. Jane은 Tom만큼 크다.
  ➡ 원급 비교는 [as 형용사/부사 as …]의 형태를 사용하며, (…만큼 ~하다)로 해석한다.

- Jane is as tall in the class as Tom. Jane은 반에서 Tom만큼 키가 크다.
  ➡ [as ~ as] 사이에 수식어가 올 수 있다는 것을 유념하자.

- Jane is as tall a student as Tom. Jane은 Tom만큼 키가 큰 학생이다.
  ➡ 원급 형용사가 명사를 수식하면, [as + 형용사 + a/an + 명사 + as]의 어순이 된다.

- Jane is not so tall in the class as Tom. Jane은 반에서 Tom만큼 크지는 않다.
  ➡ 원급 비교의 부정은 [not as ~ as] 또는 [not so ~ as] 형태를 사용한다.

- Jane is twice as tall as Tom. Jane은 Tom의 두 배만큼 크다.
  ➡ '두 배만큼'은 [twice as ~ as]로 표현한다. 즉, 배수 표현은 as보다 앞에서 사용한다.

cf. 두 배: two times 혹은 twice. twice은 원급 비교에서만 쓴다.
  세 배: (o) three times, (x) third times
  네 배: (o) four times, (x) fourth times

2 비교급 비교 [비교급 + than + 비교 대상]: ~보다 더 …한(하게)

- Jane is taller in the class than Tom. Jane은 반에서 Tom보다 키가 크다.

- Silence is sometimes more eloquent than words. 침묵은 대화보다 더 유창할 때가 있다.
  ➡ than 앞에는 반드시 비교급을 쓴다. 이때, -er 비교급과 more 비교급 구별에 유의한다.

- Jane is much taller than Tom. Jane은 Tom보다 훨씬 더 키가 크다.
  ➡ [much, still, even, far, by far, a lot + 비교급]의 비교급 강조 표현이며, '훨씬 더 ~한'의 의미가 된다.
  = (x) Jane is very taller than Tom.

- Jane is two times taller than Tom. Jane은 Tom의 두 배 이상 더 크다.
  ➡ 배수 표현은 비교급 앞에서도 사용할 수 있다.

> **TIP** **as나 than 뒤에는 축약된 문장이 있다.**
>
> as나 than 뒤에는 비교 대상의 동사나 문장이 축약되어 있는 경우가 많으며 앞부분을 참조하여 원래 문장을 추리할 수 있다.
>
> - **Tom is as tall as Jane (is).** Tom은 Jane만큼 키가 크다.
>   - ➡ Jane is tall이 축약된 형태
> - **Tom plays the piano better than Jane (does).** Tom은 Jane보다 피아노를 더 잘 친다.
>   - ➡ Jane plays the piano well이 축약된 형태
> - **Tom can run faster than he used to.** Tom은 전보다 더 빨리 달릴 수 있다.
>   - ➡ he used to run fast가 축약된 형태
> - **Tom makes a cake better than he did last night.** Tom은 그가 지난밤에 했던 것보다는 케이크를 더 잘 만든다.
>   - ➡ he made a cake well last night가 축약된 형태
> - **It is easier to call him than it may to meet him.** 그를 만나는 것보다는 그에게 전화를 하는 것이 더 쉽다.
>   - ➡ It may be easy to meet him이 축약된 형태

3 최상급 구문

최상급을 사용할 때는 최상급과 함께 잘 쓰이는 구문이 무엇인지 확인해야 한다.

- **Jane is the tallest in the class.** Jane이 학급에서 가장 키가 크다.
  - ➡ [the 최상급 + (in + 전체 집합)]: '~에서 가장 …한(하게)'

- **Jane is the tallest of all the girls.** Jane은 모든 소녀들 중에서 가장 키가 크다.
  - ➡ [the 최상급 + (of + 복수명사)]: ~ 중에서 가장 …한(하게)
  - ➡ 전체 구성원이 나올 때는 of나 among을 사용하여 '~들 중에서'로 표현한다.
- = (x) Jane is the tallest between the girls.
  - ➡ between은 원칙적으로 2명 기준이므로 적절하지 않다.

- **Jane is the tallest girl that I have ever seen.** Jane은 내가 이제까지 본 가장 키가 큰 소녀이다.
  - ➡ [the 최상급 + ~ ever]: 이제까지 ~한 중에서 가장 …한
- = (x) Jane is the tallest girl that I have never seen.

Exercise

[01~07] 밑줄 친 부분이 맞으면 O, 틀리면 X를 쓰시오.

01　Few living things are linked together as intimately <u>than</u> bees and flowers. 〈13 국가 9급〉

02　Mary is <u>so not experienced</u> in marketing as John. 〈10 지방 9급〉

03　It turns out that he was not so <u>stingier</u> as he was thought to be. 〈18 국가 9급〉

04　He has <u>three times</u> as many books as I have.

05　She felt that she was as <u>a good swimmer</u> as he was, if not better. 〈12 국가 9급 변형〉

06　She speaks <u>more eloquent</u> than he.

07　The car insurance rates in urban areas are <u>more higher</u> than those in rural areas. 〈19 경찰〉

[08~09] 밑줄 친 부분에 들어갈 말로 가장 적절한 것을 고르시오.

08

| Management has decided to rotate workers to keep the assembly line running as ＿＿＿＿ as possible. |

① efficiency　　　　　　　　　　　② efficiently
③ more efficient　　　　　　　　　④ efficient

---

01 정답 X
해설 than → as / 원급 비교이므로 as intimately as로 써야 한다.
해석 벌과 꽃만큼 친밀하게 연결된 생명체도 없다.

02 정답 X
해설 so not experienced → not so experienced / 원급 비교의 부정문은 [not so ~ as]이다.
해석 Mary가 John만큼 경험이 많은 것은 아니다.

03 정답 X
해설 stingier → stingy / [not so ~ as]는 원급 비교의 부정문이다. so와 as 사이에는 원급 형용사나 부사를 써야 한다.
해석 그는 사람들이 생각했던 만큼 인색하지 않았다는 것이 드러난다.

04 정답 O
해설 배수 표현은 as보다 앞에서 사용한다
해석 그는 나보다 세 배나 많은 책을 가지고 있다.

05 정답 X
해설 a good swimmer → good a swimmer / 원급 비교에서 관사가 있을 때는 [as 형용사 a 명사 as]의 어순을 사용한다.
해석 그녀는 그보다 더 나은 것은 아니지만 그만큼 훌륭한 수영선수라고 느꼈다.

06 정답 X
해설 more eloquent → more eloquently / speak를 수식하는 부사를 써야 한다.
해석 그녀는 그보다 더 유창하게 말한다.

07 정답 X
해설 more higher → much higher 또는 higher / more를 쓰면 [비교급 + 비교급]이 되어 문법적으로 맞지 않다. much를 써서 비교급을 강조하거나, higher만 써야 한다.
해석 도시 지역의 자동차 보험 요금은 시골 지역의 그것보다 훨씬 높다.

08 정답 ②
해설 as ~ as 사이에는 원급 형용사나 부사만이 가능하다. 여기서는 동사 run을 수식하는 부사가 필요하다.
해석 경영진은 조립 라인이 가능한 효과적으로 돌아갈 수 있도록 직원들을 순환 근무시키기로 결정했다.

09

The sword that has been tempered by the master may be _____.

① as hard as ordinary swords five times
② five times as hard as ordinary swords
③ five times hard as ordinary swords
④ ordinary swords as hard as five times

[10~11] 다음 중 어법상 가장 어색한 것을 고르시오.

10

① Film directors can take far ② great liberties in dealing with ③ concepts of time and space than stage directors ④ can.

11

A popular belief about dreams is ① that an entire dream takes place in an instant, but in fact, it is not true. Sleep researchers have discovered that ② it takes about as long to dream a dream ③ than it would ④ to experience the same thing in real life.

---

09 정답 ②
해설 배수 표현은 원급 비교나 비교급 앞에서 사용한다.
해석 달인에 의해 단련된 칼은 일반 칼보다 다섯 배만큼 단단할 수 있다.

10 정답 ②
해설 great → greater / than이 있으므로 비교급을 사용한다. 앞의 far는 비교급을 강조하므로 '훨씬'으로 해석한다.
해석 영화 감독들은 시간과 공간의 개념을 다루는 데 있어 연극 감독보다 훨씬 더 큰 자유를 가질 수 있다.

11 정답 ③
해설 ① 뒤에 완전한 문장을 이루고 있으므로 접속사 that이 쓰였다.
② 진주어 to dream a dream을 대신하는 가주어 it이다.
③ than → as / 앞에 as long이 나왔으므로 이 문장은 [as ~ as]의 원급 비교 문장이다. 따라서 than이 아닌 as를 써야 한다.
④ 원래 문장은 it would take long to experience the same thing in real life에서 would take long을 줄여서 대동사 would로 사용한 것이다. 따라서 가주어 it에 대한 진주어 to experience는 적절하다.
해석 꿈에 대한 일반적인 믿음은 꿈이 순간적으로 발생한다는 것이지만, 그것은 사실이 아니다. 꿈 연구자들은 꿈을 꾸는 것은 실생활에서 행동을 하는 것만큼의 긴 시간이 걸린다는 것을 발견했다.
어휘 take place 발생하다

51 비교 대상의 일치, 최상 의미 표현

📖 비교 구문은 as나 than 앞에는 '원급, 비교급 바르게 쓰기'를, as나 than 뒤에는 '비교 대상의 일치'를 묻는 문제로 출제된다.

1 비교 대상의 일치

비교급에서 비교하는 대상은 일치해야 하며, 내용뿐만 아니라 형식적인 구조도 일치시켜야 한다.

- The climate of Korea is warmer than that of Russia. 한국의 기후는 러시아의 그것보다 더 따뜻하다.
  = the climate of Russia = Russia's
  = (x) The climate of Korea is warmer than Russia.

- He is taller than she (is). 그는 그녀보다 키가 더 크다.
  = (x) He is taller than she does. (X)
  ➡ is를 사용해야 앞부분과 대칭 구조를 이룬다.

2 최상 의미 표현

원급 비교나 비교급 비교를 사용하여 최상급과 같은 의미를 나타낼 수 있다.
"Jane is the tallest of all the girls."와 같은 의미를 지니는 표현은 아래와 같다.

- No other girl is so tall as Jane. Jane만큼 큰 소녀는 없다.

- No other girl is taller than Jane. Jane보다 더 큰 소녀는 없다.

- Jane is taller than any other girl. Jane은 다른 어떤 소녀보다 키가 크다.
  ➡ [비교급 + than any other + 단수 명사]

- Jane is taller than all the other girls. Jane은 다른 모든 소녀들보다 키가 크다.
  ➡ [비교급 + than all the other + 복수 명사]

- Jane is taller than any girl else. Jane은 그 밖의 다른 소녀보다 키가 크다.
  ➡ [비교급 + than any one else]

Exercise

[01~07] 밑줄 친 부분이 맞으면 O, 틀리면 X를 쓰시오.

01 The population of Seoul is larger than Busan.

02 The traffic of a big city is busier than those of a small city. 〈20 국가 9급〉

03 The traffic jams in Seoul are more serious than those in any other city in the world. 〈18 국가 9급〉

04 His experience at the hospital was worse than her. 〈20 지방 9급〉

05 Tara is as young as Eric does.

06 It's easier to make a phone call than writing a letter. 〈15 지방 9급〉

07 His reputation is bigger after his death than during his life.

08 다음 중 어법상 가장 어색한 것은? 〈19 서울 9급 변형〉

> There is a ① more serious problem than maintaining the cities. As people become more comfortable working alone, they may become ② less social. It's ③ easier to stay home in comfortable exercise clothes or a bathrobe than ④ getting dressed for yet another business meeting!

---

01 정답 X
해설 Busan → that of Busan / '서울의 인구'와 '부산의 인구'를 비교하므로, the population을 대명사 that으로 받아야 한다.
해석 서울의 인구는 부산의 인구보다 많다.

02 정답 X
해설 those → that / 주어가 the traffic으로 단수이므로 those가 아닌 that으로 써야 한다.
해석 대도시의 교통은 작은 도시보다 붐빈다.

03 정답 O
해설 비교의 대상이 서울의 교통 체증(the traffic jams in Seoul)과 다른 도시의 교통체증(those in any other city)으로 일치한다.
해석 서울의 교통 체증은 세계 어느 도시보다 심각하다.

04 정답 X
해설 her → hers / 비교의 대상을 his experience와 hers(그녀의 것)로 일치시켜야 한다.
해석 그 병원에서의 그의 경험은 그녀의 경험보다 더 나빴다.

05 정답 X
해설 does → is 또는 생략 / 주절의 동사 is에 상응하는 대동사 is를 쓴다. 대동사는 생략이 가능하다.
해석 Tara는 Eric만큼 젊다.

06 정답 X
해설 writing → to write / to make a phone call과 병렬구조를 이루기 위해 to write를 사용해야 한다.
해석 전화하는 것이 편지를 쓰는 것보다 더 쉽다.

07 정답 O
해설 부사어의 일치를 묻는 문제로 전명구(after his death)와 전명구(during his life)의 형태가 일치한다.
해석 그의 명성은 살아 있었을 때보다 사후에 더 크다.

08 정답 ④
해설 ① 뒤에 than이 있으므로 serious의 비교급인 more serious의 사용은 적절하다.
② social을 수식하는 비교급으로 less(더 적게)가 올바르게 사용되었다. than이 없어도 비교급 사용은 가능하다.
③ 뒤에 than이 있으므로 비교급 easier는 올바르게 사용되었다.
④ getting → to get / than 앞의 진주어 to stay home과 비교 대상이 일치해야 하므로 to부정사를 써야 한다.
해석 도시를 유지하는 것보다 더 심각한 문제가 있다. 사람들이 혼자 일하는 것을 더 편안해함에 따라 그들은 덜 사회적이 될 수 있다. 집에서 편안한 운동복이나 잠옷을 입고 있는 것이 다른 회의를 위해 옷을 차려 입는 것보다 더 쉽다!
어휘 exercise clothes 운동복 bathrobe 잠옷
get dressed 옷을 차려 입다

Exercise

09 밑줄 친 부분 중 가장 적절한 것은?

① 그는 그의 학급에서 다른 어떤 야구 선수보다도 더 능숙했다. 〈18 서울 기술직 9급〉
→ He was more skillful than any other baseball players in his class.

② 그가 다른 어떤 사람들보다 새로운 생각을 더 받아들인다는 것은 널리 알려져 있다. 〈16 서울 7급〉
→ It has been widely known that he is more receptive to new ideas than any another men.

③ 그녀는 학급에서 가장 예쁜 소녀이다. 〈14 국가 9급〉
→ She is more beautiful than any other girls in the class.

④ 다른 주에서보다 하와이에서 더 많은 인종과 문화 집단이 나타난다.
→ More ethnic and cultural groups are represented in Hawaii than in any other state.

---

09 정답 ④
해설 ④ 비교급을 이용하여 최상 의미를 나타낼 때는 [비교급 than any other 단수명사]로 쓴다.

① any other baseball players → any other baseball player
② any another men → any other man
③ girls → girl

52 비교급 특수표현과 관용표현

📖 비교급 특수구문은 꼭 필요한 몇 가지만 확실히 암기하자.

1 [The 비교급 ~, the 비교급 …]: ~하면 할수록 더욱 더 …하다

- **The older** people grow, **the wiser** they get. 사람은 나이를 먹을수록 더욱 더 현명해진다.
  ➡ People grow old.와 They get wise.라는 두 문장이 결합하면서 만들어진 구문이다. old와 wise를 강조하기 위해 [the 비교급]을 앞쪽으로 이동시킨 형태이다.

- **The more money** he has, **the more opportunities** he will have. 그가 더 많은 돈을 가질수록, 더 많은 기회를 가질 것이다.
  ➡ He has much money. + He will have many opportunities.가 변형된 문장이다.

- **The more confident** a speaker appears, **the more likely** the audience is to trust.
  연설자가 자신감 있어 보일수록, 청중들은 더 신뢰할 것 같다.
  ➡ A speaker appears confident. + The audience is likely to trust.가 변형된 문장이다.

2 라틴어 비교급

빈출 라틴어에는 superior(더 뛰어난), senior(더 늙은), prior(더 이전의), preferable(더 나은), inferior(더 열등한), junior(더 어린), posterior(더 이후의) 등이 있다.

- He is much superior to Jane. 그는 Jane보다 훨씬 뛰어나다.
- (x) He is much superior than Jane.
  ➡ 라틴어 비교급은 '~보다'에 to를 사용한다.
- (x) He is more superior to Jane.
  ➡ superior 자체가 비교급이므로 more를 중복 사용하지 않는다.
- (x) He is very superior to Jane.
  ➡ very는 원급을 강조하는 데 사용한다. 비교급에는 much, far, by far 등을 사용한다.

3 '~은 말할 것도 없이'

- He can speak French, still more English. 그는 영어는 말할 것도 없이 프랑스어도 잘한다.
  = much more: ~은 말할 것도 없이 (긍정문에서 사용)

- He cannot speak English, still less French. 그는 프랑스어는 말할 것도 없이 영어도 못한다.
  = much less: ~은 말할 것도 없이 (부정문에서 사용)

let alone not to mention not to speak of to say nothing of (긍정문, 부정문에서 둘 다 사용)	much more still more (긍정문에서만 사용)
	much less still less (부정문에서만 사용)

4 [other than ~](~을 제외하고), [rather than ~](~라기보다는)

- I want something else other than this book. 나는 이 책 이외에 다른 것을 원한다.

- You are nothing other than a bat. 당신은 단지 박쥐에 불과하다.
    = nothing but 단지

- He spent the evening reading rather than watching television. 그는 저녁 시간을 텔레비전을 보기보다는 책을 읽으며 보냈다.

- Rather than accept the offer, he chose to wait. 그는 제안을 받아들이기보다는 기다리기로 했다.

5 원급 관용표현

- He walked as fast as possible. 그는 가능한 빨리 걸었다.
  = He walked as fast as he could.
    ➡ as ~ as one can: 가능한 ~하게

- He is not so much a scholar as a writer. 그는 학자라기보다는 작가이다.
  = He is a writer rather than a scholar.
    ➡ [not so much A as B] = [B rather than A]: A라기보다는 B이다

6 비교급 관용표현

- He is no longer my friend. 그는 더 이상 내 친구가 아니다.
  = He is no more my friend.
  = He is not my friend any longer[more].

- A whale is no more a fish than a horse is. 말이 물고기가 아니듯이 고래도 물고기가 아니다. (양자 부정)
  = A whale is not a fish any more than a horse is.

- A bat is no less a mammal than a horse is. 말이 포유류이듯이 박쥐도 포유류이다. (양자 긍정)

7 최상급 관용표현

- I don't have interest in math in the least. 나는 수학에 조금도 흥미가 없다.
  = I don't have interest in math at all.

- She is second to none in English in her class. 그녀는 학급에서 영어에 있어서는 누구에게도 뒤지지 않는다.
    = supreme, next to none

Exercise

[01~03] 밑줄 친 부분에 들어갈 말로 가장 적절한 것을 고르시오.

01

> Numerous atomic clock experiments have confirmed Einstein's calculation that the closer you are to the Earth's center of gravity, _____.

① the more slowly you will age
② the more you will age slowly
③ the more slowly age you will
④ the slowlier you will age

02

> The songs of Bob Dylan are very popular among young people, who regard him _____ to other musicians.

① superior
② more superior
③ as superior
④ as more superior

03

> Those students do not like to read novels, _____ textbooks.

① much less
② still more
③ much more
④ even though

---

01 정답 ①
해설 • [The 비교급 ~, the 비교급…] 구문이다.
• the more와 slowly를 붙여서 써야 하므로 ②는 후보에서 제외되고 ③은 age가 동사여서 will 뒤에 써야 하므로 역시 후보에서 제외된다.
• slowly의 비교급은 slowlier가 아니라 more slowly이므로 ④도 후보에서 제외된다.
해석 많은 원자시계 실험들은 당신이 지구의 중력 중심에 가까이 갈수록 천천히 늙는다는 아인슈타인의 계산을 확인해 주었다.

02 정답 ③
해설 • [regard A as b](A를 B로 여기다) 구문이므로 ③, ④가 정답 후보이다.
• superior는 그 자체가 비교급이므로 앞에 more를 사용하지 못한다.
해석 밥 딜런의 노래는 젊은이들 사이에서 매우 인기가 있다. 그리고 그들은 그가 다른 어떤 음악가보다 더 뛰어나다고 생각한다.

03 정답 ①
해설 '~은 말할 것도 없이'는 let alone, not to speak of, not to mention(긍정문, 부정문 모두 사용), much more, still more(긍정문에서 사용), much less, still less(부정문에서 사용) 등으로 표현한다.
해석 그 학생들은 교과서는 말할 것도 없이 소설을 읽는 것을 좋아하지 않는다.

PART TEST

[01~06] 다음 중 어법상 가장 어색한 것을 고르시오.

01.
Younger students ① who participated in the survey ② sponsored by a weekly magazine turned out ③ to be less concerned about the serious problems of homeless people ④ as the older students were.

02.
In traditional East Asian paintings, the harmony between main subject and ① surrounding elements ② contributes greatly to overall meaning. Rather than ignoring the setting, the artist has in ③ most cases devoted just as much care to the vase's design and symbolism ④ than to the beauty, freshness, and natural flow of the blooming flowers it contains.

〈24 국가 9급〉

03.
① Despite the belief that the quality of older houses is superior to ② those of modern houses, the foundations of most pre-20th-century houses are dramatically shallow ③ compared to today's, and have only stood the test of time due to the flexibility of ④ their timber framework or the lime mortar between bricks and stones.

---

01 ④

해설 ① 선행사가 students로 주격 관계사 who는 올바르다.
② survey를 수식하는 분사 자리이다. 뒤에 by가 있어 '~에 의해 후원을 받는'의 표현인 수동의 분사는 올바르다.
③ [turn out + to부정사]: ~하는 것으로 판명되다
④ as → than / 본문에 less가 있으므로 이에 상응하여 비교급을 이루는 than이 나와야 한다.
해석 한 주간지에 의해 후원 받은 조사에 참여한 나이 어린 학생들은 나이 먹은 학생들보다 노숙자들의 심각한 문제에 대해 덜 걱정하는 것으로 판명되었다.
어휘 participate in ~에 참석하다   sponsor 후원하다
be concerned about ~을 걱정하다   homeless people 노숙자들

02 ④

해설 ① surround(에워싸다)가 명사 elements를 수식하여 '에워싸는 요소들'을 의미한다.
② 주어가 harmony로 단수이므로 단수 동사는 적절하다.
③ most가 명사를 수식하여 '대부분의'를 의미한다. 이때 the를 사용하지 않는다.
④ than → as / [devote as much care to ~ as to …]로, 이 문장은 원급 비교를 사용하고 있으므로 than이 아닌 as를 써야 한다.
해석 전통 동아시아 회화에서, 중심 대상과 주변 요소 간의 조화는 전체적인 의미에 크게 기여한다. 배경을 무시하지 않고, 화가는 대부분의 경우, 꽃병에 담긴 꽃의 아름다움, 신선함, 자연스러운 흐름만큼이나 꽃병의 디자인과 상징성에도 정성을 기울여 왔다.

어휘 main subject 주요 소재   surrounding elements 주변 요소
overall 전반적인   rather than ~라기보다는   symbolism 상징성
blooming 활짝 핀

03 ②

해설 ① Despite the belief는 전명구를 구성하고 있다.
② those → that / 비교 대상이 the quality of older houses이므로 the quality를 가리키는 that을 써야 한다.
③ [compared to](~와 비교될 때)로 시작하는 분사구문이다.
④ their가 가리키는 것은 houses로 복수명사이다.
해설 오래된 집들의 품질이 현대의 집들보다 우수하다는 믿음에도 불구하고, 대부분의 20세기 이전 집들의 기초는 오늘날의 것들에 비해 훨씬 얕으며, 그것들이 시간의 시험을 견뎌낸 것은 그들의 목재 구조의 유연성이나 벽돌과 돌 사이의 석회 모르타르 덕분이다.
어휘 dramatically 극적으로   shallow 얕은
compared to ~와 비교될 때
stand the test of time 시간의 시험을 견디다, 오래 버티다
flexibility 유연성   timber 목재   lime mortar 석회 모르타르
brick 벽돌

04 ②

해설 ① 동사 accelerate를 수식하는 부사이다.
② more destructive → the more destructive / [the 비교급 ~, the 비교급] (~하면 할수록 더욱 더 …하다) 구문이다.
③ [주어 + 동사 ~, _____ …]으로 후치 분사구문이다. '정책 입안자를 재촉하면서'의 의미이므로 능동의 분사를 쓴다.

04.
Scientific models now provide alarming evidence that climate change is accelerating ① rapidly. The higher global temperatures rise, ② more destructive and unpredictable extreme weather events become, ③ prompting policymakers to propose urgent legislation focused on carbon neutrality and international environmental cooperation before irreversible damage ④ occurs.

05.
In competitive job markets, candidates ① who demonstrate adaptability and strong communication skills often ② gain an advantage. Employers tend to view such traits as superior ③ as technical expertise alone, especially in collaborative environments ④ where teamwork, emotional intelligence, and initiative frequently determine long-term success.

06.
He had no money for public transportation, ① much more owning a car or even affording occasional taxi rides. ② Walking long distances every day in extreme weather conditions became his daily reality, ③ exposing a level of quiet determination and personal resilience ④ that most people would likely not maintain under similarly harsh circumstances.

---

④ [before 주어 + 동사 ~] 구조로 before가 접속사로 사용되었다. damage가 단수이므로 occurs로 쓴다.

[해설] 과학 모델은 이제 기후 변화가 급격히 가속하고 있다는 경고 신호를 보여준다. 지구 기온이 더 높아질수록 기상 현상은 더 파괴적이고 예측할 수 없게 되며, 정책 입안자들이 되돌릴 수 없는 피해가 발생하기 전에 탄소 중립과 국제 협력을 중심으로 한 긴급 입법을 제안하게 만든다.

[어휘] alarming 경고하는 accelerate 가속되다
unpredictable 예측할 수 없는 urgent 긴박한 legislation 입법
carbon neutrality 탄소 중립 irreversible 돌이킬 수 없는

05 ③

[해설] ① demonstrate의 주어 역할을 하는 주격 관계사이다. 선행사가 사람이므로 who는 적절하다.
② 주어가 candidates로 복수이므로 복수형 동사는 적절하다.
③ as → to / 앞의 as는 [view A as B]의 간주동사의 as이지, 원급 비교의 [as ~ as] 구문이 아니다. superior는 라틴어 비교급이므로 뒤에 '~보다'라는 표현으로 than이 아니라 to를 쓴다.
④ where절은 [주어 + determine + 목적어]로 완전한 구성을 이루고 있으므로 관계부사 where의 사용은 적절하다.

[해설] 경쟁이 치열한 구직 시장에서, 적응력과 강력한 의사소통 능력을 보여주는 지원자들이 종종 우위를 점한다. 고용주들은 이러한 특성을 순수한 기술적 전문성 하나보다 우월한 것으로 보는 경향이 있으며, 이는 특히 협업 환경에서 팀워크, 감성지능, 적극성이 장기적인 성공을 좌우하기 때문이다.

[어휘] demonstrate 증명하다, 선보이다 view A as B A를 B라고 보다
trait 속성, 특성 expertise 전문성 emotional intelligence 감성 지능
initiative 적극성

06 ①

[해설] ① much more → much less / much more와 much less를 구별하는 문제로, 앞의 주절이 부정문이므로 much less 또는 still less를 써야 한다.
② [walking ~ + became ~]의 구조로 동명사 walking은 주어의 기능을 한다.
③ [주어 + 동사 ~, _____ ···]의 후치 분사구문이다. 뒤에 목적어가 있으므로 능동의 분사가 적절하다.
④ maintain의 목적어 역할을 하는 목적격 관계사이다. 선행사가 있으므로 관계사 that은 적절하다.

[해설] 그는 자동차를 소유하거나 가끔 택시를 타는 것은 말할 것도 없이, 대중교통을 이용할 돈조차 없었다. 극한의 날씨 속에서 매일 먼 거리를 걷는 것이 그의 일상이 되었고, 이는 대부분의 사람들이 비슷하게 혹독한 상황에서는 유지하지 못할 수준의 조용한 결단력과 개인적 회복력을 드러냈다.

[어휘] occasional 가끔씩의 determination 결단력 resilience 회복력
maintain 유지하다 harsh 혹독한

PART

17

도치구문과 부정표현

53 도치 필수 구문

54 긴 주어 도치와 부분 부정

PART TEST

53 도치 필수 구문

> 문법 문제에서 출제 빈도가 높은 영역이다. 정확한 원리를 이해하자.

1 [부정부사어 + 도치 필수]

부정부사어가 문두에 올 경우, 주어와 동사의 어순이 바뀌어 도치가 일어나며, 이때 일반 의문문과 같은 어순이 된다.

Never, Little, Hardly, Seldom, Scarcely, Rarely, Nowhere 등	부정부사	도치 필수	
By no means (= In no way) On no account (= On no reason) On no condition (= On no circumstance) Not until + 명사 등	부정부사구	he is ~ she can play ~ she played ~ she has played ~	→ is he ~ → can she play ~ → did she play ~ → has she played
Not until 주어 + 동사 등	부정부사절		

- I little dreamed that I would never see her again. 그녀를 다시 보지 못하게 될 거라고는 거의 꿈도 꾸지 못했다.
  = Little did I dream that I would never see her again.
  ➡ 부정부사인 little이 문장 앞으로 가면서 I dreamed가 did I dream으로 도치된다.
  = (x) Little I dreamed that I would never see her again.
  = (x) Little dreamed I that I would never see her again.

- We did not go out until he arrived. 그가 도착하고 나서야 비로소 우리는 외출했다.
  = Not until he arrived did we go out.
  = Only after he arrived did we go out.
  = It was not until he arrived that we went out.
  ➡ that 다음은 도치되지 않는다.

2 [Only + 부사어]가 문장 앞에 나오는 경우: 도치 필수

- Only in winter do these birds visit this region. 겨울에만 이 새들이 이 지역을 방문한다.
  ➡ (only + 전명구) + 도치 필수

- Only after he arrived did we go out. 그가 도착한 후에야 우리는 외출했다.
  ➡ (only + after절) + 도치 필수

3 not only가 문장 앞에 나오는 경우

- They not only broke into his office but (also) stole his books. 그들은 그의 사무실에 침입했을 뿐만 아니라, 그의 책도 훔쳐 갔다.
  = Not only did they break into his office, but they (also) stole his books.
  ➡ not only가 문장 앞으로 이동하면서 They broke가 did they break로 도치된다. not only가 부정부사구로 기능하기 때문이다. but also 이하에는 도치가 발생하지 않는다.

4 [so + 동사 + 주어] 구문

'나도 역시 그렇다'라는 표현은 긍정문에서는 so를 사용하고, 부정문에서는 neither를 사용한다.

- He likes her, and I like her, too. 그는 그녀를 좋아하고, 나도 역시 그녀를 좋아한다.
  = He likes her, and so do I.

- He doesn't like her, and I don't like her, either. 그는 그녀를 좋아하지 않고, 나도 역시 그녀를 좋아하지 않는다.
  = He doesn't like her, and neither do I.
  = He doesn't like her, nor do I.
  ➡ do는 대동사이다. 앞 문장에서 be동사가 나왔다면 여기서도 be동사를 사용하고, 조동사 → 조동사, 일반동사 → do동사가 된다. 잘 출제되는 포인트이다.

5 [so ~ that …] 구문의 강조도치

- He ran so fast that we couldn't catch up with him. 그는 너무 빨리 달려서 우리가 따라잡을 수 없었다.
  = So fast did he run that we couldn't catch up with him.
  ➡ [so + 형용사/부사]가 문장 앞에 오면 강조를 위한 도치가 발생한다. 이때 문장은 [so + 형용사/부사 + 동사 + 주어]의 구조가 되며, 평서문이 의문문 형태로 바뀐다.
     He ran so fast → So fast did he run

Exercise

[01~05] 다음 밑줄 친 부분을 문장 앞으로 도치시킨 후 문장을 다시 쓰시오.

01 He was never satisfied with the result.

02 They will never forget such a severe experience.

03 He little realized the importance of this project.

04 I have hardly dreamed of such a strange thing before.

05 I didn't know the fact until yesterday.

[06~10] 밑줄 친 부분에 들어갈 적절한 말을 쓰시오.

06 He plays the violin, and I play the violin, _____.
    = He plays her, and _____ _____ I.

07 He can't solve the problem, and I can't solve the problem, _____.
    = He can't solve the problem, and _____ _____ I.

08 I was present at the party, and _____ _____ they.

09 I haven't visited the town, and _____ _____ she.

10 She began to dance to the music, and _____ _____ we.

---

01 정답 Never was he satisfied with the result.
해설 be동사가 있는 경우, be동사만 주어 앞으로 이동한다.
해석 그는 그 결과에 절대 만족하지 않았다.

02 정답 Never will they forget such a severe experience.
해설 조동사가 있는 경우, 조동사만 주어 앞으로 이동한다.
해석 그들은 그 혹독한 경험을 절대 잊지 않을 것이다.

03 정답 Little did he realize the importance of this project.
해설 일반동사가 있는 경우, [do + 원형부정사]를 이용해서 도치시킨다. 여기서는 과거 시제이므로 did를 주어 앞으로 이동시킨다.
해석 그는 이 계획의 중요성을 거의 알지 못했다.

04 정답 Hardly have I dreamed of such a strange thing before.
해설 현재완료(have pp)에서는 have가 조동사 역할을 하므로 have를 주어 앞으로 이동시킨다.
해석 나는 그런 이상한 일을 거의 꿈꾸지 않았다.

05 정답 Not until yesterday did I know the fact.
해설 not과 until ~이 결합하여 부정부사어가 된다. did가 주어보다 앞에 위치한다.
해석 어제까지 나는 그 사실을 알지 못했다. 어제야 비로소 그 일을 알게 되었다.

06 정답 too, so do
해설 앞 문장의 일반동사 play를 의미하는 대동사 do를 사용한다.
해석 그는 바이올린을 연주하고, 나도 그렇다.

07 정답 either, neither can
해설 부정문이므로 neither를 사용한다. neither 자체에 부정의 의미가 있으므로 can't는 can으로 바꾼다.
해석 그는 그 문제를 풀 수 없고, 나도 그렇다.

08 정답 so were
해설 앞 문장에 be동사 was가 나왔으므로, 주어 they와 과거 시제에 맞는 were를 사용한다.
해석 나는 파티에 참석했고, 그들도 그러했다.

09 정답 neither has
해설 부정문이므로 neither를 사용하고, 앞 문장의 조동사 have를 사용하는데, 주어가 she이므로 3인칭 단수인 has로 고친다.
해석 나는 그 도시를 방문해보지 않았고, 그녀도 마찬가지이다.

10 정답 so did
해설 앞 문장의 began을 의미하는 대동사 do를 시제에 맞춰 did로 바꾼다.
해석 그녀는 음악에 맞춰 춤을 추기 시작했고, 우리도 그러했다.

11 정답 ①
해설 under no circumstance가 부정부사구이므로 문장 앞에 나오면 도치가 발생한다.
해석 어떤 상황에서도 문을 잠그지 않고 놔두면 안 된다.

[11~13] 밑줄 친 부분에 들어갈 말로 가장 적절한 것을 고르시오.

11

Under no circumstances _____ unlocked.

① must the door be left
② the door must be left
③ must be left the door
④ be must the door left

12

Only when you have communicated your thoughts _____.

① you can be sure of that you are think clearly
② can you be sure of that you are thinking clearly
③ can you be sure that you are thinking clearly
④ you can be sure that you are thinking clearly

13

As Sontag's political hopes crumbled in the seventies, _____.

① so did her hopes for the new art
② so does her hopes for the new art
③ so were her hopes for the new art
④ so her hopes for the new art were

14 다음 중 어법상 가장 어색한 것은?

Not until the National Hockey Association in ① eastern Canada ② was formed in 1910, ③ did professional and amateur teams allowed ④ to play together.

---

12 정답 ③
해설 • [(only + 부사어구) + 도치 필수] 구문이다. ②, ③이 정답 후보이다.
• ②는 전치사 of 다음에 that절을 사용하였으므로 틀린 구문이다.
해석 당신의 생각을 전달하고 난 다음에야, 당신은 자신이 명확하게 생각하고 있다고 확신할 수 있다.

13 정답 ①
해설 [so + 동사 + 주어] 용법이다. 앞의 crumbled를 의미하는 대동사 did를 사용해야 한다. 여기서 hopes는 명사로 사용되고 있음을 주의하자.
해석 Sontag의 정치적 희망은 70년대에 무너졌듯이, 새로운 예술에 대한 희망도 그러하였다[무너졌다].
어휘 crumble 무너지다, 부서지다

14 정답 ③
해설 did → were / [Not until ~ + 도치 필수] 구문이다. 주절의 문장이 professional and amateur teams were allowed to play이므로 did가 were로 바뀌어야 한다.
해석 1910년의 동부 캐나다에서 전국하키연맹이 설립되고 나서야 비로소, 프로와 아마추어 팀들이 함께 경기를 하는 것이 허용되었다.

54 긴 주어 도치와 부분 부정

> 주어가 길어졌을 때 주어가 뒤로 가는 도치 현상이 발생한다. 수의 일치와 연관해서 문제를 접근해야 하는데, 부분 부정은 문법보다는 독해에서 중요하므로 정확하게 연습하자.

1 장소 부사어가 문장 앞에 나오는 경우: 도치 가능

- On the hill, the man wearing a hat stands. 언덕 위에 모자를 쓴 남자가 서 있다.
  = On the hill stands the man wearing a hat.
  ➡ 도치된 문장에서는 주어가 후치 수식어의 수식을 받아 길어지는 경우가 많다.
  = (x) On the hill does the man wearing a hat stand.

2 보어 도치: [형용사, pp + be동사 + 주어]

- Happy are those who help others. 남을 돕는 사람들은 행복하다.
  ➡ 긴 주어가 나오는 경우가 많으며, 주로 동사의 수의 일치에 관련된 문제가 많이 출제된다.

- More satisfied than the boys was the girl who got a present. 선물을 받았던 그 소녀가 소년들보다 더 만족했다.
  ➡ satisfied도 분사로 형용사에 해당하므로 주어가 아니라 보어이다. 주어는 뒤에 있는 the girl이다.

3 부분 부정

[not + 전체를 상징하는 말(all, every, both, always, completely, necessarily)]의 형태이다. 이 경우 '모두 다 ~하는 것은 아니다'로 해석한다.

- All that glitters is not gold. 반짝이는 모든 것이 금은 아니다.

- One cannot read every book. 사람이 모든 책을 읽을 수 있는 것은 아니다.

- The rich are not always happy. 부자라고 해서 항상 행복한 것은 아니다.

- He does not understand it completely. 그가 그것을 완전히 이해하는 것은 아니다.

- He is not necessarily a better member. 그가 반드시 더 나은 회원인 것은 아니다.

Exercise

[01~04] 다음 중 어법상 옳은 것을 고르시오.

01 In the forest [is / are] many trees where many birds can rest.

02 On the desk [was / were] a book and several notebooks she gave me.

03 Behind them [was / were] the man wearing a black hood.

04 Within the place [live / lives] one hundred and fifty men from other countries.

[05~09] 다음 문장의 알맞은 해석을 고르시오.

05 He doesn't know everything about the accident.
① 그는 그 사건에 대해 아무것도 모른다.
② 그가 그 사건에 대해 모든 것을 아는 것은 아니다.

06 Not all the girls gave the new teacher a welcome.
① 모든 소녀들이 새로운 선생님을 환영하지 않았다.
② 모든 소녀들이 새로운 선생님을 환영한 것은 아니었다.

07 She is not happy at all.
① 그녀는 전혀 행복하지 않다.
② 그녀는 전적으로 행복한 것은 아니다.

08 I do not altogether agree with him.
① 나는 그에게 완전히 반대한다.
② 나는 그에게 전적으로 동의하는 것은 아니다.

---

01 정답 are
해설 동사 앞에 장소 부사어(in the forest)가 있고 주어는 many trees이다.
해석 숲에 새와 나무가 쉴 수 있는 많은 나무가 있다.

02 정답 were
해설 동사 앞에 장소 부사어(on the desk)가 있고 주어는 a book and several notebooks이다.
해석 책상 위에 그녀가 내게 준 책과 몇 권의 공책이 놓여 있었다.

03 정답 was
해설 동사 앞에 장소 부사어(behind them)가 있고 주어는 the man이다.
해석 그들 뒤에 검은 복면을 쓴 남자가 있었다.

04 정답 live
해설 동사 앞에 장소 부사어(within the place)가 있고 주어는 one hundred and fifty men이다.
해석 그 지역 내에 다른 나라에서 온 150명의 사람들이 살고 있다.

05 정답 ②
해설 [not ~ everything]은 부분 부정이다.

06 정답 ②
해설 [not all ~]은 부분 부정이다.

07 정답 ①
해설 [not ~ at all]은 부분 부정이 아니라, '조금도 ~하지 않다'의 의미이다. 비슷한 표현으로 [not ~ a bit], [not ~ in the least] 등이 있다.

08 정답 ②
해설 [not ~ altogether]는 부분 부정이다.

Exercise

09 I couldn't agree with you more.

① 나는 당신에게 더 이상 동의할 수 없다.
② 전적으로 동감이다.

10 밑줄 친 부분에 들어갈 말로 가장 적절한 것은?

> Closely related to the politics and administration _____ the field that is widely classified as the social science.

① are
② have
③ was
④ is

11 다음 중 어법상 가장 어색한 것은?

> The heat wave of the summer ① is hitting the Seoul Metropolitan area this week. With that swelter ② comes the chances of heat stroke or heat exhaustion. Heat stroke occurs when the body loses its ability ③ to regulate its temperature. Heat exhaustion is a bit different because it can develop ④ over several days as a result of exposure to high temperatures and the failure to replace fluids.

---

09 정답 ②
해설 직역하면 '이보다 더 많이 동의할 수 없을 텐데'로, '완전히 동의한다'는 의미이다.

10 정답 ④
해설 • [형용사 + be동사 + 주어]로 구성된 보어도치 구문이다. the field가 주어이므로 단수를 써야 한다. ③, ④가 정답 후보이다.
• that절의 시제가 현재이므로 주절의 시제도 현재로 맞춘다.
해석 사회과학으로 크게 분류되는 그 분야는 정치학, 행정학과 밀접한 관련이 있다.

11 정답 ②
해설 ① 주어가 heat wave로 단수이고, this week는 현재 시점이므로 현재나 현재진행으로 표현할 수 있다.
② comes → come / [With that swelter(전명구) + come(동사) + the chances of heat stroke ~]에서 주어가 chances이므로 동사를 come으로 써야 한다.
③ 명사 ability를 수식하는 to부정사의 형용사적 용법으로 '~할 능력'으로 해석된다.
④ [over + 기간](~ 동안, ~에 걸쳐서)의 형태로, over가 전치사로 기능하고 있다.
해석 이번 주에 여름의 폭염이 서울 전역을 강타하고 있다. 찌는 듯한 더위와 함께 일사병이나 열사병이 올 가능성이 있다. 일사병은 신체가 온도 조절 능력을 상실할 때 발생한다. 열사병은 약간 다른데, 고온에 노출되어 수분을 보충하지 못한 결과로 생기는 것으로 며칠간 지속될 수 있다.
어휘 metropolitan 대도시의 swelter 무더위 chance 가능성 heat stroke 일사병 heat exhaustion 열사병 regulate 규제하다 temperature 온도 fluid 유체, 수분

PART TEST

[01~03] 밑줄 친 부분에 들어갈 말로 가장 적절한 것을 고르시오.

01.
Not until the seventeenth century _____ to measure the speed of light.

① did anyone even attempt
② anyone did even attempted
③ have anyone even attempt
④ did even attempt anyone

02.
More enthusiastic than the audience _____ the volunteers who had helped organize the entire event from beginning to end.

① was
② were
③ is
④ are

03.
The magnetic compass does not operate satisfactorily near the magnetic poles, nor _____ near the geographic poles.

① does the marine gyrocompass
② with the marine gyrocompass
③ the marine gyrocompass does
④ the marine gyrocompass operates

---

01 ①

해설 • Not until은 부정부사구이므로, 뒤에 도치가 발생한다.
• attempt가 일반동사이므로 do를 사용해서 도치시킨다. 시제가 과거이고 [did + 주어 + 동사원형]의 구조여야 하므로 ①이 정답이다.
• ③처럼 완료형으로 쓰려면, [have + 주어 + pp]가 되어야 하므로 attempt는 적절하지 않고, ④는 어순이 맞지 않다.

해석 17세기가 되어서야 비로소 빛의 속도를 측정하는 것을 시도했다.

어휘 measure 측정하다

02 ②

해설 • 앞에 enthusiastic이 있으므로 [Enthusiastic(보어) + be동사 + 주어]의 구조를 갖는 보어도치 문장이다. than the audience는 부사어로 기능한다.
• 주어가 volunteers로 복수이므로 ②, ④가 정답 후보이다. 주절에 과거완료가 있으므로 문장의 시제는 과거가 적절하다.

해석 처음부터 끝까지 행사 준비를 도왔던 자원봉사자들이 관객들보다 더 열정적이었다.

어휘 enthusiastic 열정적인 organize 구성하다

03 ①

해설 • [주어 + 부정의 동사 ~, nor + 도치 필수] 구문이다.
• 앞에 부정문이 있는 경우, nor는 and neither의 역할을 하는데, neither가 부정부사어로 기능하므로 뒤에 도치가 필수로 발생해야 한다.

해석 자석 나침반은 자석의 극 근처에서는 만족스럽게 작동하지 않는다, 또한 해상 회전 나침반도 지리적 극의 근처에서는 그렇다(만족스럽게 작동하지 않는다).

어휘 magnetic compass 자석 나침반 satisfactorily 만족스럽게 magnetic pole 자석의 극점 geographic pole 지리적 극점 gyrocompass 회전 나침반

[04~06] 다음 중 어법상 가장 어색한 것을 고르시오.

04.
On no account ① employees should ignore safety regulations, as a third of the accidents ② occur due to negligence. ③ Whoever fails to follow the guidelines will be held responsible. The new system is effective, but it is ④ not so reliable as the previous one, which had fewer technical issues.

05.
The project deadline is fast approaching, and everyone in the team is working ① diligently to ensure that all tasks are completed on time. However, there are a few ② members who are lagging behind. George has not completed the assignment, and ③ so has Mark, leaving both of their tasks unfinished and ④ causing concern among their peers.

06.
Clearings were burned in forests to increase the growth of grass and ① provide a greater grazing area for the wild animals ② that humans fed upon. This development led to farming and the domestication of animals. Fire also provided the means ③ for cooking plants which had previously been inedible. Only when the process of meeting the basic need for food reached a certain level of sophistication ④ it was possible for humans to follow other pursuits such as the founding of cities.

---

04 ①

해설 ① employees should → should employees / [부정부사구 + 도치 필수] 구문이다. on no account가 never의 의미로 부정부사구이므로 문두에 나오면 도치가 발생하므로, 조동사 should가 주어 employees 앞에 와야 한다.
② 주어가 a third of the accidents(그 사고들의 1/3)이다. 복수의 부분집합은 복수로 취급하므로 동사도 복수형을 사용한다.
③ fail to follow의 주어 역할을 하는 주격 관계사이다. whoever는 주격 관계사이고 선행사를 사용하지 않으므로 적절하다.
④ 원급 비교의 부정 표현인 [not so ~ as] 구문이다.

해석 어떤 일이 있어도 직원들은 안전 규정을 무시해서는 안 되는데, 사고의 3분의 1이 부주의로 인해 발생하기 때문이다. 누구든 규정을 따르지 않으면 책임을 지게 될 것이다. 새로운 시스템은 효과적이지만, 이전 것만큼 신뢰할 수는 없으며, 이전 시스템은 기술적인 문제도 더 적었다.

어휘 on no account 무슨 일이 있어도 ignore 무시하다
safety regulation 안전 규정 negligence 부주의
be held responsible 책임을 지다 reliable 믿을 만한

05 ③

해설 ① 동사 work를 수식하는 부사이다.
② [a few + 복수명사]이다.
③ so has Mark → neither has Mark / '나도 역시'를 의미하는 표현을 쓸 때 긍정문에서는 so를 사용하지만, 앞 문장이 부정문이면 [neither + 동사 + 주어]를 사용한다.
④ [주어 + 동사 ~, + leaving ~ and causing ~]으로 분사 leaving과 causing이 병치구조를 이룬다.

해석 프로젝트 마감일이 빠르게 다가오고 있으며 팀의 모든 구성원은 모든 과제가 제시간에 완료되도록 부지런히 일하고 있다. 그러나 몇몇 구성원들은 뒤쳐지고 있다. George는 아직 과제를 완료하지 않았고, Mark도 같은 상황에 있어, 둘 다 과제가 미완성 상태로 남아 동료들 사이에 우려를 낳고 있다.

어휘 deadline 마감 시한 lag behind 뒤쳐지다 assignment 과제
concern 걱정

06 ④

해설 ① [~ forests + to increase ~ and (to) provide ···]로 병치구조를 이루고 있다.
② fed upon의 목적어 역할을 하는 목적격 관계사이다. 선행사 animals가 있으므로 관계사 that은 적절하다.
③ [provide A with B](A에게 B를 공급하다)는 [provide B for A]와 의미가 같다.
④ it was → was it / [(Only + 부사어) + 도치 필수] 구문이다. ④가 들어 있는 문장의 앞에 [Only + when절]이 있으므로 주절의 주어와 동사는 도치되어야 한다.

해석 풀의 성장을 촉진시켜서 인간이 먹이로 삼는 야생동물에게 더 넓은 목초지를 마련해 주기 위해, 숲속의 개척지들이 불태워졌다. 이러한 개발이 농업과 동물의 가축화로 이어졌다. 불은 또한 전에는 먹을 수 없었던 식물들을 요리하는 방법을 제공해 주었다. 음식물에 대한 기본적인 욕구를 충족시키는 과정이 어느 정도 세련된 수준에 도달했을 때만이, 인류가 도시를 건설하는 것과 같은 다른 일을 추구할 수 있게 되었다.

어휘 clearing 개척지, 개간지 grazing area 목초지
feed upon ~을 먹다 domestication 가축화 means 수단, 방법
inedible 먹을 수 없는 sophistication 정교함 founding 설립, 건설

에듀윌이
너를
지지할게

ENERGY

내가 꿈을 이루면
나는 누군가의 꿈이 된다.

– 이도준

2026 에듀윌 9급공무원 기본서 영어 문법

발 행 일	2025년 6월 26일 초판
편 저 자	장종재
펴 낸 이	양형남
펴 낸 곳	(주)에듀윌
I S B N	979-11-360-3765-7
등록번호	제25100-2002-000052호
주 소	08378 서울특별시 구로구 디지털로34길 55 코오롱싸이언스밸리 2차 3층

* 이 책의 무단 인용 · 전재 · 복제를 금합니다.

www.eduwill.net
대표전화 1600-6700

여러분의 작은 소리
에듀윌은 크게 듣겠습니다.

본 교재에 대한 여러분의 목소리를 들려주세요.
공부하시면서 어려웠던 점, 궁금한 점,
칭찬하고 싶은 점, 개선할 점, 어떤 것이라도 좋습니다.

에듀윌은 여러분께서 나누어 주신 의견을
통해 끊임없이 발전하고 있습니다.

에듀윌 도서몰 book.eduwill.net
- 부가학습자료 및 정오표: 에듀윌 도서몰 → 도서자료실
- 교재 문의: 에듀윌 도서몰 → 문의하기 → 교재(내용, 출간) / 주문 및 배송

에듀윌에서 꿈을 이룬
합격생들의 진짜 합격스토리

에듀윌 강의·교재·학습시스템의 우수성을
합격으로 입증하였습니다!

에듀윌의 체계적인 학습 관리 시스템 덕분에 합격!

김O범 지방직 9급 일반행정직 최종 합격

에듀윌은 시스템도 체계적이고 학원도 좋았습니다. 저에게는 학원에서 진행하는 아케르 시스템이 큰 도움이 되었습니다. 아케르 시스템은 학원에 계시는 매니저님이 직접 1:1로 상담도 해주시고 학습 관리를 해주시는 시스템입니다. 제 담당 매니저님은 늘 진심으로 저와 함께 고민해주시고 제 건강이나 학습 상태도 상담해주시고, 전에 합격하신 선배님들이 어떤 식으로 학습을 진행했는지 조언해주셔서 많은 도움이 되었습니다. 수험생활에서 가장 힘든 것은 외로움과의 싸움이라고 생각하는데, 에듀윌 덕분에 주변에 제 편이 참 많다는 것을 느꼈고 공부하는 기간이 덜 힘들었던 것 같습니다.

에듀윌만의 합리적인 가격과 시스템, 꼼꼼한 관리에 만족

이O민 지방교육청 교육행정직 9급 최종 합격

에듀윌을 선택한 가장 큰 이유는 금액적인 부분입니다. 타사 패스보다 훨씬 저렴한 금액이라 금전적인 부분이 큰 부담인 수험생 입장에서는 가장 크게 다가오는 장점 중 하나라고 생각합니다. 또한 공통 교재를 사용한다는 점이 저에게는 큰 장점이었습니다. 각 커리큘럼별로 여러 교수님 수업을 들으며 공부할 수 있어서 저에게는 큰 장점이었습니다. 그리고 에듀윌 학원은 매니저님들께서 진심으로 수험생 한 명 한 명에게 관심을 가지고 꼼꼼히 관리해주신다는 점이 마음에 들어 등록하게 되었습니다. 실제로 제가 힘들거나 방향을 잃을 때마다 학원 학습 매니저님들과의 상담을 통해 잘 극복할 수 있었습니다.

에듀윌은 공무원 합격으로 향하는 최고의 내비게이션

전O준 국가직 9급 관세직 최종 합격

학교 특강 중에 현직 관세사 분께서 말씀해주신 관세직에 대한 간략한 정보만 가지고 에듀윌 학원을 방문하였습니다. 거기서 상담실장님과의 상담을 통해 관세직 공무원에 대해 자세히 알게 되었고 여기서 하면 합격할 것 같다는 확신이 들어 에듀윌과 함께 관세직만을 바라보고 관세직을 준비하였습니다. 흔들릴 때마다 에듀윌에 올라온 선배 합격자들의 합격수기를 읽으며 제가 합격수기를 쓰는 날을 상상을 했고, 학원의 매니저님과의 상담도 큰 도움이 되었습니다.

다음 합격의 주인공은 당신입니다!

더 많은
합격스토리

합격자 수 2,100% 수직 상승! 매년 놀라운 성장

에듀윌 공무원은 '합격자 수'라는 확실한 결과로 증명하며 지금도 기록을 만들어 가고 있습니다.

합격자 수를 폭발적으로 증가시킨 **합격패스**

| 합격 시 수강료 100% 환급 | + | 합격할 때까지 평생 수강 |

※ 환급내용은 상품페이지 참고. 상품은 변경될 수 있음.

* 2017/2022 에듀윌 공무원 과정 최종 환급자 수 기준

에듀윌 **직영학원**에서 합격을 수강하세요

에듀윌 직영학원 대표전화

공인중개사 학원 02)815-0600	공무원 학원 02)6328-0600	편입 학원 02)6419-0600
주택관리사 학원 02)815-3388	소방 학원 02)6337-0600	부동산아카데미 02)6736-0600
전기기사 학원 02)6268-1400		

공무원학원 바로가기

꿈을 현실로 만드는
에듀윌

공무원 교육
- 선호도 1위, 신뢰도 1위! 브랜드만족도 1위!
- 합격자 수 2,100% 폭등시킨 독한 커리큘럼

자격증 교육
- 9년간 아무도 깨지 못한 기록 합격자 수 1위
- 가장 많은 합격자를 배출한 최고의 합격 시스템

직영학원
- 검증된 합격 프로그램과 강의
- 1:1 밀착 관리 및 컨설팅
- 호텔 수준의 학습 환경

종합출판
- 온라인서점 베스트셀러 1위!
- 출제위원급 전문 교수진이 직접 집필한 합격 교재

어학 교육
- 토익 베스트셀러 1위
- 토익 동영상 강의 무료 제공

콘텐츠 제휴·B2B 교육
- 고객 맞춤형 위탁 교육 서비스 제공
- 기업, 기관, 대학 등 각 단체에 최적화된 고객 맞춤형 교육 및 제휴 서비스

부동산 아카데미
- 부동산 실무 교육 1위!
- 상위 1% 고소득 창업/취업 비법
- 부동산 실전 재테크 성공 비법

학점은행제
- 99%의 과목이수율
- 17년 연속 교육부 평가 인정 기관 선정

대학 편입
- 편입 교육 1위!
- 최대 200% 환급 상품 서비스

국비무료 교육
- '5년우수훈련기관' 선정
- K-디지털, 산대특 등 특화 훈련과정
- 원격국비교육원 오픈

에듀윌 교육서비스 **공무원 교육** 9급공무원/소방공무원/계리직공무원 **자격증 교육** 공인중개사/주택관리사/손해평가사/감정평가사/노무사/전기기사/경비지도사/검정고시/소방설비기사/소방시설관리사/사회복지사1급/대기환경기사/수질환경기사/건축기사/토목기사/직업상담사/전기기능사/산업안전기사/건설안전기사/위험물산업기사/위험물기능사/유통관리사/물류관리사/행정사/한국사능력검정/한경TESAT/매경TEST/KBS한국어능력시험/실용글쓰기/IT자격증/국제무역사/무역영어 **어학 교육** 토익 교재/토익 동영상 강의 **세무/회계** 전산세무회계/ERP정보관리사/재경관리사 **대학 편입** 편입 영어·수학/연고대/의약대/경찰대/논술/면접 **직영학원** 공무원학원/소방학원/공인중개사 학원/주택관리사 학원/전기기사 학원/편입학원 **종합출판** 공무원·자격증 수험교재 및 단행본 **학점은행제** 교육부 평가인정기관 원격평생교육원(사회복지사2급/경영학/CPA) **콘텐츠 제휴·B2B 교육** 교육 콘텐츠 제휴/기업 맞춤 자격증 교육/대학취업역량 강화 교육 **부동산 아카데미** 부동산 창업CEO/부동산 경매 마스터/부동산 컨설팅 **주택취업센터** 실무 특강/실무 아카데미 **국비무료 교육(국비교육원)** 전기기능사/전기(산업)기사/소방설비(산업)기사/IT(빅데이터/자바프로그램/파이썬)/게임그래픽/3D프린터/실내건축디자인/웹퍼블리셔/그래픽디자인/영상편집(유튜브) 디자인/온라인 쇼핑몰광고 및 제작(쿠팡, 스마트스토어)/전산세무회계/컴퓨터활용능력/ITQ/GTQ/직업상담사

교육문의 **1600-6700** www.eduwill.net

- 2022 소비자가 선택한 최고의 브랜드 공무원·자격증 교육 1위 (조선일보) • 2023 대한민국 브랜드만족도 공무원·자격증·취업·학원·편입·부동산 실무 교육 1위 (한경비즈니스)
- 2017/2022 에듀윌 공무원 과정 최종 환급자 수 기준 • 2023년 성인 자격증, 공무원 직영학원 기준 • YES24 공인중개사 부문, 2025 에듀윌 공인중개사 1차 단원별 기출문제집 민법 및 민사특별법(2025년 5월 월별 베스트) • 교보문고 취업/수험서 부문, 2020 에듀윌 농협은행 6급 NCS 직무능력평가+실전모의고사 4회 (2020년 1월 27일~2월 5일, 인터넷 주간 베스트) 그 외 다수
- YES24 컴퓨터활용능력 부문, 2024 컴퓨터활용능력 1급 필기 초단기끝장(2023년 10월 3-4주 주별 베스트) 그 외 다수 • YES24 신규 자격증 부문, 2024 에듀윌 데이터분석 준전문가 ADsP 2주끝장(2024년 4월 2주, 9월 5주 주별 베스트) • 인터파크 자격서/수험서 부문, 에듀윌 한국사능력검정시험 2주끝장 심화 (1, 2, 3급) (2020년 6~8월 월간 베스트) 그 외 다수 • YES24 국어 외국어 사전영어 토익/TOEIC 기출문제/모의고사 분야 베스트셀러 1위 (에듀윌 토익 READING RC 4주끝장 리딩 종합서, 2022년 9월 4주 주별 베스트) • 에듀윌 토익 교재 입문~실전 인강 무료 제공 (2022년 최신 강좌 기준/109강) • 2024년 종강반 중 모든 평가항목 정상 참여자 기준, 99% (평생교육원 기준) • 2008년~2024년까지 234만 누적수강학점으로 과목 운영 (평생교육원 기준)
- 에듀윌 국비교육원 구로센터 고용노동부 지정 '5년우수훈련기관' 선정 (2023~2027) • KRI 한국기록원 2016, 2017, 2019년 공인중개사 최다 합격자 배출 공식 인증 (2025년 현재까지 업계 최고 기록)